Glauben und Denken – passt das zusammen?

Veröffentlichungen des
Bundes für Freies Christentum

Band 7

Raphael Zager | Werner Zager (Hrsg.)

Glauben und Denken – passt das zusammen?

Liberales Christentum im Gespräch mit Karl Jaspers

EVANGELISCHE VERLAGSANSTALT
Leipzig

Bibliographische Information der Deutschen Nationalbibliothek
Die Deutsche Nationalbibliothek verzeichnet diese Publikation in der
Deutschen Nationalbibliographie; detaillierte bibliographische Daten
sind im Internet über http://dnb.dnb.de abrufbar.

© 2024 by Evangelische Verlagsanstalt GmbH · Leipzig
Printed in Germany

Das Werk einschließlich aller seiner Teile ist urheberrechtlich geschützt.
Jede Verwertung außerhalb der Grenzen des Urheberrechtsgesetzes ist ohne
Zustimmung des Verlags unzulässig und strafbar. Das gilt insbesondere für
Vervielfältigungen, Übersetzungen, Mikroverfilmungen und die Einspeicherung
und Verarbeitung in elektronischen Systemen.

Das Buch wurde auf alterungsbeständigem Papier gedruckt.

Cover: Kai-Michael Gustmann, Leipzig
Satz: Raphael Zager, Wiesbaden
Druck und Binden: BELTZ Grafische Betriebe, Bad Langensalza

ISBN Print 978-3-374-07664-2 // ISBN E-Book (PDF) 978-3-374-07665-9
www.eva-leipzig.de

Vorwort

Die Existenzphilosophie von Karl Jaspers (1883-1969) übte im 20. Jahrhundert einen großen Einfluss auf die Liberale Theologie insbesondere in der Schweiz aus. Aber auch in unserer Zeit lohnt sich für ein liberales Christentum die Auseinandersetzung mit den Gedanken dieses Philosophen.

Wie aktuell das Denken von Karl Jaspers ist, mag das folgende Zitat verdeutlichen, das seinem Buch »Der philosophische Glaube angesichts der Offenbarung« aus dem Jahr 1962 entnommen ist:

»Staunend vor dem Gesamtbild der christlichen Geschichte vergleicht man dieses wohl mit analogen großen religiösen Erscheinungen, etwa mit der Jahrtausende alten ägyptischen Religion, oder dem Konfuzianismus. Dann zeigt sich jedenfalls: zeitliche Dauer ist kein Beweis für Wahrheit. Ägyptische Religion und Konfuzianismus haben länger gedauert als das Christentum bis heute und sind nicht mehr da. Der Buddhismus ist ein halbes Jahrtausend älter als das Christentum, beide sind noch da. Aber beide stehen heute vor derselben Frage, ob ihr Ende bevorstehe oder ob sie einen radikalen Wandel vollziehen.« (KARL JASPERS, Der philosophische Glaube angesichts der Offenbarung, München 1962, S. 82)

Wenn man etwas über die Jaspers'sche Analyse nachdenkt, könnte geradezu der Eindruck entstehen, dass damit die Lage des Christentums in unserer heutigen Gesellschaft treffend erfasst ist. Umso interessanter dürfte es sein, sich auf die Gedankengänge von Karl Jaspers einzulassen und danach zu fragen, inwieweit der von ihm propagierte »philosophische Glaube« unser christliches Glaubensverständnis zu befruchten vermag. Dabei geht es selbstverständlich nicht um unkritische Übernahme der Jaspers'schen Positionen, sondern um einen konstruktiven Dialog. Dies verbietet sich schon darum, weil Jaspers zufolge Religion und philosophischer Glaube einander alternativ gegenüberstehen.

Für Jaspers war die Kommunikation stets ein zentrales Anliegen – nicht zuletzt die Kommunikation mit Theologen. Jaspers charakterisiert nämlich Philosophie als grenzenlose Kommunikation. Und so widmen sich die folgenden Beiträge dieses Bandes der Aufgabe, die Philosophie von Karl Jaspers mit der Liberalen Theologie in einen fruchtbaren Dialog zu bringen:

Inwiefern trifft sich Jaspers' Konzept eines »philosophischen Glaubens« mit den Anliegen eines freien Christentums? Ist sein Denken – etwa seine Überwindung eines exklusiven Offenbarungsbegriffs, seine Kritik an christlichen Dogmen oder seine Rede von den »Chiffern der Gottheit« – für Christinnen und Christen heute anschlussfähig? Letztlich geht es um die Beantwortung der Frage, inwiefern Glauben und Denken zusammenpassen.

Dem Buch liegen die Vorträge zugrunde, die auf der Jahrestagung des Bundes für Freies Christentum vom 29. September bis 1. Oktober 2023 in der Evangelischen Tagungsstätte Hofgeismar gehalten wurden. Die Tagung fand in Kooperation mit der Evangelischen Akademie Hofgeismar und der Evangelischen Erwachsenenbildung Worms-Wonnegau statt. Im Rahmen der Tagung konnte das 75-jährige Jubiläum des Bundes für Freies Christentum begangen werden. Wenn wir auf der Tagung das Gespräch mit Karl Jaspers gesucht haben, war dies auch darin begründet, dass Mitglieder des Bundes bereits zu Lebzeiten des großen Basler Philosophen eine Geistesverwandtschaft mit diesem empfanden. So wird in einem Artikel der Zeitschrift »Freies Christentum« zum 75. Geburtstag von Jaspers dieser als »der Philosoph des freien Protestantismus« bezeichnet. In besonderem Maße fühlten sich die Schweizer liberalen Theologen Martin Werner, Ulrich Neuenschwander und Fritz Buri mit Jaspers verbunden.

Der Bund für Freies Christentum versteht sich als ein Forum für offenen religiösen Dialog und ist ein Zusammenschluss überwiegend protestantischer Christen, die sich für eine persönlich verantwortete undogmatische, weltoffene Form des christlichen Glaubens einsetzen und dabei ein breites Spektrum von Auffassungen zu integrieren suchen (Geschäftsstelle des Bundes: Felix-Dahn-Straße 39, 70597 Stuttgart; Homepage: www.bund-freies-christentum.de).

Die auf der Tagung gehaltenen Vorträge werden thematisch ergänzt durch zwei Beiträge von Dr. Andreas Rössler und Dr. Bernd Weidmann.

Unser Dank für die Aufnahme des Buches in das Programm der Evangelischen Verlagsanstalt und die bewährte Zusammenarbeit bei der Veröffentlichung gilt der Verlagsleiterin Dr. Annette Weidhas.

Raphael Zager und Werner Zager
Wiesbaden / Frankfurt am Main, im Februar 2024

Inhalt

Michael Großmann
»Philosophischer Glaube«?
Einführung in das Denken von Karl Jaspers 9

Reinhard Salomon
Grenzen des Denkens nicht nur in der Religion, sondern auch in Philosophie und Wissenschaft?
Karl Jaspers' Position auf der Grenze 35

Wolfgang Pfüller
Wahrhaftig von Gott reden?
Karl Jaspers und die Chiffren der Transzendenz 59

Werner Zager
Wahrhaftig von Jesus reden: jenseits der »Christusspekulation«
Im Gespräch mit Karl Jaspers 87

Raphael Zager
Karl Jaspers und die Liberale Theologie (I)
Zur Rezeption seiner Existenzphilosophie durch Martin Werner und Ulrich Neuenschwander 115

Esther R. Suter
Karl Jaspers und die Liberale Theologie (II)
Zur Rezeption seiner Existenzphilosophie durch Fritz Buri 143

Bernd Weidmann
Jaspers und Bultmann
Zur Vorgeschichte einer Polemik 155

Andreas Rössler
Wie viel Wahrheit mag in religiöser Erfahrung stecken?
Zwischen Glaubensgewissheit und Zweifel 185

Personenregister 205

Autorenverzeichnis 209

Michael Großmann

»Philosophischer Glaube«?
Einführung in das Denken von Karl Jaspers

1. Einleitung: Wahn und Wissen

»Den 20. ging Lenz durch's Gebirg. Die Gipfel und hohen Bergflächen im Schnee, die Täler hinunter graues Gestein, grüne Flächen, Felsen und Tannen. Es war naßkalt; das Wasser rieselte die Felsen hinunter und sprang über den Weg. Die Äste der Tannen hingen schwer herab in die feuchte Luft. Am Himmel zogen graue Wolken, aber Alles so dicht, und dann dampfte der Nebel herauf und strich schwer und feucht durch das Gesträuch, so träg, so plump. Er ging gleichgültig weiter, es lag ihm nichts am Weg, bald auf- bald abwärts. Müdigkeit spürte er keine, nur war es ihm manchmal unangenehm, daß er nicht auf dem Kopf gehen konnte.«[1]

Mit Sätzen wie diesen aus der Feder Georg Büchners - hier aus der Erzählung *Lenz* - beginnt laut Marcel Reich-Ranicki die Moderne in der deutschen Literatur.[2] Was kann uns dazu bewegen, Reich-Ranicki Recht zu geben? Sicher nicht der Befund, dass Geisteskrankheit zum Thema wird. Schon in antiken Tragödien und Sagen wurden Figuren vom Wahnsinn gepackt - man denke nur an Herakles, der umnachtet Frau und Kinder tötet. Nein, es sind im Wesentlichen zwei Aspekte, die die Geisteskrankheit eines Jakob Michael Reinhold Lenz modern erscheinen lassen: Erstens nimmt der Erzähler nun konsequent die Perspektive des Kranken ein. Und zweitens - das scheint in Büchners Text mehrfach an prominenter Stelle auf - spielt sie sich in einer gottverlassenen Welt ab. Der Atheismus ist zu einer ernsthaften Option geworden. Spätestens zu Beginn des 19. Jahrhunderts blicken

---

[1] Georg Büchner, Lenz, in: ders., Werke und Briefe (Münchner Ausgabe), München [15]2015, S. (135–158) 137.

[2] Siehe Marcel Reich-Ranicki, Mein Büchner, Hamburg 2009, S. 7 ff. u. 193 ff.

die Menschen in einen metaphysischen Abgrund. Naturgemäß haben Dichter und Denker ein besonders feines Gespür für ihre Zeit, die sie ausdeuten und der sie mit ihren Worten eine Form verleihen. Und tatsächlich häufen sich in den Jahrzehnten nach 1800 die Fälle, in denen Schriftsteller oder Philosophen Gratwanderungen zwischen Normalität und Wahnsinn unternehmen. Es ist kein Zufall, dass diejenigen, die an der Grenze von Literatur und Philosophie unterwegs sind, sich in dieser Hinsicht besonders sensibel zeigen.

Drei Gestalten mögen uns als erste einfallen, wenn wir nach Beispielen zur Untermauerung dieser These suchen: Friedrich Nietzsche, Sören Kierkegaard und Friedrich Hölderlin. Alle drei fanden ihre jeweils eigene Antwort auf die Frage, wie wir angesichts der Tatsache weiterleben können, dass uns die religiöse Tradition in den leeren Räumen des Alls keinen Halt mehr geben kann. Und alle drei sind auf ihre eigene Art – fast oder vollständig – seelisch an dieser Frage zerbrochen. Von da an scheint es für Philosophierende durchaus von Vorteil zu sein, auch in der Disziplin der Psychiatrie bewandert zu sein. Und so stoßen wir nun endlich auf Karl Jaspers, der genau dieses Profil erfüllt: Als studierter Mediziner war er zwar kein Fachphilosoph mit akademischer Grundlage, besaß aber als innovativer Psychiater ein feines Gespür für die innere Zerrissenheit der Moderne.

Ist es ein Zufall, dass sich Jaspers für Nietzsche, Kierkegaard und Hölderlin außerordentlich interessiert hat? Zuweilen nennt er sie in einem Atemzug.[3] Und zwei von ihnen – Nietzsche und Kierkegaard – haben sein Denken sichtbar beeinflusst. Nein, ein Zufall ist das nicht. Denn diese drei haben exemplarisch die Wege aufgewiesen, die ein Zeitgenosse angesichts der Gottes- und Glaubenskrise gehen kann: Er kann erstens – mit Nietzsche – im Christentum nur eine ressentimentbehaftete Sklavenmoral erblicken, die zugunsten einer wie auch immer zu verstehenden Herrenmoral überwunden werden muss. Oder er kann zweitens – mit Hölderlin – sich eine Art Religionsmix für Gebildete konstruieren, in dem Elemente des biblischen Glaubens und der griechischen Antike miteinander verwoben werden. Oder er kann drittens – mit Kierkegaard – den Sprung in den Glauben wagen – wohl wissend, dass es keine rationalen Argumente für dieses Unter-

---

[3] So z.B. in: KARL JASPERS, Die großen Philosophen, Nachlaß, Bd. 1: Darstellungen und Fragmente, hg. v. Hans Saner, München 1981. Siehe dazu MATTHIAS BORMUTH, Krankheit und Erkenntnis. Von Hölderlin bis Weber: Karl Jaspers als Pathograph, Stuttgart-Bad Cannstatt 2021, S. 1 ff. Bormuths Essaysammlung eignet sich hervorragend als Einführung zu der Fragestellung, wie sich bei Jaspers Psychiatrie und Philosophie gegenseitig befruchteten.

nehmen gibt. Wie auch immer: Der moderne Mensch sieht sich nun auf seine eigene Existenz zurückgeworfen und mit einer Freiheit ausgestattet, die zugleich den Zwang des Sich-entscheiden-Müssens enthält. *Existenz* und *Freiheit*: Hier tauchen zwei Schlagworte auf, die nicht nur bei Jaspers, sondern auch bei vielen seiner Zeitgenossen eine zentrale Rolle spielen. Denkerinnen und Denker befassen sich nun – mit dem mehr oder weniger treffenden Etikett der sogenannten *Existenzphilosophie* versehen – auch und gerade mit der Frage: »Wie hältst du's mit dem Glauben?«

Von Johann Gottlieb Fichte stammt das berühmte Wort: »Was für eine Philosophie man wähle, hängt sonach davon ab, was man für ein Mensch ist [...]«.[4] Man könnte diesen Satz auch abwandeln und sagen: Was für eine Philosophie man wähle, hängt davon ab, welchen Bildungsgang man durchlebt hat. Zur Untermauerung dieser These soll die Prägung, die Karl Jaspers zuteilwurde, ganz kurz mit der eines anderen Existenzphilosophen verglichen werden: mit derjenigen Jean-Paul Sartres. Ohne Erinnerung an den früh verstorbenen Vater wuchs Sartre im Haus seines Großvaters Charles Schweitzer auf. Über den dort erlebten Stellenwert des Glaubens schreibt er: »In unserem Milieu, in unserer Familie war der Glaube nur ein Prunkname für die süße französische Freiheit«.[5] Anscheinend nutzte Charles Schweitzer jede Gelegenheit, sich über den Katholizismus lustig zu machen. So z.B., wenn er sich über ein vermeintliches Wunder von Lourdes ausließ: »Man habe einen Gelähmten in das Wasser der Grotte getaucht, und als man ihn wieder herauszog, ›sah er auf beiden Augen‹.«[6] Später wird Sartre seinen Atheismus damit begründen, dass Gott ein Hindernis für die Freiheit des Menschen darstelle.

Und was prägte Jaspers?[7] Sicher, in seinem kulturprotestantisch geprägten Elternhaus fühlte man eine große Distanz zum Katholizismus. Und im

---

[4] »[...] denn ein philosophisches System ist nicht ein todter Hausrath, den man ablegen oder annehmen könnte, wie es uns beliebte, sondern es ist beseelt durch die Seele des Menschen, der es hat.« (JOHANN GOTTLIEB FICHTE, Erste Einleitung in die Wissenschaftslehre, in: Johann Gottlieb Fichtes sämmtliche Werke, Bd. 1, Berlin 1845/1846, S. [419–450] 434)

[5] JEAN-PAUL SARTRE, Die Wörter, Reinbek 1983, S. 76.

[6] Ebd.

[7] Die folgenden Informationen sind entnommen aus: BERND WEIDMANN, Einleitung des Herausgebers, in: Karl Jaspers, Der philosophische Glaube angesichts der

kirchlichen Sinne religiös dürften seine Mutter und sein Vater auch nicht gewesen sein. Aber man lebte ihm humanistische Werte und die Achtung vor der Religion vor. Von entscheidendem Einfluss dürfte auch der Religionsunterricht sein, den Jaspers als Schüler genossen hat. Dieser war in seiner Heimatstadt Oldenburg nicht als katechetische Unterweisung, sondern als religionskundlicher Unterricht konzipiert. Die dortigen Lehrer waren an der Liberalen Theologie orientiert und förderten das selbstständige Denken der jungen Menschen. Eine Nähe zum kirchlich vermittelten Glauben wird Karl Jaspers zeitlebens nicht verspüren. Aber er lässt – wie Bernd Weidmann betont – keinen Zweifel daran,»dass das tragende Fundament seines Denkens der Glaube ist«.[8] Ausgangspunkt seiner Philosophie ist der ebenso kurze wie eindeutige Satz: »Gott ist«[9]. Jaspers versteht seine Religiosität bzw. die Religiosität eines Philosophen also anders als die irgendeiner Kirche und damit auch anders als die einer kirchlich fundierten Theologie. Wie begründet er diese Distanz?

2. Der philosophische Glaube

2.1 Jaspers' Kritik der christlichen Offenbarung

Wer sich mit Jaspers noch nicht beschäftigt hat, der wird vielleicht folgenden gedanklichen Reflex verspüren: Hier möchte sich wohl ein Philosoph von Theologie und Kirche absetzen, indem er diesen unterstellt, nur auf den Glauben zu setzen, während er sich selbst dem Denken und der Vernunft verpflichtet sieht. Aber so einfach macht es sich Jaspers nicht. Er kritisiert die Theologie gerade nicht dafür, dass in ihr nicht gedacht werde. So beginnt z.B. sein Werk *Der philosophische Glaube angesichts der christlichen Offenbarung* mit der Überschrift: »Der alte Gegensatz von Vernunft und Glaube trifft nicht mehr das Wesentliche«.[10]

Offenbarung (KJG [= Karl Jaspers Gesamtausgabe] I/13), hg. v. Bernd Weidmann, Basel 2016, S. (VII–XCIX) XIX ff.

[8] A.a.O., S. VII.

[9] KARL JASPERS, Grundsätze des Philosophierens. Einführung in philosophisches Leben (KJG II/1), hg. v. Bernd Weidmann, Basel 2019, S. 26.

[10] KARL JASPERS, Der philosophische Glaube angesichts der christlichen Offenbarung, in: ders., Der philosophische Glaube angesichts der Offenbarung (s. Anm. 7), S. (1–93) 3.

Wir müssen also genauer hinschauen. Jaspers sieht bei Philosophie und Theologie tatsächlich den gleichen Ausgangspunkt: »Theologie ist nicht weniger mit Denken und Erkenntnis beschäftigt als die Philosophie. Es kommt darauf an, was Sache des Denkens ist: Gegenstände in der Welt oder der Ursprung, aus dem ich lebe. Theologie und Philosophie haben es beide nicht zu tun mit Gegenständen in der Welt, die die Wissenschaften erkennen, sondern mit jenem Ursprung, aus dem wir leben.«[11]

Aber aus dieser Bestimmung erwächst der zentrale Kritikpunkt, den Jaspers der Theologie bzw. dem Kirchenglauben entgegenhält: Sie haben diesen »Ursprung, aus dem wir leben«, in die Welt verlegt! Er wirft der Theologie vor, dass ihr Denken »aus einer geschichtlich bestimmten Offenbarung erfolgt und durch sie begrenzt wird«, während demgegenüber philosophisches Denken »aus dem Ursprung des Menschseins geschieht«.[12] Dreh- und Angelpunkt ist also der Begriff der Offenbarung. In diesem Zusammenhang unterscheidet Jaspers zwei Formen des Offenbarungsglaubens, die sich wiederum anhand des Gegensatzpaares *Offenbarung im weiteren Sinne – Offenbarung im engeren Sinne* einordnen lassen:[13]

Zum einen gibt es einen Offenbarungsglauben, der zum Vorschein kommt, wenn einzelne Menschen glauben, eine Offenbarung empfangen zu haben. Sie erfahren sich als von Gott geleitet bzw. inspiriert. Diese Form lag etwa bei Sokrates vor, der sich von seinem *daimon* geführt wusste oder bei Kierkegaard, der sich »in Gottes Hand« aufgehoben fühlte.[14] Demgegenüber steht der Offenbarungsglaube im engeren Sinne. Darunter versteht Jaspers »eine direkte Mitteilung Gottes in Raum und Zeit, an bestimmten Orten historisch lokalisiert. Offenbarung ist eine Wirklichkeit, deren eine Seite der profanen Geschichte angehört, während sie selber heilige Geschichte ist.«[15] Es ist diese Form der Offenbarung, die Jaspers in mehrfacher Hinsicht

---

[11] So Jaspers in einem Gespräch mit Heinz Zahrnt. Nachzulesen in: KARL JASPERS, Philosophie und Offenbarungsglaube – ein Zwiegespräch, in: ders., Der philosophische Glaube angesichts der Offenbarung (s. Anm. 7), S. (519–556) 532.

[12] KARL JASPERS, Der philosophische Glaube angesichts der Offenbarung, in: ders., Der philosophische Glaube angesichts der Offenbarung (s. Anm. 7), S. (95–517) 120.

[13] Siehe zum Folgenden K. JASPERS, Grundsätze des Philosophierens (s. Anm. 9), S. 61.

[14] Ebd.

[15] K. JASPERS, Der philosophische Glaube angesichts der christlichen Offenbarung (s. Anm. 10), S. 8.

höchst kritisch beurteilt. Sehen wir uns anhand eines Beispiels an, was er ablehnt: Laut christlicher Dogmatik offenbart sich der dreieinige Gott in der Person Jesus Christus in unserer Welt. Diese Vorstellung ist zum einen vor dem Hintergrund unseres wissenschaftlichen Weltbildes problematisch, weil sie voraussetzt, dass Übernatürliches direkt in die raumzeitlich strukturierte Welt hineinwirkt. Zudem kann das Christentum nur die eigene Offenbarung anerkennen. Es ist praktisch dazu gezwungen, unumstößliche Gewissheit in Bezug auf das Offenbarte in Anspruch zu nehmen. Was Jaspers meint, ist ganz leicht zu verstehen: Wer eine Glaubenswahrheit G für unumstößlich hält und sie mit dem Satz begründet: »So wurde es geoffenbart!«, kann sofort mit demselben Wortlaut durch die gegenteilige Behauptung *Nicht-G* widerlegt werden. Damit ist ein gemeinsamer Austausch, ein produktives Gespräch, unmöglich gemacht. Ohnehin setzt diese Art der Offenbarung immer das Vorhandensein einer Kultusgemeinde – also in unserem Beispiel der Kirche – voraus, in deren Rahmen sie eingespannt ist. Was ein konfessionell gebundener Christ als unproblematisch, ja sogar notwendig ansieht, ist Jaspers ein Gräuel: Ihm erscheint die Kirche als ein starres Gehäuse, das unser freies Denken behindert und Abhängigkeiten schafft. Durch ihren Anspruch, die von außerhalb dieser Welt kommende Offenbarung in dieser Welt sozusagen zu verwalten, erscheint sie ohnehin paradox: Sie ist eine Institution in der Zeit und zugleich über der Zeit!

Um Jaspers' Kritik der Offenbarung im engeren Sinne auf den Punkt zu bringen: Eine Glaubensgemeinschaft, die sich auf diese beruft, meint, die Wahrheit für sich gepachtet zu haben. Sie kann jederzeit für sich in Anspruch nehmen, Gott und seinen Willen zu kennen.[16] Sie hat einen vermeintlich festen Standpunkt, der aber von außen betrachtet als sehr wackelig erscheint. Welche Alternative bietet uns Jaspers an? Den philosophischen Glauben. Dieser – so sagt er es ausdrücklich – »läßt Offenbarung als Möglichkeit für andere gelten, auch wenn er sie nicht verstehen kann«.[17] Wer so viel Toleranz aufbringt, kann dies nur, wenn er nicht auf einem unverrückbaren dogmatischen Fundament verharrt. Wer Jaspers folgen will, muss bereit sein, den scheinbar festen Grund unter den Füßen zu verlassen und

---

[16] Vgl. a.a.O., S. 12.

[17] K. JASPERS, Der philosophische Glaube angesichts der Offenbarung (s. Anm. 12), S. 121.

schweben zu lernen.[18] Mehr noch: Dieses Schweben vollzieht sich nicht über einem weiten Terrain, sondern entlang der Grenzen unseres Wissens.

2.2 Periechontologie als Lehre vom Umgreifenden

Eben diese Grenzen lotet Jaspers aus mit Hilfe der von ihm so bezeichneten *Periechontologie*. Wenn wir die griechischen Bestandteile dieses Wortes ins Deutsche übertragen, schreckt es uns weit weniger ab: Es handelt sich dabei einfach gesprochen um die Lehre vom umgreifenden Sein. Der Inhalt dieser Lehre besteht aber ausdrücklich nicht darin, irgendwelche Stufen oder Schichten des Seienden zu bestimmen.[19] Vielmehr soll uns vor Augen geführt werden, dass wir prinzipiell nicht in der Lage sind, das Ganze, das alles umfassende Sein, zu erkennen. Es ist laut Jaspers unmöglich, ein »absolutes Weltbild« zu konstruieren. Folgen wir hier kurz seinen wesentlichen Gedankengängen.

Jaspers geht von folgender Einsicht aus: Jede Art der Bezugnahme geschieht in einem Subjekt-Objekt-Verhältnis. Einfacher ausgedrückt: Nicht erst das Denken, sondern bereits einfaches Empfinden bezieht sich immer auf einen Gegenstand. Die unterste Ebene, auf der sich diese Bezugnahme vollzieht, nennt Jaspers »Dasein«. Es liegt vor, wenn ein Lebewesen seine Welt erlebt. Dabei wird die Schwelle zum Bewusstsein noch nicht überschritten. Ein Subjekt reagiert auf seine Umwelt und wirkt in sie hinein. Derartiges finden wir bereits, wenn Einzeller auf Reize reagieren oder wenn die Hand eines Menschen zurückzuckt, nachdem sie eine heiße Herdplatte berührt hat. Entscheidend ist: Diese Bezugnahme ist durch eine prinzipielle Spaltung gekennzeichnet – eben die zwischen erlebendem Subjekt und dem Gegenstand, den es erlebt. Damit ist dem Subjekt aber der Blick auf das Umgreifende dieser Beziehung verwehrt, denn es verfügt ja nur über seinen subjektiven Standpunkt. Dasein – so kann bündig zusammengefasst werden – erschöpft sich in »Drang, Trieb, Begehren«.[20]

Das »Bewusstsein« hat die Grenze der blinden Reiz-Reaktions-Muster überwunden. Wie der Name schon sagt, vollzieht sich hier eine *bewusste*

---

[18] Zum Bild des »Schwebens« siehe B. WEIDMANN, Einleitung des Herausgebers (s. Anm. 7), S. XXX f.

[19] Vgl. K. JASPERS, Der philosophische Glaube angesichts der Offenbarung (s. Anm. 12), S. 195.

[20] K. JASPERS, Der philosophische Glaube angesichts der christlichen Offenbarung (s. Anm. 10), S. 30.

Bezugnahme des Subjekts auf Objekte. Auch für unser Bewusstsein gilt: Es ist immer auf irgendwelche Gegenstände gerichtet. Wir meinen stets *etwas*. Um Missverständnissen vorzubeugen: Jaspers geht es hier nicht vorrangig um das individuelle Bewusstsein von Einzelpersonen, sondern um das »Bewusstsein überhaupt«. Damit ist die Grundausstattung an Kategorien gemeint, die allen denkenden Wesen gemeinsam ist – sozusagen das logische Gerüst, ohne welches wir keine Gedanken formulieren könnten. Analog zu den Verhältnissen auf der Stufe des Daseins gilt auch hier: Was nicht in diese grundsätzliche Subjekt-Objekt-Beziehung bzw. Subjekt-Objekt-Spaltung eintritt, gibt es faktisch auch nicht.[21] Das Bewusstsein gibt es nur in Bezug auf die Gegenstände, die Gegenstände gibt es nur in Bezug auf das Bewusstsein. Auch hier sind wir von einer Grenze umgeben: Wir können nicht aus unserem denkenden Bezug auf Gegenstände heraustreten, indem wir sozusagen die Vogelperspektive einnehmen und von außen zusehen, wie diese Bezugnahme auf Objekte funktioniert. Diese Unmöglichkeit lässt sich auch poetisch ausdrücken: »Wenn ich ein Vöglein wär, flög ich zu dir. Wenn ich zwei Vöglein wär, könnte ich hinter mir herfliegen. Wenn ich drei Vöglein wär, könnte ich mir dabei zusehen, wie ich hinter mir herfliege.«[22] Es gilt also: Dasjenige, was die bewusste Bezugnahme auf Gegenstände umgreift, kann nicht erkannt werden.

Die Stufe des Bewusstseins kann ohnehin nicht das letzte Wort des Erkennens sein. Denn sie offenbart uns ja nur die Denk-Regeln, nach denen wir die Welt zu begreifen suchen. Im Extremfall könnte dieses Bewusstsein in banalen Operationen leerlaufen – z.B. dann, wenn wir die ganze Zeit »Wenn p, dann p« oder Ähnliches denken würden. Das Bewusstsein muss sozusagen noch beseelt werden. Diese Aufgabe übernimmt laut Jaspers der »Geist«. »Geist sind wir als das Umgreifende, als das wir durch Phantasie Gebilde entwerfen und in Werken die Gestalten einer sinnerfüllten Welt verwirklichen.«[23] Geist schafft Bedeutung, aber er kann in bloßer Spielerei und ästhetischem Genuss stecken bleiben.

Dasein, Bewusstsein und Geist sind Weisen der Bezugnahme auf die Welt. Und eben diese Welt umgreift dieselben als »Inbegriff des uns Erschei-

---

[21] Vgl. a.a.O., S. 28.

[22] In Abwandlung des parodistischen Gedichtes *Volkslied* von Joachim Ringelnatz.

[23] A.a.O., S. 30.

nenden«.[24] Aber diese Weisen des Umgreifenden genügen nicht. Sicher, sie ermöglichen uns Wissen über die Welt, wie sie sich jeweils in bestimmten Perspektiven zeigt. Aber sie sagen uns nicht, was sein soll! Der Mensch muss eine entscheidende Grenze überschreiten – hin zur »Existenz«. Was ist Existenz? Jaspers' Antwort lautet: »Existenz ist *nicht Sosein, sondern Seinkönnen*, das heißt: ich bin nicht Existenz, sondern mögliche Existenz. Ich habe mich nicht, sondern komme zu mir.«[25] Bei der Existenz geht es nicht mehr darum, irgendetwas mit wissenschaftlichen Methoden zu erkennen. Die Perspektive des Beobachters wird abgelöst durch die Perspektive des Akteurs. Vielleicht kann man es grammatikalisch ausdrücken: Wir wechseln von der dritten in die erste Person. Es herrscht kein »dies« oder »das« oder »es« vor, sondern das »Ich«. Jaspers hält fest: »Existenz ist als der *je Einzelne*, als dieses Selbst, unvertretbar und unersetzbar.«[26]

Allerdings wäre es ein fürchterliches Missverständnis zu glauben, hier werde einem eitlen Egoismus oder einer Willkür des Individuums das Wort geredet. Im Gegenteil: »Was ich sein will, das werde ich existenziell gerade dann nicht, wenn ich es will. Will ich eine Persönlichkeit sein und bemühe mich darum, so werde ich Schauspieler einer Persönlichkeit. Will ich ursprünglich sein, so werde ich es gerade nicht.«[27] Existenz wird nicht willkürlich von uns gemacht oder hervorgerufen. Natürlich müssen wir uns als aktives Subjekt zeigen, indem wir Handlungsoptionen ergreifen. Aber dieses Ergreifen geht einher mit einem Ergriffen-Werden. Was Jaspers sagen will, lässt sich vielleicht am ehesten mit den berühmten Zeilen aus Rilkes Gedicht *Archaischer Torso Apolls* umschreiben:

»... denn da ist keine Stelle,
die dich nicht sieht. Du mußt dein Leben ändern.«[28]

---

[24] ANTON HÜGLI, Unterscheiden können zwischen dem, was man wissen, und dem, was man nicht wissen kann. Karl Jaspers über Grenzen und Grenzbewusstsein, in: Rudolf Langthaler / Michael Hofer (Hg.), Existenzerhellung – Grenzbewusstsein – Sinn der Geschichte: Dem Andenken an Karl Jaspers (1883–1969), Wiener Jahrbuch für Philosophie, Jg. 51 (2019), Wien / Hamburg 2020, S. (25–48) 31.

[25] K. JASPERS, Der philosophische Glaube angesichts der Offenbarung (s. Anm. 12), S. 185, Hervorhebung im Original.

[26] A.a.O., S. 186, Hervorhebung im Original.

[27] A.a.O., S. 147.

[28] RAINER MARIA RILKE, Werke in drei Bänden, Erster Band, Frankfurt a.M. / Leipzig 1991, S. 313.

Diese Worte können deutlich machen, was mit jener Existenz gemeint ist, die in jenen Lebenslagen auftaucht, die Jaspers mit dem berühmten Begriff der *Grenzsituation* beschrieben hat. Das sind etwa die Momente der Schuld, des Leidens, der Bedrohung durch den Tod. In ihnen müssen wir uns bewähren und können uns doch so leicht verfehlen.

Jaspers wusste genau, wovon er sprach. Er war nicht nur in Bezug auf die Fachdisziplinen, sondern gerade existenziell ein Grenzgänger. Als junger Mann wurde er mit der medizinischen Prognose konfrontiert, dass er aufgrund seines Lungenleidens nur noch wenige Jahre zu leben habe. Er hat in dieser permanenten Grenzsituation standgehalten, indem er sich mit eisernem Willen zeitlebens einer Selbstbehandlung unterzog. Als Ehemann stand er während der Zeit des Nationalsozialismus treu zu seiner jüdischen Ehefrau Gertrud. Das Paar musste – je länger der Zweite Weltkrieg dauerte, desto verzweifelter – jederzeit damit rechnen, von Nazi-Schergen abgeholt und ermordet zu werden. Für den Fall, dass das Schlimmste eintreten würde, hatten die beiden vorgesorgt: In ihrem Wohnort Heidelberg hatten sie sich aus der Hof-Apotheke Zyankali-Ampullen kommen lassen, durch deren Einnahme das Paar einer Verhaftung zuvorgekommen wäre. Wie nahe die beiden dieser Grenze des Todes kamen, lässt sich ziemlich genau sagen: Etwa zwei Wochen war diese von ihnen entfernt. Das zusammenbrechende Regime hatte für Heidelberg die Deportation der verbliebenen jüdischen Personen für den 14. April 1945 verfügt. Dass es nicht mehr dazu kam, war dem Einmarsch der US-Armee in die Stadt in den letzten Märztagen zu verdanken.

Doch selbst größte Tapferkeit und ein Sich-Bewähren im Äußersten lassen den Menschen unwissend vor dem Geheimnis stehen:»Existenz, *weil sie sich geschenkt weiß*, ist *im Grunde verborgen*. Warum liebe ich? Warum glaube ich? Warum bin ich entschlossen?«[29] Die Antworten auf diese Fragen liegen in einem Dunkel, das Jaspers als »Transzendenz« bezeichnet. Diese »Transzendenz aber erforschen wir überhaupt nicht, wir werden von ihr – im Gleichnis gesprochen – berührt und berühren sie als das Andere, das Umgreifende alles Umgreifenden«.[30] Die Transzendenz ist – wenn man so will – das Unbedingte hinter allem Bedingten. Jaspers drückt mit einem bildhaften Vergleich aus, wie wir uns Transzendenz vorstellen können – und

---

[29] K. JASPERS, Der philosophische Glaube angesichts der Offenbarung (s. Anm. 12), S. 188, Hervorhebungen im Original.

[30] Ebd.

nimmt ihn im selben Atemzug wieder zurück. Er schreibt: »Wie Bäume tief wachsen, wenn sie hoch ragen, so gründet tief im Unbedingten, wer ganz Mensch ist [...]. Doch dieser Vergleich ist unangemessen, denn nicht durch eine Steigerung, sondern nur durch einen Sprung in eine andere Dimension ist der Grund im Unbedingten ergriffen.«[31] Mit der Rede vom Sprung macht er klar: Hier gibt es keinen methodisch sicheren Gang des theoretischen Beweisens mehr. Dass es z.B. Liebe wirklich gibt, kann geleugnet werden. Sie könnte auch nur eine Illusion sein, die von egoistischen Genen erzeugt wird. Dass ein echtes Gespräch mehr ist als Heuchelei oder ein taktisches Geplänkel – auch das lässt sich nicht zweifelsfrei beweisen.[32] Jaspers resümiert: »So ist es mit jeder Unbedingtheit. Sie ist wirklich allein als Glaube und für den Glauben.«[33]

Wenn der Glaube also auf das Eine in seiner Unbedingtheit setzt, darf er sich gerade nicht auf den Verstand verlassen. Denn dieser kann uns nur jeweils beschränkte Perspektiven auf das zeigen, was ist. Der Verstand zeigt niemals das Ganze, das harmonisch Vollendete. Aber dennoch fühlen wir den »untilgbaren Willen zum Einen«.[34] Denkend können wir es nicht erreichen, aber »daß wir den Traum des Einen entwerfen und dabei scheitern, hebt nicht auf, daß er geträumt wird, und daß er für uns ein Gewicht hat, als ob sein Gegenstand wirklich, er selber ein Wahrtraum wäre. Da diese Wirklichkeit aber doch nur im Traum besteht, haben wir in uns ein anderes: die Vernunft, die uns ständig bewegt, das Band zu finden, und die uns beschwingt, es zu verwirklichen [...]«.[35]

Es ist nicht schwer herauszufinden, wer Jaspers zu dieser Unterscheidung zwischen Verstand und Vernunft inspiriert hat. Es war kein Geringerer als Immanuel Kant: Die Seele, die Welt und Gott in ihrer Totalität – das sind laut Kant Vernunftideen. Sie treiben uns dazu an, nach dem großen Zusammenhang zu suchen. Und zugleich muss uns klar sein, dass wir diesen nie erkennen werden. Der Philosoph Anton Hügli spricht davon, dass durch den Antrieb der Vernunft aus dem Schweben des Denkens ein »Flug«

---

[31] K. JASPERS, Grundsätze des Philosophierens (s. Anm. 9), S. 38.

[32] Vgl. ebd.

[33] Ebd.

[34] K. JASPERS, Der philosophische Glaube angesichts der christlichen Offenbarung (s. Anm. 10), S. 36.

[35] A.a.O., S. 37.

wird.[36] Das ist ein treffendes Bild, wenn uns klar bleibt, dass es kein Höhenflug wie der des Ikarus ist, der letztlich zum Absturz führt. Vielmehr gilt: Wir dürfen den Verstand nicht aus dem Blick verlieren. Ohne Verstandestätigkeit kann auch die Vernunft ihr Werk nicht beginnen. »Vernunft«, so betont Hügli treffend, »kann [...] nicht bestehen ohne Verstand, aber sie ist immer mehr als Verstand, sie gibt ihm erst Richtung und Sinn«.[37] Aber kann das das letzte Wort sein? Wir sollen nach etwas suchen, das wir mit unserem Verstand niemals werden finden können. Gibt es nicht noch etwas, was die göttliche Transzendenz zumindest in uns aufscheinen lässt?

2.3 Der Flug durchs Chifferngestöber

Ja, nach Jaspers gibt es das in der Tat: Es sind die berühmten »Chiffern«, die uns einen Pfad bahnen. Die erste Frage lautet: Was kann eine Chiffer sein? Jaspers knappe Antwort lautet: Alles! Genauer gesagt: »[A]lles, was erscheint«.[38] In vielerlei Dingen verbirgt sich die Transzendenz: vielleicht in einem Mythos, der erzählt wird. Vielleicht im Betrachten einer unscheinbaren Pflanze. Vielleicht in einer sinnstiftenden Begegnung. Die Liste ließe sich ins Uferlose fortsetzen. Jaspers charakterisiert die Chiffern auf folgende Weise: Sie »leuchten in den Grund der Dinge. Sie sind nicht Erkenntnis. Was in ihnen gedacht wird, ist Vision und Deutung. Sie entziehen sich allgemeingültiger Erfahrung und Verifizierbarkeit. Ihre Wahrheit liegt im Zusammenhang mit der Existenz.«[39] Chiffern bleiben stets vieldeutig und lassen sich nicht in eine Systematik zwingen.[40] Transzendenz offenbart sich nicht durch eine Chiffer für mehrere Existenzen, und es gibt auch nicht mehrere Chiffern, die einer Existenz etwas Vergleichbares mitzuteilen haben.[41]

---

[36] A. Hügli, Unterscheiden können zwischen dem, was man wissen, und dem, was man nicht wissen kann (s. Anm. 24), S. 30.

[37] A.a.O., S. 31.

[38] K. Jaspers, Der philosophische Glaube angesichts der Offenbarung (s. Anm. 12), S. 217.

[39] A.a.O., S. 213.

[40] Vgl. Karl Jaspers, Philosophie, Bd. 3: Metaphysik (KJG I/7.3), hg. v. Oliver Immel, Basel 2022, S. 149 f.

[41] Vgl. Kurt Salamun, Karl Jaspers: Arzt, Psychologe, Philosoph, politischer Denker, Berlin 2019, S. 70.

In ihrer Vielfalt und Vieldeutigkeit sind sie »nie die Wirklichkeit der Transzendenz selber, sondern deren mögliche Sprache«.[42] Natürlich ist Jaspers klar, dass wir vorsichtig bleiben müssen, wenn wir diese Chiffern deuten. Eine Chiffer kann als solche nicht ihre eigene letzte Instanz sein. Wir müssen nur einen Blick auf die politischen und wirtschaftlichen Interessen werfen, die z.B. hinter Mythenbildungen stecken, um zu erkennen, dass hier höchste Vorsicht geboten ist.[43] Letztlich sind es wieder »das Philosophieren und die Lebenspraxis der Existenz«[44], die den Wahrheitsgehalt der Chiffern prüfen. Aber Jaspers fordert keineswegs, Chiffern, die sich als überholt erwiesen haben, über Bord zu werfen. Vielmehr sind sie aufgehoben in neuen Deutungsweisen. Ein Beispiel: Die kirchliche Lehre von den ewigen Höllenstrafen lehnt Jaspers ab. Dennoch sieht er einen guten Sinn in dieser Vorstellung, wenn wir sie anders begreifen: Unsere Verfehlungen sind unwiderruflich, sie haben ein ewiges Gewicht, das sich nicht abschütteln lässt.[45]

Jaspers' Offenheit für die bildliche Sprache der Chiffern führt ihn im Übrigen zu einer großen Wertschätzung der Bibel. Hier findet er – wenn man so will – das pralle Leben in seiner unlösbaren Verbindung mit der existenziellen Frage nach dem Höchsten. Der Theologe Reinhold Zwick nannte die Bibel einmal – in Anlehnung an ein Wort des Lyrikers Paul Celan – ein »Metapherngestöber«.[46] Mit Jaspers können wir sie vielleicht als »Chifferngestöber« charakterisieren. Aber man kann es nicht oft genug betonen: »Das Ungenügen der Chiffern [...] zeigt sich darin, daß ich mich an sie nur wie an Bilder oder an Leitfäden im existentiellen Augenblick halten kann,

---

[42] K. JASPERS, Der philosophische Glaube angesichts der Offenbarung (s. Anm. 12), S. (95–517) 215.

[43] Siehe dazu die klassische Essaysammlung: ROLAND BARTHES, Mythen des Alltags, Frankfurt a.M. 1964.

[44] K. JASPERS, Der philosophische Glaube angesichts der Offenbarung (s. Anm. 12), S. 214.

[45] Vgl. a.a.O., S. 225.

[46] REINHOLD ZWICK, Gottesbilder in der Bibel. Einführende Anmerkungen: Einführungstext für eine DVD-Edition des Katholischen Filmwerks (Frankfurt a.M.) von einschlägigen Kurzfilmen zur Gottesfrage (für Religionsunterricht, Gemeinde und Erwachsenenbildung), Frankfurt a.M. 2004.
Zwick bezieht sich auf das Gedicht *Ein Dröhnen*: »EIN DRÖHNEN: es ist / die Wahrheit selbst / unter die Menschen / getreten, / mitten ins / Metapherngestöber.« (Paul Celan, Gedichte, Zweiter Band, Frankfurt a.M. [10]1992, S. 89)

nicht an sie als eine Realität, die als solche mich sichert. Denn ich bleibe immer angewiesen darauf, daß ich mir geschenkt werde aus anderem Ursprung: im Liebenkönnen, in der Vernunft, in einem unbegründbaren Vertrauen.«[47] Fast ist es so, als würde Jaspers rufen: Lassen wir uns die Bibel nicht von der organisierten Kirche wegnehmen! Seine Position ist radikal: »Ein Theologe mag verachtend sagen: wer die Bibel liest, ist noch kein Christ. Ich antworte: niemand und keine Instanz weiß, wer ein Christ ist; wir sind alle Christen (biblisch glaubende Menschen), und jedem ist es zuzubilligen, der Christ zu sein behauptet. Wir brauchen uns nicht hinauswerfen zu lassen aus dem Hause, das seit einem Jahrtausend das unserer Väter ist. Es kommt darauf an, wie einer die Bibel liest und was dadurch aus ihm wird.«[48]

Welches Fazit können wir also mit Blick auf Jaspers' philosophischen Glauben ziehen? Das folgende sei hier angeboten: Als Suchende gelangen wir niemals ans Ziel, wenn man darunter den endgültigen Besitz der Wahrheit versteht. In Skeptizismus dürfen wir wiederum nicht verfallen, aber »Skepsis ist ein unerlässlicher *Weg* im Philosophieren«.[49] Diese philosophische Grundhaltung zeigt sich ganz konkret – und zwar im Willen zu grenzenloser Kommunikation.[50] Die persönliche Kommunikation würdigt Jaspers in geradezu festlichen Worten: »Die Gottheit wird gleichsam zu uns herangezogen in ihrem Aspekt des Persönlichseins, und zugleich steigern wir uns zu einem Wesen, das mit diesem Gotte sprechen dürfe.«[51]

Nicht nur in diesem Punkt ist es Hölderlin, der Jaspers' Einsicht vorwegnimmt. In seinem Gedicht *Friedensfeier* steht zu lesen:

---

[47] K. JASPERS, Der philosophische Glaube angesichts der Offenbarung (s. Anm. 12), S. 214.

[48] A.a.O., S. 134. An dieser Stelle findet sich auch die markante Forderung: »In dieser Welt soll als Christ gelten, wer sich dafür hält.«

[49] A.a.O., S. 206, Hervorhebung im Original.

[50] Vgl. A. HÜGLI, Unterscheiden können zwischen dem, was man wissen, und dem, was man nicht wissen kann (s. Anm. 24), S. 31.

[51] K. JASPERS, Grundsätze des Philosophierens (s. Anm. 9), S. 71.

»Viel hat von Morgen an,
Seit ein Gespräch wir sind und hören voneinander,
Erfahren der Mensch ...«[52]

»Lasst uns ein Gespräch sein!« Das könnte geradezu als kategorischer Imperativ der Jaspers'schen Philosophie in Stein gemeißelt werden. Damit hätten wir in seinem Denken zugleich die Schnittstelle zwischen theoretischer und praktischer Vernunft gefunden. Und so gelangen wir zu einem letzten, aber zugleich zentralen Aspekt: dem Reflektieren über Politik und Geschichte. Wie jeder bedeutende Philosoph hat sich Jaspers nicht in den Elfenbeinturm metaphysischer Spekulation verkrochen, sondern nach den Möglichkeiten gefragt, die sichtbare Welt zu gestalten.

3. Das Wirken der Vernunft: Ethik und Geschichtsdenken

3.1 Die Achse und die Gefahr des Achsenbruchs

Zum versprochen letzten Mal sei Hölderlin zurate gezogen – mit seinen Versen in *Patmos*:

»Nah ist
Und schwer zu fassen der Gott.
Wo aber Gefahr ist, wächst
Das Rettende auch.«[53]

Wann in der von Gefahren überwucherten Weltgeschichte wuchs das meiste Rettende? Jaspers' Antwort ist längst als feststehender Begriff in die Sprache eingegangen: in der »Achsenzeit«. Er schreibt: »Die mögliche Sprache Gottes ist jedoch nicht an einzelnen Stellen der Überlieferung ausschliessend zu hören, sondern in der Gesamtheit der geistigen Geschehnisse, die den Menschen befreien, indem sie ihn zum Bewusstsein seiner Endlichkeit und Unvollendbarkeit und seiner Erlösungsmöglichkeiten brachten. Diese Ereignisse liegen in der Achse der Weltgeschichte, der Zeit von 800–200 vor Christus in China, Indien und dem Abendland.«[54]

---

[52] FRIEDRICH HÖLDERLIN, Friedensfeier, in: ders., Sämtliche Werke und Briefe, Bd. I, hg. v. Michael Knaupp, Darmstadt 1998, S. (355–366) 364.

[53] FRIEDRICH HÖLDERLIN, Patmos (Erste Fassung), in: ders., Sämtliche Werke und Briefe, Bd. I (s. Anm. 52), S. (447–453) 447.

[54] K. JASPERS, Grundsätze des Philosophierens (s. Anm. 9), S. 62.

An dieser Stelle fehlt die Gelegenheit, die betreffenden Kulturräume und ihre herausragenden Gestalten zu würdigen. Hingewiesen sei hier nur auf die Entdeckung, dass es in der genannten Zeitspanne zu entscheidenden philosophischen und technischen Fortschritten kam, die auf das Selbstverständnis der Menschheit einen kaum zu überschätzenden Einfluss hatten. Jaspers war nicht der erste, dem diese Verdichtung auffiel,[55] aber keiner hat dieses Phänomen eindrücklicher und wirkmächtiger dargestellt.

Über Umfang und Charakter dieser Achsenzeit lässt sich endlos streiten.[56] Ein Missverständnis gilt es aber auf jeden Fall auszuräumen. Anders, als ihm zuweilen unterstellt wurde, ging Jaspers nie von einem vorherbestimmten zielgerichteten Prozess der Weltgeschichte aus. Das würde auch schlecht zu seiner Betonung der Freiheit passen.[57] Nur mit diesem Begriff im Hintergrund können wir den Umbruch der Achsenzeit überhaupt verstehen. Allerdings sollten wir diesen epochalen Einschnitt nicht nur *verstehen*, sondern auch *erklären* können.

Der wohl beste Ansatz, neben Gründen auch Ursachen zu finden, findet sich in Überlegungen zur kulturellen Evolution. Wir müssen dazu nur Hölderlins Wort umdrehen. Wenn gilt: »Wo aber Gefahr ist, wächst das Rettende auch!«, dann bedeutet das zugleich: »Wo aber das Rettende wächst, da muss Gefahr sein!« Anders gesagt: Zu den großen Schöpfungen der Geistesgeschichte von Laudse, Konfu-tse, Zarathustra, Sokrates usw. usw. kommt es dann, wenn eine Kultur einen gewissen Differenzierungsgrad bzw. ein gewisses Abstraktionsniveau erreicht und zugleich ein krisenhaftes Stadium erreicht hat. Es vollziehen sich entscheidende Umbrüche in der Ökonomie und in der Politik. In dieser Krise brechen Konfliktlinien auf. Eine Kultur steht dann vor der Entwicklungsaufgabe, diese Bruchstellen durch eine ethisch-moralische Neuorientierung zu kitten. Dass es global betrachtet in einem relativ kurzen Zeitraum zu mehreren dieser Neuorientierungen kam, dass sich also diese Achse ausbildete, ist nicht so verwunderlich, wie es auf den ersten Blick scheint. Denn zum einen verkürzen sich im Lauf der Menschheitsgeschichte die Intervalle zwischen einem zivilisatorischen

---

[55] Erinnert sei hier nur an den französischen Orientalisten Abraham Hyacinthe Anquetil-Duperron.

[56] Siehe Jan Assmanns einschlägige Beiträge.

[57] Vgl. K. JASPERS, Der philosophische Glaube angesichts der Offenbarung (s. Anm. 12), S. 112.

Sprung und dem auf ihn folgenden immer mehr.[58] Eventuell vorhandene Ungleichzeitigkeiten in der Entwicklung verschiedener Kulturkreise fallen also weniger ins Gewicht. Zum anderen waren die von Jaspers genannten Kulturkreise vielleicht viel enger miteinander vernetzt, als es auf den ersten Blick den Anschein haben mag. Dabei müssen wir nicht von einer direkten Kommunikation ausgehen; Personen und Ideen können ja auch indirekt über mehrere Bindeglieder miteinander verbunden sein.

Allerdings können derartige Spekulationen gern den jeweiligen Fachleuten überlassen werden. Viel wichtiger ist an dieser Stelle der Hinweis darauf, dass – es wurde bereits erwähnt – ein solch hohes Reflexionsniveau wie das der Achsenzeit immer auch Ausdruck einer Krise ist. Unter den oben genannten Denkern ist es vielleicht Laudse, bei dem sich diese Beobachtung am besten belegen lässt. Scharfsinnig erkannte er, dass Willkürherrschaft, Zerfall der Ordnung und Kriege gerade auch die Heuchelei hervorbrachten. Diese Heuchelei verdeckt, dass die Menschen vom rechten Weg – dem *Dau* – abgekommen sind:

> »verloren ging das große Dau –
> güte und rechtschaffenheit entstand
> hervortrat die klugheit –
> die große heuchelei entstand
> zerrissen war die sippe –
> der familiensinn entstand
> in wirrnissen zerfiel der staat –
> der treue minister entstand«.[59]

---

[58] Für den ersten weitreichenden Sprung – unseres Erachtens besteht dieser in der Herstellung der ersten Kunstwerke, z.B. in Form von Höhlenmalereien und Skulpturen – benötigte Homo sapiens rund 250.000 Jahre. Der zweite Sprung war die neolithische Revolution mehr als 30.000 Jahre später. Zum dritten Sprung (von der Sesshaftwerdung zu den ersten Hochkulturen) kam es nach weiteren rund 5.000 bis 6.000 Jahren. Wenn wir in der Achsenzeit den vierten Sprung erkennen, waren seit dem dritten ca. 2.500 Jahre vergangen. Vieles spricht dafür, den fünften Sprung im 15. Jahrhundert n.Chr. zu verorten – als Europa begann, die Erde zu erobern (Abstand zum vierten: ca. 2.000 Jahre) – und den sechsten in der Industriellen Revolution (Abstand: ca. 300 Jahre).

[59] LAUDSE, Daudedsching, übertr. u. hg. v. Ernst Schwarz, München ⁶1994, S. 68. Dass wir »Dau« (oder auch »Dao«) hier mit »rechter Weg« umschreiben, stellt eine grobe Verkürzung dar. Der Begriff des Dau umfasst mehr als den ethisch-moralischen Gehalt. »Dau« stellt ein letztlich unauslotbares metaphysisches Prinzip dar,

Hier zeigt sich: So erhebend es ist, eine Achsenzeit identifiziert zu haben, so besorgniserregend ist zugleich der Gedanke daran, dass das darin erreichte Reflexionsniveau uns nicht vor dem Scheitern bewahren könnte. Es muss also – um im Bilde zu bleiben – bei einer Achse auch der drohende Achsen*bruch* mit bedacht werden.

3.2 Jaspers über Moral und Politik

Die Gefahr des Achsenbruchs: So schnell landen wir in der Gegenwart! Und damit bei der Frage, wie *wir* heute handeln sollen. Karl Jaspers hat – wie ausgeführt – Philosophie nicht als strenge Wissenschaft, sondern als unablässiges Gespräch vor dem Horizont der Transzendenz verstanden. Daher ist es nur konsequent, dass er kein ausgefeiltes System der Ethik entwickeln wollte und konnte. Im Zentrum seines moralphilosophischen Denkens steht vielmehr der Ruf des Gewissens, der aber auf keinen Fall mit der Stimme Gottes verwechselt werden darf.[60] Er betont: »Es ist nie absolut gewiss, was ich tun solle. Auf eigene Verantwortung muß ich es finden. Ich bin mir dessen gewiß, aber unter Gefahr, nicht nur des rationalen, sondern auch des existentiellen Irrens. Wenn ich redlich mich bemüht habe – nie darf ich wissen, daß ich es genügend getan habe –, dann vertraue ich, daß ich in der Transzendenz gleichsam ›angenommen‹ wurde, daß dort trotz allem Unheil in der Welt und der Fragwürdigkeit meiner selbst eine Geborgenheit sei.«[61]

Jaspers bietet uns keine Kasuistik, keine detaillierten Handlungsempfehlungen. Würde er heute noch leben, könnte man ihn sich schwerlich als Mitglied irgendeines Ethikrates vorstellen. Dennoch hat er sich in die politischen Diskussionen der jungen Bundesrepublik eingemischt – und das mit einer Wirkung, die ihn in jener Zeit zum meistgelesenen Philosophen Deutschlands machte. Diesen Einfluss hätte er kaum nehmen können, wenn er sich nicht standfest gezeigt hätte. Und so lassen sich in Jaspers' politischem und ethischem Denken durchaus Leitsätze erkennen. Beispielsweise schimmert durch viele seiner Äußerungen Immanuel Kants kategorischer

---

das sich nicht mehr in Worte fassen lässt. Die Nähe zur Jaspers'schen »Transzendenz« ist nicht zu übersehen.

[60] Vgl. K. JASPERS, Der philosophische Glaube angesichts der christlichen Offenbarung (s. Anm. 10), S. 13.

[61] Ebd.

Imperativ hindurch.⁶² Dessen Kerngedanken fühlte er sich unbedingt verpflichtet: Die Grundsätze einer Handlung müssen verallgemeinerbar sein, wenn sie moralisch sein wollen. Mit dieser Gewissheit im Rücken konnte Jaspers wichtige Impulse setzen – etwa bei der Frage nach dem Umgang mit der nationalsozialistischen Vergangenheit oder nach den Voraussetzungen einer Wiedervereinigung Deutschlands. Am stärksten aber hat Jaspers die Gefahr umgetrieben, die von der atomaren Rüstung ausging. In der Möglichkeit, die gesamte Menschheit auf einen Schlag auszulöschen, sah er »ein grundsätzlich neuartiges Ereignis«.⁶³ Angesichts dieser nie dagewesenen Bedrohung forderte er – auch hier sich in der Spur bewegend, die Kant gebahnt hatte – enorme Anstrengungen der Diplomatie hin zu umfassenden Verträgen und zu einer weitreichenden politischen Kommunikation.⁶⁴

4. Rezeption und Kritik

Karl Jaspers' Stimme wurde gehört – weit über den Kreis der akademischen Milieus hinaus. Dennoch galt er in der Philosophie stets als Außenseiter. Er hat keine Schule begründet.⁶⁵ Das hängt sicher zum einen damit zusammen, dass er als Grenzgänger von den Fachphilosophen nicht ausreichend gewürdigt wurde. Erst in den letzten Jahren zeigen sich zarte Ansätze einer Jaspers-Renaissance – nicht zuletzt bedingt und befördert von dem laufenden Projekt, sein Gesamtwerk herauszugeben.

Abgesehen davon bietet Jaspers' Denken natürlich Angriffsflächen. Diese liegen jedoch quer zu den üblichen Konfliktlinien im Streit der Ismen. Denn jeglichen *-ismus* will er ja gerade vermeiden. In den Kontroversen um

---

[62] Allerdings moniert Jaspers, dass diesem Imperativ »alle inhaltliche Füllung« fehle. Siehe K. JASPERS, Grundsätze des Philosophierens (s. Anm. 9), S. 49. Er greift hier einen oft vorgebrachten Standardeinwand auf.

[63] So äußert er sich in dem Radio-Vortrag *Die Atombombe und die Zukunft des Menschen* (1956). Der Vortrag ist – wie weitere Bild- und Tondokumente zu Jaspers' Werk und Person – auf der Homepage der Karl Jaspers-Stiftung zu finden (https://jaspers-stiftung.ch/de/karl-jaspers/karl-jaspers-die-atombombe-und-die-zukunft-des-menschen-1956, zuletzt abgerufen am 10.12.2023).

[64] Siehe ebd.

[65] ... und er wollte auch keine Schule begründen, da ihm Denkschulen als Ausdruck einer degenerierten, erstarrten Philosophie erschienen. Vgl. K. JASPERS, Grundsätze des Philosophierens (s. Anm. 9), S. 20.

Realismus, Idealismus, Naturalismus, Konstruktivismus usw. kann ein an Jaspers geschulter Mensch nur das Hin und Her vorläufiger und in ihrer Perspektive begrenzter Positionen erblicken. Zeitlebens hat sich Jaspers dagegen gesträubt, sein Philosophieren in eine dieser Schubladen stecken zu lassen.

Wer ihn kritisieren will, muss schon auf anderer Ebene deutlich werden. Etwa so wie Theodor W. Adorno, der Jaspers und anderen einen »Jargon der Eigentlichkeit«[66] vorwarf. Adorno störte sich an den im Zuge der Existenzerhellung verwendeten »Edelsubstantiven«.[67] Es mag jeder selbst entscheiden, wie viel ihm Inhalt und Stil der Jaspers'schen Texte geben können. Zweierlei ist nicht zu leugnen. Zum einen: Jaspers' Begriffsbildungen und -verwendungsweisen hätten sich durchaus von der sprachanalytischen Philosophie inspirieren lassen dürfen. Nicht immer werden bei ihm Begriffe in eindeutiger Weise verwendet. Zum zweiten: Ein heute tätiger Fachphilosoph würde nicht auf die Idee kommen, Aufsätze in existenzphilosophischer Manier zu schreiben. Ist Letzteres ein Argument gegen Jaspers? Wohl eher nicht, denn wer den Buchmarkt auf dem Gebiet populärphilosophischer Texte überblickt, dem fällt auf, dass es sehr wohl ein großes Bedürfnis nach Weltorientierung gibt, das die meisten Fachphilosophen gerade nicht stillen können. Insofern dürfte Jaspers' vermeintlich aus der Zeit gefallenes Denken für jede Generation aktuell bleiben.

Ein anderer Kritikpunkt erscheint eher bedenkenswert: Die Frage muss erlaubt sein, ob sich Jaspers mit seiner Rede von der Transzendenz, die sich uns immer wieder entzieht, nicht in Widersprüche verwickelt. Denn einerseits zeigt die Existenzerhellung ja, dass der Transzendenz und dem durch Denken unerreichbaren Gott ein Aufforderungscharakter innewohnt. Andererseits lässt sich aber nicht mehr so recht begründen, warum das so sein soll. Jaspers' philosophischer Glaube ist ein Paradebeispiel für negative Theologie. Ausdrücklich spricht Jaspers vom »deus absconditus«,[68] vom verborgenen Gott. »Alle Aussagen des Glaubens«, so betont er, »sind nur ein Spiel in unablässiger Bewegung des Widerrufens.«[69]

---

[66] THEODOR W. ADORNO, Jargon der Eigentlichkeit: Zur deutschen Ideologie, Berlin ¹⁸2015.

[67] S. a.a.O., S. 9.

[68] K. JASPERS, Grundsätze des Philosophierens (s. Anm. 9), S. 33.

[69] A.a.O., S. 31.

Aber diese Spielart der Theologie muss sich ebenso wie Kant mit seiner Rede von den unerkennbaren *Dingen an sich selbst betrachtet* fragen lassen, ob sie nicht die Grenzen überschreitet, die sie sich selbst gesetzt hat. Wir dürfen Jaspers sicher nicht zu der Gruppe von Philosophen zählen, die Friedrich Nietzsche herablassend als »Hinterweltler« bezeichnet hat.[70] Weder er noch Kant deuten den Raum jenseits unseres Erkennens als Hinterwelt. Damit würde diese ja zum Gegenstand gemacht werden und somit wieder der Subjekt-Objekt-Spaltung unterliegen.[71] »Gott ist«. Das sagt Jaspers ausdrücklich. Aber woher kann diese Gewissheit kommen, wenn sich dieser Gott doch immer wieder entzieht? Für Jaspers liegt Transzendenz »jenseits des Gegensatzes von wahr und falsch«.[72] Das Sein ist »für uns ungeschlossen. Es zieht uns ins Unendliche«.[73] Kann er damit das Gespenst des Agnostizismus vertreiben? Eher nicht. Stattdessen geraten wir in einen merkwürdigen Schwebezustand im Raum des letztlich nicht mehr Verstehbaren. An diesem Punkt kommt neben den bereits genannten Literaten eine weitere Person ins Spiel: der im selben Jahr wie Jaspers geborene Franz Kafka. Denken wir an dessen Romanfragment *Das Schloss* oder an einige seiner kurzen Parabeln: Hier drängt sich eine theologische Deutung geradezu auf. Und sie führt uns in eine nicht mehr begreifbare Welt, die zwar nicht als ausdrücklich gottlos bezeichnet werden kann. Andererseits bekommen wir das Göttliche auch in keiner Weise zu fassen.

Dabei hat Jaspers doch – zumindest nach Ansicht des Verfassers – den Schlüssel zum Höchsten in der Hand. Denn wenn die uneingeschränkte Kommunikation unhintergehbar ist: Befinden wir uns dann nicht schon voll und ganz in der Sphäre des Göttlichen? Viele haben in Jaspers einen Vorläufer von Philosophen wie Jürgen Habermas gesehen, die im kommunikativen

---

[70] Vgl. A. HÜGLI, Unterscheiden können zwischen dem, was man wissen, und dem, was man nicht wissen kann (s. Anm. 24), S. 32.

[71] Otfried Höffe – einer der führenden Kant-Interpreten in der deutschsprachigen Philosophie – schreibt, der Begriff des Dinges an sich selbst betrachtet sei »ein methodischer, kein metaphysischer Begriff, kein dogmatischer Rest [...]. Im Bereich des Theoretischen bezeichnet das Ding an sich nicht eine Hinterwelt, die sich hinter den Erscheinungen als wahre Welt verbirgt. Das Ding an sich gehört vielmehr zu den Begriffen, die notwendig sind, um die Möglichkeit der Erfahrungserkenntnis zureichend zu begreifen.« (OTFRIED HÖFFE, Immanuel Kant, München 1996, S. 133)

[72] K. JASPERS, Grundsätze des Philosophierens (s. Anm. 9), S. 97.

[73] A.a.O., S. 92.

Handeln den höchsten Punkt einer umfassenden Rationalität erblickten. Man könnte das Rad auch weiterdrehen und die Voraussetzungen der Kommunikation bzw. des intersubjektiven Denkens idealistisch deuten.[74] Doch Jaspers hat aufgrund seines Grundverständnisses von Philosophie derartige Folgerungen verworfen: Das Unhintergehbare setzte er nicht mit dem Absoluten gleich.

Und so sei schließlich mit Jaspers' eigenen Worten die folgende Quintessenz seines Denkens präsentiert:

»Die Grundtatsache unseres Daseins als Menschen miteinander bleibt: wir finden uns nicht gemeinsam in der einen absoluten Wahrheit und nicht in dem einen einzigen Offenbarungsglauben. Wir stehen im Kampf der Mächte, die wir als Mächte in ihrem Grunde nicht kennen und nicht von einem Standpunkt außerhalb überblicken.

Auch die Macht, die ohne Offenbarungsglauben, aber in Bezug auf Transzendenz führt, kennen wir nicht wie ein Gewußtes. Wir können mit Hilfe der verborgenen Transzendenz vielleicht erreichen, jeweils ohne Eigensinn, Blindheit und Fanatismus in der Helligkeit des Hörens zu wissen, was wir wollen und wofür wir leben, ohne uns bei Begründungen auf Transzendenz berufen zu dürfen. Was wir sind und was wir wollen, an unserer Stelle im All, zeigt sich uns in der eigenen Geschichtlichkeit. Im Fortgang dessen, was wir erfahren, was wir wählen, wozu wir entschlossen sind, welche Entschlüsse wir verwirklichen, können wir unserer geschichtlichen Mitte treu, dadurch wir selber und verläßlich sein.«[75]

5. Zum Abschluss: Ein Resümee anhand der kantischen Grundfragen

Das kürzestmögliche Resümee, das sich am Ende dieses Parforceritts anbietet, wäre das folgende: Karl Jaspers ist der große Grenzgänger der Philosophie – nicht nur als Person, die in mehreren Disziplinen unterwegs war, sondern auch in seinem Insistieren auf die Grenzen unseres Wissens, Handelns und Hoffens. Um eine abschließende Übersicht zu bieten, seien seine Antworten auf die drei Grundfragen skizziert, die Immanuel Kant stellte:

---

[74] Siehe z.B. VITTORIO HÖSLE, Die Idee einer rationalistischen Religionsphilosophie und ihre Herausforderungen, in: ders., Gott als Vernunft, Berlin 2021, S. (3–29) 8 ff.

[75] K. JASPERS, Der philosophische Glaube angesichts der christlichen Offenbarung (s. Anm. 10), S. 12.

Erstens: Was kann ich wissen?
Wissen können wir laut Jaspers durchaus sehr viel. Denn die Wissenschaften offerieren uns durch ihren methodisch geordneten Gang ein breites Spektrum an Einsichten.[76] Aber dieser Fundus an Erkenntnissen bleibt in der Sphäre des Verstandes und auf die jeweilige Perspektive einer Wissenschaft verengt.[77] Wir bekommen die Welt als Ganze nicht in den Blick.

Hier den Horizont abzustecken, wäre eigentlich die klassische Aufgabe der Philosophie. Aber Jaspers bestreitet, dass wir denkend das überblicken können, was die Welt im Innersten zusammenhält. Seiner Ansicht nach bewegen sich philosophische Gedanken »häufiger in Kreisgestalten als in geradlinigem Fortschreiten«.[78] Indem wir philosophierend aufs Ganze gehen, spüren wir, dass wir die Grenze unserer Kategorien des Denkens überschreiten und werden damit sogleich wieder auf diese Kategorien zurückgeworfen. Alles, was wir erreichen können, ist ein »Nichtwissen«, das »eine neue Weise gegenstandslosen Wissens« mit sich bringt.[79] Damit haben sich auch sämtliche Versuche erledigt, Gott zu beweisen: »Ein bewiesener Gott ist kein Gott.«[80] Aber wo kein Wissen ist, da ist doch eine Gewissheit: »Nur wer von Gott ausgeht, kann ihn suchen. Eine Gewissheit vom Sein Gottes, mag sie noch so keimhaft, unbestimmt und unfassbar sein, ist Voraussetzung, nicht Ergebnis des Philosophierens.«[81]

Das ist eben die wahrhaft vernünftige und philosophische Haltung, die Jaspers fordert. Sie nährt sich aus einem philosophischen Glauben. Von diesem ergriffen, kann ein Mensch sagen: »In der Welt, die ich nicht geschaffen habe, die für meine menschlichen Maßstäbe so durchaus zweideutig ist, die ich im Ganzen nicht übersehe und nicht begreife, gewinne ich Vertrauen,

---

[76] Zur Hochschätzung, die Jaspers der Institution der Universität entgegenbrachte, siehe K. SALAMUN, Karl Jaspers (s. Anm. 41), S. 59 ff.

[77] Vgl. A. HÜGLI, Unterscheiden können zwischen dem, was man wissen, und dem, was man nicht wissen kann (s. Anm. 24), S. 25 ff.

[78] K. JASPERS, Grundsätze des Philosophierens (s. Anm. 9), S. 3.

[79] A.a.O., S. 84.

[80] A.a.O., S. 28.

[81] Ebd. Siehe auch K. JASPERS, Der philosophische Glaube angesichts der Offenbarung (s. Anm. 12), S. 130: »Glaube ist nicht ein Wissen von etwas, das ich habe, sondern die Gewißheit, die mich führt.«

weil das Gewissen in meinem Innern fordert und eine Liebe mich bewegt, in dem Maße als ich beiden folge.«[82]

Handeln aus dem Gewissen, bewegt von der Liebe – damit wird die nächste der kantischen Fragen im Prinzip schon beantwortet:

Zweitens: Was soll ich tun?
Die Besinnung auf uns selbst bringt laut Jaspers zwei Dinge zum Vorschein: »[I]ch bin denkend, – ich bin frei«.[83] Unser Denken und unsere Freiheit dürfen wir nicht den Autoritäten und Dogmen opfern. Stattdessen sollen wir in unablässiger Kommunikation nach der Wahrheit suchen – der Bezug zu organisierten Religionen ist dabei zweitrangig. Jaspers fasst diese Forderung bündig zusammen: Wir sind Menschen, »die notwendig miteinander reden, aber nicht notwendig miteinander beten müssen«.[84]

Drittens: Was darf ich hoffen?
Wenn man Jaspers' Position mit dem vergleicht, was die Religionen bieten, dann lautet die Antwort: Nicht viel! Der philosophische Glaube spendet keinen Trost in Bezug auf eine wie auch immer geartete Erlösung in einem ewigen Leben oder im Nirwana. Wir dürfen nichts erwarten. Wer sich angesichts dieser mauen Aussichten standhaft zeigt, dem gebührt vielleicht mehr Achtung als einem Christen. Denn dessen Taten stehen ja immer unter dem Verdacht, mit Blick auf die letzten Dinge einem egoistischen Kalkül zu folgen. Getreu Friedrich Nietzsches Bonmot: »Wer sich selbst erniedrigt, will erhöht werden.«[85] So verwundert es nicht, dass Jaspers in Giordano Bruno »den großen Märtyrer der modernen Philosophie« sieht. Denn dieser war »heldenhafter als irgendein christlicher Märtyrer, insofern er auf sich selbst stehen mußte kraft des philosophischen Glaubens, weder die Gewißheit der

---

[82] K. Jaspers, Der philosophische Glaube angesichts der christlichen Offenbarung (s. Anm. 10), S. 12 f.

[83] K. Jaspers, Der philosophische Glaube angesichts der Offenbarung (s. Anm. 12), S. 116.

[84] A.a.O., S. 179.

[85] Friedrich Nietzsche, Menschliches, Allzumenschliches. Ein Buch für freie Geister, Stuttgart ⁸1978, S. 79.

Offenbarung noch die Gemeinschaft einer Kirche besaß, sondern allein vor Gott stand«.[86]

Die genannten drei Fragen kulminieren schließlich in einem letzten großen Rätsel: *Was ist der Mensch?*

Hier können wir uns kurz fassen. Jaspers hält fest: »Wir sind mehr als unser Erkennen. Mit dem von uns Erkannten stehen wir vor einem Unerkannten, uns unendlich Übergreifenden. Geheimnis ist die Welt und ein jeder für sich selbst.«[87] Die Essenz seiner Sicht auf den Menschen findet sich in einem bekannten mittelalterlichen Spruch, den er zitiert:

»Ich komme, ich weiß nicht woher,
Ich bin, ich weiß nicht wer,
Ich sterb, ich weiß nicht wann,
Ich geh, ich weiß nicht wohin,
Mich wundert's, daß ich fröhlich bin.«[88]

---

[86] K. JASPERS, Der philosophische Glaube angesichts der Offenbarung (s. Anm. 12), S. 163.
[87] A.a.O., S. 115.
[88] A.a.O., S. 114.

Reinhard Salomon

Grenzen des Denkens nicht nur in der Religion, sondern auch in Philosophie und Wissenschaft?

Karl Jaspers' Position auf der Grenze

»Ist das jetzt das Ende? Müssen wir jetzt sterben?«

Nachdem sie jahrelang in Angst gelebt hatten, schien er jetzt plötzlich ganz nahe zu sein: der Tod, die Grenzsituation schlechthin, mit der er sich auch theoretisch beschäftigt hatte!

Anfang März 1945 erfuhr Karl Jaspers, dass seine Frau und er am 14. April in ein KZ deportiert werden sollten. Für diese »Grenzsituation« hatten sie sich Zyankali-Kapseln besorgt. Zwar kam es dann nicht zu dem vorgesehenen Doppel-Suizid, weil die amerikanische Armee in Heidelberg einmarschierte, 14 Tage vor dem geplanten Deportationstermin.[1]

Aber wieder einmal waren es Erfahrungen mit einer Grenze und einer menschenverachtenden Ideologie, dem Nationalsozialismus, mit der sich Jaspers damals konfrontiert sah. Erfahrungen mit Grenzen und Ideologien haben ihn geprägt und beschäftigen ihn lebenslang. Sie haben auch in seinem Werk Spuren hinterlassen und verleihen seinem Denken eine ideologiekritische Tendenz. Dass Ideologien bzw. Verschwörungsüberzeugungen auch heute weiterhin präsent sind, kann ein erstes Indiz sein für Jaspers Aktualität.

Auch mein Vortrag geht davon aus, dass Grenzen für Jaspers bedeutsam sind und er selbst als Denker auf der Grenze verortet werden kann.

---

[1] Vgl. z.B. Hans Saner, Karl Jaspers in Selbstzeugnissen und Bilddokumenten, Reinbek bei Hamburg ¹³2014 (¹1970), S. 43–50; Karl Jaspers, Philosophische Autobiographie, in: Paul Arthur Schilpp (Hg.), Karl Jaspers, Stuttgart 1957, S. (1–79) 74.

Mit Voraussetzungen seines Denkens beschäftige ich mich im ersten Teil: mit ideologischen und »metaphysischen« Herausforderungen sowie mit religions- bzw. philosophiegeschichtlichen Voraussetzungen. Im zweiten Teil gehe ich auf Möglichkeiten und Grenzen des Denkens bei Karl Jaspers ein – und zwar in der Philosophie, Wissenschaft und Religion. Mit einem Resümee und Ausblick als drittem Teil schließe ich. Dabei kann ich nur wenige ausgewählte Kennzeichen der Philosophie Jaspers' skizzieren, die exemplarisch seine Position auf der Grenze andeuten.

1. Voraussetzungen und Herausforderungen

1.1 Ideologische Grenzüberschreitungen

Warum untersucht Jaspers immer wieder die Möglichkeiten und Grenzen der Vernunft oder des Verstandes? Weil er sich der Fehleranfälligkeit des Denkens bewusst war und der damit verbundenen Verantwortung. Denn offensichtlich ist nicht nur für den Philosophen, sondern für jeden Menschen Wahrheit wichtig. Und es scheint ebenfalls unvermeidlich zu sein, dass dabei – so Jaspers – etwas Absolutes Ansprüche anmeldet.[2] Und so kann Relatives zum Absoluten gesteigert werden: in den Wissenschaften zum »Wissenschaftsaberglauben«[3] oder zu Verschwörungsüberzeugungen, in den Religionen zum »tödlichen Ausschließlichkeitsanspruch«[4].

Auch jüngst brach der alte Konflikt zwischen Wissenschaft und Wahn auf, zwischen empirischer Forschung und ideologischem Verschwörungs-Wahnsinn: Statt in mühseliger Erforschung der Corona-Pandemie relative Hypothesen beharrlich an die Fakten anzupassen, werden umgekehrt einfache fixe Ideen verabsolutiert und dann nur die Argumente und Fakten zusammengesucht, die zu ihnen passen. So wird Relatives mit Absolutem verwechselt oder wie im religiösen Fundamentalismus Bedingtes mit Unbedingtem bzw. Zeitliches mit Ewigem.

Wir können mit dem Denken also in die Gefahrenzone der fatalen ideologischen Verirrungen geraten. Daher gilt es, Grenzen und Möglichkeiten

---

[2] Vgl. KARL JASPERS, Philosophie, Bd. 1: Philosophische Weltorientierung, Berlin 1932, S. 250.

[3] KARL JASPERS, Kleine Schule des philosophischen Denkens, München ¹⁰1985 (¹1965), S. 29.

[4] KARL JASPERS, Der philosophische Glaube, Frankfurt a.M. / Hamburg 1958 (ungekürzte Ausg.; München 1948), S. 77.

zu markieren und so den Weg abzusichern, damit das Risiko der Ideologisierungen minimiert wird. Im Elfenbeinturm der theologischen Forschung mögen sie oft folgenlos bleiben, sie können aber auch tödliche Konsequenzen haben. Ich erinnere nur an die Kriegshetze des »Manifests der Intellektuellen«. Dort wird zum Beginn des Ersten Weltkriegs anstelle des Evangeliums – so Karl Barth – »eine germanische Kampfreligion in Kraft gesetzt«.[5] Alle wichtigen Hochschullehrer der damaligen Zeit unterzeichneten es, zum Entsetzen einiger ihrer Schüler wie Karl Barth, Paul Tillich und – so Heinz Zahrnt – wahrscheinlich auch Karl Jaspers.[6]

Also nicht nur die Ablehnung des Nationalsozialismus scheint in Jaspers' Werk Spuren zu hinterlassen. Sondern auch die Distanz gegenüber den deutsch-nationalen Ideologien prägen sein Denken ebenso wie die intellektuellen Auseinandersetzungen mit einem pervertierten Marxismus,[7] Totalitarismus[8] oder »Wissenschaftsaberglauben«.[9] Demgegenüber wird insbesondere die Ideologiekritik eines seiner Lebensanliegen.

1.2 »Metaphysische« Herausforderungen

Neben dieser Bedrohung durch ideologische Grenzübergriffe weist Jaspers auf eine zweite prägende Erfahrung hin: die Enttäuschung über viele philosophische Strömungen seiner Zeit. Denn sie ziehen sich auf Positionen verengter Wissenschaftlichkeit zurück, die ihm irrelevant erscheinen. Verlie-

---

[5] KARL BARTH / EDUARD THURNEYSEN, Briefwechsel, Bd. 1: 1913–1921, hg. v. Hinrich Stoevesandt, Zürich 1973, S. 10.

[6] Vgl. KARL BARTH, Evangelische Theologie im 19. Jahrhundert (ThSt[B] 49), Zollikon-Zürich 1957, S. 3–24; HEINZ ZAHRNT, Die Sache mit Gott. Die protestantische Theologie im 20. Jahrhundert, München ⁴1980, S. 13 f.

[7] Vgl. K. JASPERS, Philosophie, Bd. 1 (s. Anm. 2), S. 205; DERS., Rechenschaft und Ausblick. Reden und Aufsätze, München 1951, S. 210 f.

[8] Vgl. KARL JASPERS, Die Atombombe und die Zukunft des Menschen. Politisches Bewußtsein in unserer Zeit, München 1958, S. 156–200; KURT SALAMUN, Karl Jaspers, Würzburg ²2006, S. 86 ff.

[9] Vgl. u.a. K. JASPERS, Kleine Schule des philosophischen Denkens (s. Anm. 3), S. 28 f.; ders., Philosophie, Bd. 1 (s. Anm. 2), S. 328 f.; DERS., Rechenschaft und Ausblick (s. Anm. 7), S. 204–220; WOLF HERTEL, Existentieller Glaube. Eine Studie über den Glaubensbegriff von Karl Jaspers und Paul Tillich (MPF 74), Meisenheim am Glan 1971, S. 117.

ren sie sich – als »empirische Verstandesphilosophie«[10] – doch teilweise in der Irrelevanz linguistischer oder positivistischer Verästelungen, wie er sie beispielsweise bei Carnap kennenlernte.[11] Alle diese kritisierten Ansätze versuchen die Philosophie neu zu begründen, und zwar so, dass sie den Kriterien exakter wissenschaftlicher Analyse genügen sollen. Sie beschränken sich auf das naturwissenschaftlich-empirisch Messbare oder auf formale Strukturen der Logik und Sprache. Metaphysische Fragestellungen dagegen erübrigen sich, da sie sich auf Unsagbares, auf sinnlose Scheinprobleme beziehen sollen.

Während also die ideologische Anmaßung in gefährlicher Selbstüberschätzung die metaphysische Grenzfrage angeblich endgültig beantwortet, verweigert sie der Positivismus in falscher Bescheidenheit.

Jaspers versucht stattdessen, den Blick für das »große Ganze« zurückzugewinnen, für das gesamte Spektrum der Wirklichkeit innerhalb der von Picht so genannten »absoluten Grenzen« der abendländischen Metaphysik: »Gott, Welt und Mensch«.[12] Und dieses umfasse neben formal-logischen Strukturen und rational-objektivierbaren Tatsachen auch »metaphysische« und religiöse Dimensionen.[13] Dies erfordere einen grenzüberschreitenden, interdisziplinären Standort zwischen Wissenschaft, Philosophie und Religion. Eine sich als »exakte« Wissenschaft missverstehende Philosophie dagegen drohe ihre eigentlichen Gegenstände aus dem Blick zu verlieren.[14] Diese zeigen sich nämlich erst an den Grenzen empirischen Wissens. Darum

---

[10] Vgl. ULRICH DIEHL, Karl Jaspers und die Vernunft, in: Karl Jaspers – Grundbegriffe seines Denkens, hg. v. Hamid Reza Yousefi, Werner Schüßler, Reinhard Schulz u. Ulrich Diehl, Reinbek 2011, S. (155–167) 166.

[11] Vgl. z.B. K. JASPERS, Philosophie, Bd. 1 (s. Anm. 2), S. 267; WERNER SCHÜSSLER, Jaspers zur Einführung, München 1995, S. 7 ff. u. 29 ff.

[12] Vgl. GEORG PICHT, Einleitung, in: ders. / Enno Rudolph (Hg.), Theologie – was ist das?, Stuttgart 1977, S. (9–47) 16 f.

[13] Vgl. WERNER SCHÜSSLER, Zum Verhältnis von Autorität und Offenbarung bei Paul Tillich und Karl Jaspers, in: Kurt Salamun (Hg.), Philosophie – Erziehung – Universität. Zu Karl Jaspers' Bildungs- und Erziehungsphilosophie, Frankfurt a.M. 1995, S. (141–157) 142.

[14] Vgl. z.B. KARL JASPERS, Einführung in die Philosophie, Zürich 1950, S. 40.

versucht er seine »apriorische Vernunft-Philosophie«[15] im weiten Horizont ihrer abendländischen Traditionen zu entwickeln.

1.3 Religions- und philosophiegeschichtliche Voraussetzungen

Für den Menschen scheint es eine anthropologische Universalie zu sein, sich gegenüber dieser metaphysischen Grenze verhalten zu müssen. Nicht nur Jaspers umkreist sie, sondern Denker zu allen Zeiten und Kulturen. Religiöse Auseinandersetzungen mit dieser Grenze beginnen allerdings – meines Erachtens – schon viel früher, und zwar mit der Hominisation.[16] Und sie sind ausschließlich beim Menschen und in allen menschlichen Kulturen anzutreffen.

Sie treten in vielfältigen Formen auf: anfangs in eher ganzheitlicher Unmittelbarkeit als Stammeskult, Schamanismus durch rituell-magische Auseinandersetzungen mit dem Tod, der Natur, dem Numinosen, mit Ahnen, Geistern oder Göttern. Sie setzen sich fort über entwickeltere Mythenbildungen und Weltreligionen bis zu den Reflexionen schicksalhafter göttlicher Mächte in der griechischen Tragödie. Einen Höhepunkt erreichen sie im Nachdenken über die Gottesfrage in der Philosophie der Griechen mit ihren Einflüssen auf die Geschichte menschlichen Denkens.

Eines der ersten schriftlichen Zeugnisse philosophischer Überlegungen findet sich bei den Vorsokratikern wie Anaximander: Er versucht alle konkreten Einzeldinge zu unterscheiden von einem unbegrenzt-unbestimmbaren Grund, aus dem alles entsteht.[17] Hier zeichnen sich erste Konturen eines metaphysischen Denkmusters ab, wie wir es auch bei Jaspers finden. Und seit diesen Anfängen – so kann Georg Picht zusammenfassen – »gehört es zu den Grunderkenntnissen der europäischen Metaphysik, daß das menschliche Fragen erst zur Ruhe kommt, wenn es an Grenzen stößt, über die nicht

---

[15] Vgl. U. Diehl, Karl Jaspers und die Vernunft (s. Anm. 10), S. 161 ff.

[16] Vgl. Rüdiger Vaas / Michael Blume, Gott, Gene und Gehirn. Warum Glaube nützt. Die Evolution der Religiosität, Stuttgart ³2012, S. 15 ff.

[17] Sinngemäß wiedergegeben nach Hermann Diels, Die Fragmente der Vorsokratiker. Griechisch und Deutsch, hg. v. Walter Kranz, Bd. 1, Berlin ⁶1951, S. 89; zur Interpretation vgl. a.a.O., S. 81–90; Karl Vorländer, Geschichte der Philosophie, Bd. 1: Philosophie des Altertums (gekürzte Ausg.), Reinbek bei Hamburg 1975, S. 13 ff.; Norbert Wokart, Differenzierungen im Begriff »Grenze«. Zur Vielfalt eines scheinbar einfachen Begriffs, in: Richard Faber / Barbara Naumann (Hg.), Literatur der Grenze – Theorie der Grenze, Würzburg 1995, S. (275–289) 275 f.

hinausgefragt werden kann. [...] Gott, Mensch und Welt sind [...] zugleich die absoluten Grenzen und die Prinzipien aller Erkenntnis. Die Gesamtheit des Wissens bewegt sich innerhalb des Horizonts, dessen Dimensionen in diese drei Richtungen verweisen«.[18]

Zwar herrscht längst Konsens darüber, dass sich die lange Reihe der metaphysischen Entwürfe überlebt hat, dass Antworten sogar grundsätzlich fragwürdig geworden sind.[19] Die Grenzfragen allerdings bleiben weiterhin aktuell. Kant hat dies unübertrefflich ausgedrückt: »Daß der Geist des Menschen metaphysische Untersuchungen einmal gänzlich aufgeben werde, ist ebensowenig zu erwarten, als daß wir, um nicht immer unreine Luft zu schöpfen, das Atemholen einmal lieber ganz und gar einstellen würden.«[20]

Diese Grenzfragen zeigen sich in den bekannten Schlagworten, mit denen Religion gekennzeichnet wird wie in Schleiermachers »Sinn und Geschmack fürs Unendliche«,[21] Ritschls »Glaube an erhabene geistige Mächte, durch deren Hilfe die dem Menschen eigene Macht in irgendeiner Weise ergänzt [...] wird«,[22] oder in Ottos »Heiligem«, »Numinosem«, »Mysterium tremdendum«[23] und »Fascinans«[24].

Der Mensch scheint diese Grenze nicht eliminieren zu können, auch dann nicht, wenn er sie aus intellektueller Redlichkeit als unüberwindlich ansieht (wie bei Wittgenstein), als Scheinproblem wegdefiniert (wie im Po-

---

[18] G. Picht, Einleitung (s. Anm. 12), S. 16 f.

[19] Vgl. Thomas Möllenbeck, Endliche Freiheit, unendlich zu sein. Zum metaphysischen Anknüpfungspunkt der Theologie mit Karl Rahner, Hans Urs von Balthasar und Johannes Duns Scotus (PaThSt 53), Paderborn 2012, S. 233 ff.; Albrecht Peters, Zusammenfassung und kritische Würdigung, in: G. Picht / E. Rudolph (Hg.), Theologie – was ist das? (s. Anm. 12), S. (515–533) 515 f.

[20] Immanuel Kant, Prolegomena zu einer jeden künftigen Metaphysik, die als Wissenschaft wird auftreten können, hg. v. Karl Vorländer (PhB 40) [unveränderter Nachdr.], Hamburg 1957, AA04, S. 367; 1957, S. 136.

[21] Friedrich Schleiermacher, Über die Religion. Reden an die Gebildeten unter ihren Verächtern (1799), Stuttgart 1969, S. 36.

[22] Zit. nach: Michael Weinrich, Religion und Religionskritik. Ein Arbeitsbuch, Göttingen 2011, S. 18.

[23] Rudolf Otto, Das Heilige. Über das Irrationale in der Idee des Göttlichen und ihr Verhältnis zum Rationalen, München [23–25]1936 ([1]1917), S. 13 ff.

[24] A.a.O., S. 42 ff.

sitivismus) oder gar als illusionäre Projektion (bei Feuerbach) entlarvt. Er kann sich dieser Grenze respektvoll im Bewusstsein ihrer Unüberwindlichkeit stellen (wie Kierkegaard oder Jaspers) oder in anmaßenden Versuchen, sie zu überschreiten (wie die idealistischen Spekulationen Hegels).

Auch zeitgenössische Vertreter der gegenwärtig äußerst »angesagten« Evolutionsbiologie und Hirnforschung beschäftigen sich damit.[25] Und sie wiederholen dabei frühere Muster: So wird die Antwort auf religiöse Grenzfragen nicht nur als Scheinfrage oder Projektion entlarvt, sondern – so vom Evolutionsbiologen Dawkins – in überspitzter Polemik als »Gotteswahn« pathologisiert.[26]

Jaspers stellt sich diesen Herausforderungen, weil er weiß, dass diese Grenzfragen zwar unsere Deutungsmöglichkeiten transzendieren, sie aber dennoch einfordern.

2. Möglichkeiten und Grenzen des Denkens bei Karl Jaspers

2.1 Philosophie

Jaspers spannt mit seiner Philosophie den Rahmen von der gegenständlichen Welt über die Existenz bis zur Transzendenz. Er umreißt so mit »Weltorientierung«, »Existenzerhellung« und »Metaphysik« die Aufgaben der drei Bände seiner »Philosophie«.[27] Und er stellt sich dem mit »Gott, Welt und Mensch« umrissenen Spektrum abendländischer Metaphysik seit Platon.

Indem Jaspers so in allen drei Bänden Grenzen markiert, verfolgt er das Ziel, diese zu transzendieren[28], und zwar in drei Formen: Im ersten »formalen Transzendieren« der Grenzen des Objektivierbaren in der »Weltorientierung« eröffnet sich die Möglichkeit der »Existenzerhellung«. Diese transzendiert zweitens zum unanschaulichen existenziellen Ursprung. Ein solches »Transzendieren bildet schließlich die Bedingung für das Suchen der

---

[25] Vgl. ULRICH SCHNABEL, Die Vermessung des Glaubens. Forscher ergründen, wie der Glaube entsteht und warum er Berge versetzt, München 2010; R. VAAS / M. BLUME, Gott, Gene und Gehirn (s. Anm. 16).

[26] Vgl. RICHARD DAWKINS, Der Gotteswahn, Berlin ⁵2007.

[27] KARL JASPERS, Philosophie, Bde. 1–3, Berlin 1932.

[28] Vgl. K. JASPERS, Philosophie, Bd. 1 (s. Anm. 2), S. 44–52.

eigentlichen Transzendenz in der Metaphysik«[29]: einer Art inhaltlichem Transzendieren, dem »Lesen der Chiffreschrift«.[30]

Angesichts dieser Transzendierungsversuche resümiert Gabriel Marcel zu Recht, wie Jaspers philosophierend »im Inneren dieser Dogmatik des Hienieden, eine heroische Anstrengung unternimmt, um sich so hoch als möglich in Richtung auf das Transzendente zu erheben«.[31] Allerdings stoßen wir dabei auf eine grundlegende Grenze: Können wir doch alles nur als »Objektsein«,[32] also nur als Gegenstände bzw. Objekte wahrnehmen, nie jedoch Existenz, Transzendenz, Sein oder das »Ganze der Welt«.

In seiner »Weltorientierung« beschäftigt sich Jaspers mit dieser Grenze eingehender. Sie trennt die Vielfalt der sogenannten bedingten »Sphären« des gegenständlichen »Objektseins« von der Philosophie, die existenziell, also »Ausdruck der Unbedingtheit eines Glaubens«[33] ist. Das Objektsein ist dem »Verstand« oder »Bewußtsein überhaupt« in der Wissenschaft zugänglich. Mit dem existenziellen Ursprung beschäftigen sich Vernunft bzw. Philosophie. Die Sphären wie Wissenschaft, Wirtschaft, Gesetze oder Kunst haben in der Weltorientierung offensichtlich wichtige Funktionen. Entscheidend ist jedoch, dass sich in jeder Sphäre das unbedingte Anliegen eines Glaubens ausdrücken kann. Allerdings darf dieser »Ursprung, in dem alle Sphären als Sinngebilde erst ihr Leben haben«,[34] sich nicht nur auf die Sphären beschränken. Denn so hätte er wie im Positivismus sein Anliegen bereits verfehlt. Philosophische Anliegen können sich aber einer Sphäre wie beispielsweise der Wissenschaft im Kampf gegen bornierten kirchlichen Dogmatismus bedienen, diese wieder verlassen und in anderen Sphären wirksam werden.

Der existenzielle Ursprung der Philosophie dagegen »kann *nicht als Mittel* dienen für anderes«.[35] Denn so wäre die existenzielle Freiheit bedroht, indem sie z.B. heteronomen Interessen des Staates, der Kirche oder Wirt-

---

[29] K. SALAMUN, Karl Jaspers (s. Anm. 8), S. 33.

[30] Vgl. KARL JASPERS, Philosophie, Bd. 3: Metaphysik, Berlin 1932, S. 128–237.

[31] GABRIEL MARCEL, Grundsituation und Grenzsituation bei Karl Jaspers, in: Hans Saner (Hg.), Karl Jaspers in der Diskussion, München 1973, S. (155–180) 179.

[32] K. JASPERS, Philosophie, Bd. 1 (s. Anm. 2), S. 5.

[33] A.a.O., S. 256.

[34] A.a.O., S. 261.

[35] A.a.O., S. 262.

schaft unterworfen wird. Hier klingt übrigens Kants Verständnis der Menschenwürde an, seine kategorische Forderung, dass der Mensch nie Mittel zum Zweck sein darf.

Außerdem können die Sphären selbst den Glauben nicht thematisieren, der in ihnen wirksam wird. Wenn die Sphären die Grenze zwischen ihren bedingten Möglichkeiten und dem unbedingten Anspruch eines Glaubens nicht beachten, kann es zur ideologischen Verabsolutierung von Bedingtem kommen wie z.B. im Materialismus oder Biologismus.

Die Philosophie dagegen sollte sich gerade mit dem unbedingten Ursprung in allen Sphären beschäftigen. Allerdings muss auch die Philosophie sich dabei stets dieser grundlegenden Grenze bewusst sein und damit begnügen, nur indirekter Hinweis zu sein auf etwas letztlich Unerfassbares, Unaussprechliches. Denn existenziell Unbedingtes ist nicht objektivierbar, wie Objektivierbares nicht existenziell unbedingt sein kann.[36]

2.2 Wissenschaft

Wissenschaft bezieht sich für Jaspers auf den Bereich, »in dem alles, was erkannt wird, Objekt im Sinne von Gegenständlichkeit und objektiv im Sinne von Allgemeingültigkeit wird. Im Begriff der Objektivität verschmelzen beide Bedeutungen«.[37] Demnach hat Wissenschaft »drei unerläßliche Merkmale: Sie ist methodische Erkenntnis, ist zwingend gewiß und allgemeingiltig«.[38]

Wissenschaftstheoretische Reflexionen sind für Jaspers wichtig, vor allem »seine Wissenschaftsauffassung [besitzt] einen systematischen Stellenwert für sein Philosophieverständnis. Darum beschäftigt er sich in fast allen Schriften mit dem Abgrenzungsproblem zwischen Philosophie und Wissenschaft«[39]. Wenn nämlich Philosophieren erst jenseits der Grenzen wissen-

---

[36] Vgl. a.a.O., S. 261 f.

[37] A.a.O., S. 28.

[38] KARL JASPERS, Vom Ursprung und Ziel der Geschichte, München 1963 (ungekürzte Neuausg.; ¹1949), S. 111.

[39] K. SALAMUN, Karl Jaspers (s. Anm. 8), S. 94.

schaftlichen Wissens beginnt, ist für Jaspers ohne dieses klare »Grenzbewusstsein« keine Philosophie möglich.[40]

Zwar transzendiert Philosophie die wissenschaftlichen Forschungsergebnisse auf das Eigentliche, Grundlegende oder Ganze hin, bleibt aber zwingend auf sie angewiesen.[41] Ansonsten würde sie sich in der Leere abstrakter Beliebigkeit verlieren.

Jaspers sieht daneben auch grenzübergreifende Gemeinsamkeiten und Abhängigkeiten zwischen Wissenschaften und Philosophie bzw. Theologie: So weist er auf die ursprünglichen »Antriebe der Philosophie«[42] hin, die wissenschaftliche Forschung erst ermöglicht hat und weiterhin antreibt. Auch Wissenschaften versuchen so mit der Gesamtheit ihrer partikularen Perspektiven über das Einzelne, Gegenständliche hinauszugehen. In einem endlosen Prozess zielen sie so auf das letztlich unerreichbare Ganze der Welt mit der Summe ihrer Erkenntnisse ab.[43]

Jaspers fokussiert sich allerdings stärker auf die Unterschiede. So ist für ihn Philosophie im Vergleich zur Wissenschaft sowohl »mehr« als auch »weniger«: Erschöpft sie sich doch wie gesagt nicht im Gegenstand wie die Einzelwissenschaften, sondern sie transzendiert diesen und fasst ihn so im Sinne Kants als Erscheinung auf.[44] Mit diesem unbedingten Anspruch ist Philosophie also »mehr als Wissenschaft«.[45] Das »Ganze«, »Sein«, »Existenz« oder »Transzendenz« sind aber nicht als verfügbares allgemeingültiges Wissen festzuhalten. Deshalb kann Philosophie nun nicht mehr die wissenschaftliche »zwingende Einsicht«[46] bieten, folglich ist sie auch »weniger als Wissenschaft«.[47] Ihre Aussagen können deshalb keine allgemeingültige Ob-

---

[40] Vgl. YUSUF MEHMET ÖRNEK, Existentielle Freiheit. Ihre Bedeutung im philosophischen und politischen Werk von Karl Jaspers, Diss. phil., Mainz 1983, S. 11.

[41] Vgl. K. JASPERS, Philosophie, Bd. 1 (s. Anm. 2), S. 322.

[42] A.a.O., S. 323.

[43] Vgl. a.a.O., S. 322 f.

[44] Vgl. a.a.O., S. 319.

[45] Ebd.

[46] Ebd.

[47] Ebd.

jektivität, sondern nur einen »gleichnishaften Sinn«[48] bieten. Was darüber hinausgeht, wäre für Jaspers eine unzulässige Überschreitung der Grenze zwischen Philosophie und Wissenschaft.

Weitere Unterschiede lassen sich mit Barbours Klassifikation erfassen. Demnach wollen die Naturwissenschaften »wissen, wie etwas geschieht, und haben es mit objektiven Tatsachen zu tun«;[49] die Philosophie beschäftigt sich wie die Religion mit dem Sinn des Ganzen und Werten.

Jaspers spricht also bei seiner wissenschaftstheoretischen Abgrenzung auch die Wertfreiheitsproblematik an. So sieht er im Anschluss an David Hume[50] und Max Weber[51] in der Wertfreiheit ein zentrales Kennzeichen der Wissenschaft. Sie beansprucht nämlich als »Bewußtsein überhaupt« Allgemeingültigkeit. Denn nur die von allem Subjektiven »gereinigte« Wertfreiheit in der »methodische[n] Selbstbeschränkung«[52] auf Partikulares ermöglicht objektivierbares Wissen. Und so lässt sich die intersubjektive Allgemeingültigkeit der Wissenschaft begründen. Philosophie dagegen erfordert die existenzielle Stellungnahme zum Sinn des Ganzen und damit auch Wertungen.

Andererseits weiß auch Jaspers, dass selbst die empirischen Wissenschaften nicht völlig wertfrei sind: So sind schon Versuchsanordnungen, Methoden wie der Wille zur Wertenthaltung und die Wahl von Forschungsgegenständen Wertentscheidungen. Im Gegensatz zu dieser vorbereitenden ist die eigentliche wissenschaftliche Tätigkeit allerdings von Wertungen freizuhalten,[53] also empirische Verfahren, logische Schlussfolgerungen und Verknüpfungen sowie die Überprüfung von Hypothesen. Diese differenzier-

---

[48] Ebd.

[49] IAN G. BARBOUR, Naturwissenschaft trifft Religion. Gegner, Fremde, Partner, Göttingen 2010, S. 16.

[50] Vgl. z.B. DAVID HUME, Ein Traktat über die menschliche Natur, Hamburg 1906 (unveränderter Nachdr. der 1. Aufl.), S. 195–212, insbesondere 211 f.

[51] Vgl. MAX WEBER, Die Objektivität sozialwissenschaftlicher und sozialpolitischer Erkenntnis, in: ders., Gesammelte Aufsätze zur Wissenschaftslehre, Tübingen [7]1988 ([1]1922), S. 151.

[52] K. JASPERS, Philosophie, Bd. 1 (s. Anm. 2), S. 166.

[53] Vgl. KARL JASPERS, Existenzphilosophie. Drei Vorlesungen, gehalten am Freien Deutschen Hochstift in Frankfurt am Main, September 1937, Berlin / New York [4]1974 (Berlin / Leipzig [1]1938), S. 6 f.

te Unterscheidung zwischen Voraussetzungen sowie Bedingungen der Erkenntnis vom Erkenntnisprozess selbst[54] ist ebenfalls auf den Einfluss Max Webers zurückzuführen. Demnach »würde man auf dem Stand der neueren wissenschaftstheoretischen Diskussion sagen, dass die Wertfreiheitsforderung nicht den Entstehungszusammenhang wissenschaftlicher Erkenntnisse (und natürlich auch nicht den Verwertungs- oder Wirkungszusammenhang) betrifft, sondern deren Begründungs- bzw. Prüfungszusammenhang«.[55]

Jaspers ist also in der Lage, die Wertfreiheitsproblematik differenziert zu analysieren. Dennoch überwiegt bei ihm die einseitige Betonung der Grenze und Gegensätze zwischen Wissenschaft und Philosophie. Wissenschaftliche Erkenntnis bleibt also auf Partikulares beschränkt und darf nicht zum Wissen des Ganzen ideologisch verabsolutiert werden. Drohen wir dann doch einem »Wissenschaftsaberglauben« zu verfallen, der »weder Wissenschaft noch Philosophie noch Glauben ist«.[56] Dass der säkularisierte »Laie« nach wie vor naiv naturwissenschaftliche Erkenntnisse oft geradezu religiös überhöht und religiöse Einsichten unterschätzt, verdeutlicht die Aktualität Jaspers'.

Damit schränkt Jaspers die Erkenntnisgrenze ein für alle Mal ein. Denn der transzendente Ursprung bleibt unfassbar und unaussprechlich. Er verweigert sich jeder wissenschaftlichen Verifizierung, die ausschließlich der naturwissenschaftlichen »zwingend gewissen« Objektivierung vorbehalten ist. Diese verengte Sicht der Wissenschaft lässt sich auf seine »Koppelung von Kants erkenntnistheoretischem mit Webers wissenschaftsmethodologischem Konzept«[57] zurückführen und orientiert sich zu einseitig am empirisch-positivistischen Ansatz.

Solche Formulierungen von der »zwingend gewissen« Wissenschaft stellt daher bereits Jaspers' Zeitgenosse Karl Popper 1934 mit seiner »Logik der Forschung«[58] in Frage. Und heute besteht ein Konsens, dass Erkenntnis-

---

[54] Vgl. KARL JASPERS, Max Weber. Politiker, Forscher, Philosoph, München ²1958, S. 53 ff.

[55] K. SALAMUN, Karl Jaspers (s. Anm. 8), S. 97.

[56] K. JASPERS, Kleine Schule des philosophischen Denkens (s. Anm. 3), S. 29.

[57] K. SALAMUN, Karl Jaspers (s. Anm. 8), S. 98.

[58] Vgl. KARL R. POPPER, Logik der Forschung. Zur Erkenntnistheorie der modernen Naturwissenschaft, Wien 1935.

se nur als mehr oder weniger gut verifizierte Hypothesen aufgefasst werden. Wolfgang Stegmüller oder Alfons Grieder sprechen gar davon, dass wir es »in der Wissenschaft meist mit einem hypothetischen, vorläufigen Glauben«[59] bzw. vorläufig bestätigten »Mutmaßungen«[60] zu tun haben. Darum sei die Bezeichnung »zwingendes Wissen« unpassend; »denn erstens wird in der Wissenschaft meist nicht gewußt, sondern nur hypothetisch angenommen, und zweitens legt diese Formulierung den Gedanken nahe, es handle sich beim Wissen um eine Art ›Denkzwang‹, was in Wahrheit das Wissen aufheben würde«.[61] Stegmüller hält also den Begriff des Wissens selbst in den Naturwissenschaften für fragwürdig. Es handelt sich nämlich um Theorien, die sich auf induktiv abgesicherte Hypothesen stützen und darum jederzeit durch neue empirische Erhebungen aufgehoben oder verändert werden können.[62]

Das kann – wir erinnern uns an die Corona-Epidemie – Irritationen auslösen.

Selbst Qualitätsmedien bringen ihr Befremden über die Flüchtigkeit wissenschaftlicher Aussagen zum Ausdruck. Verändern sie sich doch im Umgang mit dem Virus in einer Schnelligkeit und scheinen sich dabei sogar in Widersprüche zu verstricken: Bei den Impf-Empfehlungen der STIKO wurde das beispielsweise allerorten genauso bitter beklagt wie die geringe Halbwertzeit der meisten Prognosen zur Pandemie.

Nichtsdestotrotz gibt es alternativlose Denkzwänge selbst in den Bereichen nicht, die in die formale Logik hineinreichen. Sondern es bedarf auch dort der »schöpferischen Phantasie des Theoretikers«.[63]

Dass er Wissen mit »zwingender Allgemeingültigkeit« gleichsetzt, bringt demnach »klar zum Ausdruck, dass Jaspers seine existenzphilosophi-

---

[59] WOLFGANG STEGMÜLLER, Metaphysik, Skepsis, Wissenschaft, Berlin ²1969, S. 211.

[60] Vgl. ALFONS GRIEDER, Jaspers und die Möglichkeiten von Philosophie im Zeitalter der Technik, in: Kurt Salamun (Hg.), Karl Jaspers. Zur Aktualität seines Denkens, München 1991, S. (15–32) 22.

[61] W. STEGMÜLLER, Metaphysik, Skepsis, Wissenschaft (s. Anm. 59), S. 214 f.

[62] Vgl. auch A. GRIEDER, Jaspers und die Möglichkeiten von Philosophie im Zeitalter der Technik (s. Anm. 60), S. 22.

[63] WOLFGANG STEGMÜLLER, Hauptströmungen der Gegenwartsphilosophie. Eine kritische Einführung, Bd. 1, Stuttgart ⁶1976, S. 236.

schen Aussagen von allem Wissen abheben will«.[64] Stegmüller stellt anhand des Evidenzproblems eine solche Unterscheidung in Frage:

Betont Jaspers doch selbst, dass Existenz zwar auch irrational sei, weil nicht völlig von Logik und Sprache zu erfassen und wiederzugeben. Aber sie stehe im äußersten Kontrast zur »Scheingewissheit«[65] eines blinden Lebenstriebs. Was an ihr nämlich »objektiv wie Willkür erscheint, ist dann eingebettet in die nicht logische, aber existentielle Konsequenz eines Lebens, das das Bewußtsein ewiger Gewißheit kennt«.[66] Denn dabei – so Jaspers – »warnt und scheidet das untrügliche Gewissen«.[67] Auch wenn dies natürlich nicht mit naturwissenschaftlicher Exaktheit geschehen kann, bleibt Jaspers mit solchen Aussagen an die »Evidenzvoraussetzung« gebunden. Wenn sich dieser existenzielle Entscheidungsprozess nämlich anhand von Kriterien mit »Bewusstsein« und »Gewissheit« vollzieht, dann bestehen auch die grundsätzlichen Möglichkeiten der Erkenntnis und Mitteilbarkeit. Damit zeigt sich, dass Jaspers' Skepsis gegenüber der Erkenntnis und Mitteilbarkeit existenzieller Prozesse weder aufrechterhalten werden muss noch kann.

2.3 Religion

2.3.1 Vergleich zwischen Philosophie und Religion

Einerseits rechnet Jaspers die Religion zu den geistigen Sphären. Damit besteht er auf der absoluten Sonderstellung der Philosophie.[68] Andererseits betont er, dass »Religion [...] wie das Philosophieren selbst Glaube«[69] ist. Jaspers' Ausführungen zur Religion sind von auffallender Widersprüchlichkeit. Noch 1962 findet sich folgende Formulierung: »Im Scheitern meines Verstehens [gegenüber dem theologischen Zirkel; R.S.] stehe ich vor einem in sich geschlossenen Kreis, der die, die nicht eintreten, abstößt: je nachdem als

---

[64] W. Stegmüller, Metaphysik, Skepsis, Wissenschaft (s. Anm. 59), S. 215.

[65] Karl Jaspers, Philosophie, Bd. 2: Existenzerhellung, Berlin 1932, S. 20.

[66] Ebd.

[67] A.a.O., S. 22.

[68] Vgl. z.B. K. Jaspers, Philosophie, Bd. 1 (s. Anm. 2), S. 255.

[69] A.a.O., S. 315.

arme verlorene Heiden, als Ungläubige, als Ketzer.«[70] Demgegenüber stehen Äußerungen, die seine Hochachtung zum Ausdruck bringen: Wo die religiöse »Tradition verlassen wäre, wäre bald auch die Philosophie versunken«.[71] Darum respektiert Philosophie Religion, weil auch »eine Wahrheit in der religiösen Existenz«[72] ist.

Warum aber arbeitet er dann überwiegend positive Kennzeichen der philosophischen Haltung heraus, die der religiösen widersprechen? So wendet sich der Philosophierende einerseits gegen Religion als »Unwahrheit«, »Gehorsam« oder »Illusion«, andererseits plädiert er für philosophische »Wahrheit«, Redlichkeit, »Freiheit« oder »Unabhängigkeit«.[73]

Wie lassen sich diese Widersprüche erklären?

Sie lassen sich nur auflösen, wenn Jaspers Unterscheidung zwischen der eigentlichen Religion als Glauben und ihrer Verfallsform als Daseinssphäre beachtet wird. Alle negativen Kennzeichen beziehen sich dann auf die Verfallsform der Institution, die positiven auf die »eigentliche« Religion. Und so kann er zu den schwerwiegendsten Vorwürfen anmerken:

Sie »treffen nicht etwas Entscheidendes. Durch die Vorwürfe werden Ableitungen in den Religionen getroffen, nicht die Religionen«.[74]

Ist es dann aber redlich, wenn er sich dennoch häufig auf die Fehlformen der Religion konzentriert, die er dann mit der eigentlichen ursprünglichen Philosophie vergleicht? Könnten wir nicht mit derselben Berechtigung, ideologische Verfallsformen der Philosophie mit ursprünglicher Religion vergleichen und so die Philosophie als degeneriert erscheinen lassen?

Es lässt sich Jaspers allerdings zugutehalten, dass die Religion immer noch über mächtigere und fehleranfälligere Institutionen als die Philosophie verfügt.

---

[70] KARL JASPERS, Der philosophische Glaube angesichts der Offenbarung, München 1962, S. 184.

[71] K. JASPERS, Philosophie, Bd. 1 (s. Anm. 2), S. 311.

[72] A.a.O., S. 300.

[73] A.a.O., S. 299 ff.

[74] K. JASPERS, Der philosophische Glaube (s. Anm. 4), S. 77.

2.3.2 Die Autorität religiöser Traditionen für die Philosophie

Trotz ihrer Unabhängigkeit – so Jaspers – ist die Philosophie ebenso wie die Religion auf Überlieferung angewiesen, die »in objektiver Gestalt« »zur festen Autorität«[75] wird. Denn nur so kann die Tradierung durch die Zeiten gesichert und dem entstehenden Selbstsein der eigene Grund bereitgestellt werden. Ohne Überlieferung, allein auf sich gestellt – was keine reale, nur eine gedachte Möglichkeit ist –, würde das Ich sich im Nichts, in der Sinn- und Ziellosigkeit verlieren.

Wie aber ist nun mit dieser Tradition umzugehen? Die Religion fordert – wie es Jaspers teilweise pauschal unterstellt – blinde Unterwerfung. Die unabhängige Philosophie dagegen sieht in dieser blinden Unterwerfung Verrat »an der transzendent verankerten Freiheit des Menschen«.[76] Zwangsmissionierungen oder Ketzerverbrennungen scheinen dieses Missverständnis blinden Gehorsams zwar zu bestätigen, sie stehen aber im Gegensatz zum christlichen Verständnis:[77] Paul Ricœur kann daher betonen: »Die ursprüngliche Autorität der Heiligen Schrift und Kirche ist keine andere als die des Zeugnisgebens. Ein Zeuge zwingt niemanden. Er zeigt die Wahrheit auf, die Autorität besitzt.«[78] Schränkt aber ein solches Zeugnis die existenzielle Freiheit notwendig ein, wenn zudem das Bezeugte nicht endgültig erfasst und dargestellt werden kann? Transzendiert doch ein so verstandenes christliches Zeugnis Zeuge, Zeugnis und die Ergebnisse der wissenschaftlichen Forschungen.

Zum »Zeugnisgeben« passen daher die Bezeichnungen, welche Jaspers für die Kommunikation zwischen Existenzen verwendet, wenn er vom »Hinweisen« oder »Appellieren« spricht und dabei den existenziellen Freiraum respektiert sieht. So kann auch die Unverfügbarkeit der Offenbarung und des Glaubens gewahrt bleiben. Dann kann auch Jaspers wie erwähnt zugestehen, »daß die Objektivität der Religion als Wirklichkeit des Weltdaseins die einzige sichernde Tradition transzendenter Bezogenheit des Menschen ist. Wo diese Tradition verlassen wäre, wäre bald auch die Philosophie ver-

---

[75] K. Jaspers, Philosophie, Bd. 1 (s. Anm. 2), S. 307 f.

[76] A.a.O., S. 308.

[77] Vgl. auch W. Schüssler, Jaspers zur Einführung (s. Anm. 11), S. 24 u. 47.

[78] Paul Ricœur, Philosophie und Religion bei Karl Jaspers, in: Hans Saner (Hg.), Karl Jaspers in der Diskussion, München, S. (358–389) 386; vgl. auch K. Salamun, Karl Jaspers (s. Anm. 8), S. 104.

sunken.«[79] Denn nur weil die Kirche sie tradiert, kann ich mich existenziell und philosophierend mit ihr auseinandersetzen, um mich selbst in meiner Freiheit zu finden.[80] In der Kirche wurde sogar – so Jaspers wörtlich – das gesamte geistige »Leben der Menschheit«[81] bewahrt und tradiert.

Dass übrigens im »Projekt Weltethos« eine ähnliche Wertschätzung der Religion zu finden ist, zeigt, dass Jaspers' Verständnis religiöser Traditionen weiterhin aktuell ist. So weist auch Hans Küng darauf hin, dass Religionen wie sonst keine anderen Institutionen für Milliarden von Menschen moralische Normen begründen und tradieren. Denn sie können »mit ganz anderer Autorität als jede Philosophie [...] Menschen eine oberste Gewissensnorm geben, jenen für die heutige Gesellschaft immens wichtigen kategorischen Imperativ, der in ganz anderer Tiefe und Grundsätzlichkeit verpflichtet.«[82]

Jaspers kann darum sogar bestreiten, Religionen hätten nur Negatives bewirkt wie z.B. Ketzerverbrennungen, Kreuzzüge, Rückständigkeit oder Unvernunft. Er führt stattdessen positive Gegenbeispiele an wie vernünftige biblische Vorstellungen: »Vielleicht ist die Entstehung der modernen Wissenschaft nicht denkbar ohne die Seelenverfassung und die Antriebe, die in der biblischen Religion ihren geschichtlichen Grund haben.«[83]

Dazu zählt er den »von Gott geforderten Wahrheitsanspruch«,[84] der das wahrhaftige Erkennen zu einer äußerst wichtigen und ernsthaften Angelegenheit macht. Dieser Wahrheitsanspruch schreckt selbst davor nicht zurück, Gottes Schöpfung und damit ihn selbst wie im Buch Hiob anzuzweifeln. Dieses selbstbewusste »Wagnis des Erkennens«[85] eröffnet mit dem Schöpfungsgedanken ein neues Verhältnis zur Wirklichkeit: Zum einen übt die gesamte Schöpfung Gottes eine ungeheure Anziehungskraft aus und erfährt so eine ungeahnte Wertschätzung. Denn »Erkennen ist wie ein Nach-

---

[79] K. Jaspers, Philosophie, Bd. 1 (s. Anm. 2), S. 311.

[80] Vgl. a.a.O., S. 312.

[81] K. Jaspers, Rechenschaft und Ausblick (s. Anm. 7), S. 359.

[82] Hans Küng, Weltreligionen und Weltethos, in: Univ. 46 (1991), S. (633–638) 633.

[83] K. Jaspers, Vom Ursprung und Ziel der Geschichte (s. Anm. 38), S. 121.

[84] Ebd.

[85] A.a.O., S. 123.

denken der Gedanken Gottes«.[86] Andererseits schafft sie als »bloße« Schöpfung eine entmythologisierende Distanz, die dem Menschen ihre tabulose Forschung erst ermöglicht. Jaspers sieht demnach im monotheistischen Schöpfungsglauben die besondere Stellung des Menschen als Gottes Ebenbild und Stellvertreter auf Erden begründet: als verantwortliches Subjekt, das sich sowohl von der Welt als Ganzer kritisch abhebt als auch im Handeln und Erkennen auf sie bezieht. So beginnt es, seine Vernunftpotentiale zu nutzen und sich aus der mythologischen Verflochtenheit in der Welt zu befreien.

Jürgen Habermas – als einseitiger Apologet der Religion ohne Zweifel unverdächtig – gesteht übrigens ebenfalls der Religion ein solches »unverzichtbares Vernunftpotential«[87] zu. Erkennt er doch in der »Achsenzeit«[88] in Anlehnung an Jaspers[89] einen »kognitiven Schub [...] vom Mythos zum Logos«,[90] den er auch durch den »mosaischen Monotheismus«[91] ausgelöst sieht. Dieser ermöglicht es, »die Welt von einem transzendenten Standpunkt aus als Ganzes in den Blick zu nehmen und die Flut der Phänomene von den zugrunde liegenden Wesenheiten zu unterscheiden. Und mit der Reflexion auf die Stellung des Individuums in der Welt entstand ein neues Bewußtsein von historischer Kontingenz und von der Verantwortung des handelnden Subjekts.«[92] Bemerkenswert ist nun, wie Habermas – ähnlich wie Jaspers – die Bedeutung religiöser Traditionen für die »moderne Vernunft« darstellt: »Diese moderne Vernunft wird sich selbst nur verstehen lernen, wenn sie ihre Stellung zum zeitgenössischen, reflexiv gewordenen religiösen Bewußt-

---

[86] A.a.O., S. 121.

[87] MARKUS KNAPP, Glauben und Wissen bei Jürgen Habermas. Religion in einer ›postsäkularen‹ Gesellschaft, in: StZ 226 (2008), S. (270–280) 273.

[88] K. JASPERS, Vom Ursprung und Ziel der Geschichte (s. Anm. 38), S. 19.

[89] Vgl. a.a.O., S. 19 ff.

[90] JÜRGEN HABERMAS, Ein Bewusstsein von dem, was fehlt. Über Glauben und Wissen und den Defätismus der modernen Vernunft, in: Knut Wenzel (Hg.), Die Religionen und die Vernunft. Die Debatte um die Regensburger Vorlesung des Papstes, Freiburg i.Br. / Basel / Wien 2007, S. (47–56) 50.

[91] Ebd.

[92] Ebd.

sein klärt, indem sie den gemeinsamen Ursprung der beiden komplementären Gestalten des Geistes aus jenem Schub der Achsenzeit begreift.«[93]

Diese wertvollen Überlieferungen gilt es allerdings – so Jaspers – immer wieder aufs Neue »aus Fixierungen«[94] zurückzuholen:
- aus äußerlichen Gesetzen und Opferkulten hin zu spirituellen, verinnerlichten Formen und zur Liebe;
- aus nationaler Erwähltheit hin zu universalen Friedenvorstellungen;
- aus der Vergöttlichung des einzigartigen Menschen in Christus hin zur Wahrheit, dass Gott durch viele Menschen spricht, für jeden erfahrbar ist.

Und schließlich in besonderer Weise zwar in Jesus, aber auch sonst in »der Bibel sieht man den Menschen in den Grundweisen seines Scheiterns. Aber so, daß die Seinserfahrung und die Verwirklichung gerade im Scheitern offenbar werden.«[95] Dabei wird die vernichtende Erfahrung des Leides in einmaliger Weise zugespitzt. »Es wird erlitten bis zur Vernichtung, in welcher aus der Verlorenheit und Verlassenheit dieses Minimum des Bodens gespürt wird, das dann alles ist, die Gottheit. In der Stummheit, der Unsichtbarkeit, der Bildlosigkeit ist sie doch die einzige Wirklichkeit. Mit dem ganzen rückhaltlosen Realismus der unverdeckten Schrecken dieses Daseins ist verbunden der Halt an dem ganz Unfaßlichen.«[96]

Bleibende Wahrheiten der biblischen Religion sind demnach für Jaspers:
- »der Gedanke des einen Gottes«;[97]
- die Unbedingtheit der Wahl und des Handelns, die ich zu verantworten habe;
- die Liebe;
- »die Ordnungsideen der Welt«;[98]
- das Bewusstsein und die Erfahrung vielfältiger Grenzen und
- »die letzte und einzige Zuflucht bei Gott«.[99]

---

[93] Ebd.

[94] K. Jaspers, Der philosophische Glaube (s. Anm. 4), S. 89.

[95] Ebd.

[96] Karl Jaspers, Die großen Philosophen, Bd. 1, München 1957, S. 207.

[97] K. Jaspers, Der philosophische Glaube (s. Anm. 4), S. 92.

[98] Ebd.

[99] Ebd.

Religion und Kirche tradieren also auch die genannten positiven Wirkungen, die Philosophie erst ermöglichen. Diese große Aufgabe macht ihre übergroße Verantwortung aus und Jaspers' harte Kritik verständlich, wenn sie diese Verantwortung nicht wahrnehmen.

2.3.3 Ideologiekritische »Selbstreinigungskräfte« der Religion

Jaspers kritisiert an der Religion vor allem die Ideologisierungen, wenn Religion »zu objektiver Gewißheit«[100] verkommt und sich absolute Wahrheit anmaßt. Und tatsächlich sind diese Fehlentwicklungen keineswegs von der Hand zu weisen. Geht es doch in der Religion um unbedingte Anliegen und letzte Wahrheiten. Und darum ist die Versuchung groß, diese zu etwas Allgemeingültigem zu verabsolutieren.

Allerdings lässt sich Jaspers entgegnen, dass sich in der Bibel auch genau jene ideologiekritischen Tendenzen finden, die ihm so wichtig sind – und zwar in bedeutenden Texten wie dem Dekalog.[101] Dort wird verboten, etwas Innerweltliches zum Abbild Gottes zu machen und dieses zum Götzen zu verabsolutieren. Denn dieser »Gott kann grundsätzlich mit keinem Stück Welt identifiziert werden«.[102] Darum birgt ein solches endliches Abbild bereits die Gefahr der ideologischen Verabsolutierung endlicher Menschen oder partikularer Ideen. Und diese geht einher mit menschenverachtender Abwertung und Ausgrenzung. Der Schöpfer aber bleibt einerseits für sein Geschöpf unfassbar. Andererseits hat der Unfassbare sich ihm als derjenige offenbart, der auf der Seite der Sklaven, der Opfer steht und sich für sie einsetzt. Darum brauchen sie neben diesem Gott der Liebe keine anderen Götter mehr!

Wer also behauptet, den Willen Gottes zu kennen und in seinem Namen zu handeln, und dabei nicht von dieser Liebe zu den Schwächsten bestimmt wird, der missbraucht den Namen Gottes. Denn er handelt im Namen eigener Interessen wie die Kreuzritter oder religiösen Terroristen. Die monotheistischen Religionen dagegen bestehen auf der Grenze zwischen Mensch und Gott. Sie rufen darum zur ideologiekritischen Prüfung angeblich »göttlicher Wahrheiten oder Missionen« auf.

---

[100] K. JASPERS, Philosophie, Bd. 1 (s. Anm. 2), S. 301.

[101] Vgl. vor allem Ex 20,1–5.7

[102] FRANK CRÜSEMANN, Bewahrung der Freiheit. Das Thema des Dekalogs in sozialgeschichtlicher Perspektive, München 1983, S. 49.

Im Neuen Testament entlarvt auch Jesus die Verabsolutierungen endlicher Grundsätze wie des Sabbatgebots.[103] Das Sabbatgebot kann nämlich niemals gegen die Nächstenliebe wie die Bekämpfung des Hungers ausgespielt werden. Deshalb kann Jesus die kritischen Vertreter einer »Gesetzesreligion« – wie sie Jaspers ablehnt – abwehren, indem er formuliert: »Der Sabbat ist für den Menschen da, nicht der Mensch für den Sabbat.«[104] Mit dieser erstaunlichen Definition der Menschenwürde wehrt er so alle ideologischen Anmaßungen ab. Denn – wie es Kant ausformuliert – sie degradieren den Menschen als Mittel zum Zweck.

Nicht nur diese biblischen »Traditionen« enthalten offensichtlich ideologiekritische »Selbstreinigungskräfte«. Sondern auch in der Entstehung der Bibel, Jesu Umgang mit Traditionen und der anschließenden Theologiegeschichte zeigen sich Ansätze aufgeklärter Vernunft. Wird doch immer wieder versucht, die tradierte Botschaft angesichts historischer Herausforderungen neu zu interpretieren, um ihre ursprüngliche Intention zu wahren. Dabei kann es – da hat Jaspers Recht – zu Anthropomorphismen und Projektionen kommen. Deshalb erinnert Paulus an die begrenzten Möglichkeiten unserer Erkenntnis und gibt so für alle Neudeutungen die angemessene Bescheidenheit vor: »Jetzt schauen wir in einen Spiegel und sehen nur rätselhafte Umrisse, dann aber schauen wir von Angesicht zu Angesicht. Jetzt erkenne ich unvollkommen«.[105] Paulus reklamiert also keineswegs direktes, eindeutiges und endgültiges Wissen, sondern – wie es nach Jaspers auch auf den existenziellen Glauben zutrifft – nur indirekte, vieldeutige und partikulare Erkenntnisse.

Bei Kierkegaard[106] schließlich und in der Dialektischen Theologie wird die radikale Infragestellung aller menschlichen Möglichkeiten gegenüber Gott und seiner Offenbarung gar auf die Spitze getrieben. Auch beim frühen Barth ist nämlich Offenbarung wie Jaspers' »existentielle Wahrheit« niemals direkt erkennbar, sondern nur indirektes »Zeichen, Zeugnis, Abbild, Erinnerung, Hinweis [...] auf die Offenbarung selbst«.[107] In dieser einseitigen Er-

---

[103] Vgl. Mk 2,23–28.

[104] Mk 2,27.

[105] 1Kor 13,12.

[106] Vgl. z.B. SÖREN KIERKEGAARD, Die Krankheit zum Tode, in: ders., Gesammelte Werke, 24. u. 25 Abt., Düsseldorf 1958.

[107] KARL BARTH, Der Römerbrief (10. Abdruck der neuen Bearbeitung von 1922), Zollikon-Zürich 1967, S. 105.

kenntnisskepsis zeigen sich also erstaunliche Parallelen zwischen der sogenannten »Dialektischen Theologie« und Jaspers' Verständnis.

3. Resümee und Ausblick

Jaspers' Philosophie ist vor allem von Wahrhaftigkeit und Aufrichtigkeit getragen: von einem beeindruckenden ideologiekritischen Ethos und religiösem Ernst. Versucht er doch mit seiner Beachtung von Erkenntnisgrenzen alles abzuwehren, was die Freiheit der Existenz gefährden und Transzendenz verendlichen könnte.

Aber birgt diese radikale Unanschaulichkeit des so frei gehaltenen Existenziellen und Transzendenten nicht auch Gefahren? Bleibt doch das anthropologische »metaphysische Grundbedürfnis« bestehen. Und können so in dieses »Vakuum des Unanschaulichen« nicht Bestrebungen eindringen, die im »Krieg der Symbolwelten«[108] diese Grenze keineswegs respektieren? Unbewusste irrationale Projektionen oder Quasireligionen?

(Es ist übrigens bemerkenswert, dass Jaspers mit dem Positivismus, den er überwinden wollte, einige Parallelen hat: die Erkenntnisskepsis gegenüber Transzendentem oder die Beschränkung der Wissenschaft auf positivistisch Erforschbares.)

Jaspers widerspricht glücklicherweise teilweise selbst seiner Erkenntnisskepsis mit produktiven Ausführungen: zu den Grenzen menschlicher Erkenntnis, den Gefahren ideologischer Grenzüberschreitungen sowie dem Wesen menschlicher Existenz, insbesondere mit ihren religiösen Dimensionen.[109]

Dabei erweisen sich viele seiner Erläuterungen zur Existenz oder Transzendenz »in einem viel größerem Ausmaß rationalen Überlegungen zugänglich, als er dies zuzugestehen bereit ist«.[110]

So geht Jaspers beispielsweise davon aus, dass die Gegenstände der Welt »Erscheinungen« sein sollen, in denen sich das eine Sein zeigt. Dann

---

[108] WERNER SCHÜSSLER, Philosophischer und religiöser Glaube. Karl Jaspers im Gespräch mit Paul Tillich, in: ThZ 69 (2013), S. (24–52) 51.

[109] Vgl. OTTO FRIEDRICH BOLLNOW, Existenzerhellung und philosophische Anthropologie, in: Hans Saner (Hg.), Karl Jaspers in der Diskussion, München 1973, S. (185–223) 189; MARCEL REDING, Die Existenzphilosophie. Heidegger, Sartre, Gabriel Marcel und Jaspers in kritisch-systematischer Sicht, Düsseldorf 1949, S. 109.

[110] K. SALAMUN, Karl Jaspers (s. Anm. 8), S. 36 f.

müssten aber diese Erscheinungen vom Sein Rückschlüsse auf dieses Sein ermöglichen. Wären sie dagegen bloße Chimären, würde sich der Begriff »Erscheinung« erübrigen, der einen solchen Zusammenhang zum Ausdruck bringt.[111] Diesen Zusammenhängen nachzugehen, erscheint mir als eine sinnvolle Herausforderung für zukünftige Forschungen.

Denn – wie Jaspers selbst zugesteht – das »Umgreifende ist nicht ein anderes, schlechthin unzugängliches Sein, sondern in der Erscheinung für uns gegenwärtig, daher durch sie hindurch indirekt spürbar zu machen«.[112]

Dies gilt auch für Jaspers' Unterscheidung von »möglicher« und »wirklicher Existenz«, die beide unerfassbar sein sollen.[113] Dass dies auf die unverwechselbare und einmalige wirkliche Existenz zutrifft, sei zugestanden! Aber gilt dies auch für »mögliche Existenz«? Oder bietet nicht gerade die Annahme »möglicher Existenz« einen produktiven Anknüpfungspunkt für die mitteilbare Existenzerhellung? Denn warum sollten die Möglichkeiten existenziellen Vollzugs keinerlei Allgemeinheiten aufweisen? Schließlich gehören sie zum Menschen mit seinen auch überindividuellen Merkmalen, die er mit anderen gemeinsam hat. Liegt deshalb nicht ein allgemeines Vorverständnis existenzieller Vollzüge bei uns selbst und anderen nahe? Und sollte darum nicht auch eine gemeinsame Schnittmenge an existenziellen Strukturen zu erforschen und mitzuteilen sein?

Jaspers selbst fordert, dass Vernunft und Existenz zusammengehören. Denn Vernunft ohne Existenz wäre gehaltlos und Existenz ist notwendig auf Vernunft angewiesen, weil sie nur so sich selbst »erhellen« kann.[114] Wenn aber offensichtlich bei der »Erhellung« von Existenz und bei der Kommunikation darüber Vernunft ebenso unverzichtbar ist wie ein gemeinsamer Bewusstseinshorizont existenzieller Möglichkeiten, warum sind dann allgemein nachvollziehbare Erkenntnisse und Aussagen über Gemeinsamkeiten »möglicher Existenz« völlig ausgeschlossen? Solche »Grenzfragen« wären es wert, weiter erforscht zu werden.

---

[111] Vgl. WERNER SCHNEIDERS, Karl Jaspers in der Kritik, Bonn 1965, S. 288 f.

[112] KARL JASPERS, Von der Wahrheit. Philosophische Logik, Bd. 1, Stuttgart 1958 (München 1947; unveränderte Neuausg.), S. 155.

[113] Zur Unterscheidung von möglicher und wirklicher Existenz vgl. SANTIAGO RODRIGUEZ DE LA FUENTE, Grenzbewußtsein und Transzendenzerfahrung. Eine Studie über die theologische Philosophie von Karl Jaspers, Diss. phil., München 1983/1984, S. 375.

[114] Vgl. K. JASPERS, Von der Wahrheit (s. Anm. 112), S. 70.

Könnten sich dabei nicht sogar »metaphysisches Denken« und »analytische Methodenpräzision«[115] sinnvoll ergänzen? So kann sich, wie erste Ergebnisse zeigen, bei der Erforschung der Religion die Zusammenarbeit verschiedener Disziplinen als ergiebig erweisen: wie der Evolutionsbiologie, Molekulargenetik, Hirnphysiologie, Religionswissenschaft und Theologie.[116] Diese Forschungen wären zwar relativ und falsifizierbar im interdisziplinären, globalen Diskurs, ohne allerdings einem totalen Relativismus und Skeptizismus zu verfallen. Muss doch dabei der Anspruch auf nachvollziehbare Erkenntnisse und Darstellungen keineswegs aufgegeben werden, auch nicht gegenüber unstrittigen nicht-propositionalen Erfahrungen[117] wie dem Existenziellen, solange erkenntnistheoretische Voraussetzungen offengelegt werden.

Erstaunlich, wie sich Jaspers in seiner »philosophischen Autobiographie« von 1953 einer solchen universalen Vorstellung annähert: Sieht er doch an der »philosophischen Universität« die Möglichkeit eines »Glaube[ns] an den Weg der Wahrheit, auf dem alle sich begegnen können, die redlich forschen. Sie bleiben im Denken offen [...]. Andere Glaubensweisen werden nicht ausgeschlossen [...]. Dieser Raum der Universität enthält jede Möglichkeit spezialistischer Forschung. Sein geistiges Leben, überwölbend und durchdringend, geschieht in der Spannung von Theologie und Philosophie.«[118]

Denn »Religion braucht, um wahrhaftig zu bleiben, das Gewissen der Philosophie.

Philosophie braucht, um gehaltvoll zu bleiben, die Substanz der Religion.«[119]

---

[115] HANS LENK, Pragmatische Philosophie. Plädoyers und Beispiele für eine praxisnahe Philosophie und Wissenschaftstheorie, Hamburg 1975, S. 29.

[116] Vgl. R. VAAS / M. BLUME, Gott, Gene und Gehirn (s. Anm. 16).

[117] Vgl. CHRISTIANE SCHILDKNECHT, Theorien nicht-propositionaler Wissensformen, in: Wolfram Hogrebe (Hg.), Grenzen und Grenzüberschreitungen. XIX. Deutscher Kongress für Philosophie. Bonn, 23.–27. September 2002. Vorträge und Kolloquien, Berlin 2004, S. 759–761.

[118] K. JASPERS, Philosophische Autobiographie (s. Anm. 1), S. 67.

[119] K. JASPERS, Rechenschaft und Ausblick (s. Anm. 7), S. 422.

Wolfgang Pfüller

WAHRHAFTIG VON GOTT REDEN?
Karl Jaspers und die Chiffren der Transzendenz

Karl Jaspers (1883-1969) hat trotz seiner lebenslangen gesundheitlichen Beeinträchtigung vor allem aufgrund seines angepassten Umgangs mit seiner Krankheit sowie seiner eisernen Arbeitsdisziplin[1] ein umfangreiches und schon insofern beeindruckendes Werk hinterlassen.[2] Sicher kann man den enormen Umfang des Werkes nicht zuletzt auf eine nicht geringe Weitschweifigkeit und Redundanz der Jaspers'schen Diktion zurückführen; und ebenso sicher wurde bzw. wird angesichts der Breite seiner Ausführungen nicht selten mangelnde Klarheit und Deutlichkeit moniert.[3]

---

[1] Nicht unerwähnt bleiben darf hier freilich die maßgebliche Unterstützung durch seine Frau Gertrud sowie durch enge Freunde, besonders in der früheren Zeit durch den Schwager Ernst Mayer und in der späteren Zeit durch die Schülerin und Freundin Hannah Arendt. Dabei kann vor allem die jahrzehntelange Partnerschaft mit seiner Frau kaum überschätzt werden.

[2] Seit 2016 erscheint die Gesamtausgabe der Werke von Jaspers in drei Abteilungen: I zu Lebzeiten von Jaspers veröffentlichte Schriften, II nachgelassene Manuskripte bzw. Entwürfe, III Briefe. Die Edition ist sehr sorgfältig aufbereitet, v.a. jeweils durch eine Einleitung des Herausgebers zu Beginn sowie durch einen Stellenkommentar und ein Namenregister am Schluss.

[3] Dabei muss man nicht so weit gehen wie Einstein, der Folgendes gesagt haben soll: Wenn er Jaspers lese, wirke das auf ihn »wie das Reden eines Trunkenen«, das er nicht verstehe. Vgl. KARL JASPERS, Der philosophische Glaube angesichts der Offenbarung (KJG I/13), hg. v. Bernd Weidmann, Basel 2016, Stellenkommentar Nr. 538, S. 607. Aber in der Tat sind m.E. einige Formulierungen von Jaspers recht nebulös, halten sich »in der Schwebe«, machen manches nur »fühlbar«. Dass Jaspers das schwebende, fühlbar machende Denken in Bezug auf das philosophische Denken für charakteristisch, ja für unumgänglich hielt, wird uns noch beschäftigen. Für jetzt

Wie auch immer: Ich meine, es lohnt, besonders die eindringlichen Überlegungen Jaspers' zur Rede von der höchsten Wirklichkeit, traditionell Gott genannt, bzw. von der Transzendenz, wie Jaspers vorzugsweise sagt, genauer zu untersuchen. Dabei wird auf die Klarheit und Prägnanz der Gedanken besonderer Wert gelegt, denn so erschließt sich, denke ich, am besten, wie fruchtbar und anregend das Denken Jaspers' für heutiges wie auch künftiges Philosophieren und Theologisieren sein dürfte.[4] Und ebenso erschließen sich die Defizite, die kritisch eingeschätzt werden müssen, von denen aus aber vor allem kritisch weitergedacht werden muss. Dabei möchte ich so vorgehen, dass ich die einschlägigen Überlegungen Jaspers' anhand von zehn Leitsätzen analysiere und diskutiere. Einige Leitsätze fasse ich zu Abschnitten zusammen, um damit die folgenden Überlegungen klarer und übersichtlicher zu gestalten.

1. Wahrhaftigkeit und Wahrheit, Philosophie und Wissenschaft

(1) *Wahrhaftigkeit ist nach Jaspers als Weg und rückhaltloser Wille zur Wahrheit zu verstehen, ohne dass der Weg je sein Ziel erreicht. Vielmehr bleiben die Menschen immer auf der Suche nach der Wahrheit, wobei diese gemeinsame Suche genau das ist, was sie verbindet. Wahrheit ist also stets kommunikativ, sie verbindet.*

In seinem voluminösen Buch *Von der Wahrheit* unterscheidet Jaspers entsprechend der »Weisen des Umgreifenden« verschiedene Weisen der Wahrheit bzw. des Wahrseins.[5] So begreift er Wahrheit als »Geltung von

---

nur der Hinweis zur Haltung des »Schwebens« in: a.a.O., Einleitung des Herausgebers, S. XXXI f. Vgl. darüber hinaus vorerst auch die kritischen Bemerkungen von KURT SALAMUN, immerhin Präsident der Österreichischen Karl-Jaspers-Gesellschaft und ein exzellenter Kenner der Philosophie von Jaspers, in seinem Buch *Karl Jaspers*, Würzburg ²2006, S. 30–35, auf die ich in Punkt 10 näher zu sprechen kommen werde.

[4] Dass ich religiöse Philosophie und (interreligiöse) Theologie nicht unterscheide, vielmehr Letztere für eine Form der Ersteren halte, kann ich hier nicht ausführen, werde aber am Schluss (s. Punkt 10) nochmals etwas ausführlicher darauf eingehen.

[5] Vgl. KARL JASPERS, Von der Wahrheit (Philosophische Logik, Bd. 1), München 1958, S. 451–1054, bes. 453–462. Die folgenden Seitenzahlen im Text beziehen sich auf dieses Buch. – Bereits zu Zeiten seines Lehrverbots hatte sich Jaspers in Gastvorlesungen an der Universität Groningen (1935) sowie in Frankfurt a.M. (1937) kompakt zu seinem Wahrheitsverständnis geäußert. Diese Äußerungen sind zuver-

Aussagen«, als »Offenbarwerden«, als »Sein«, als »Übereinstimmung der Erkenntnis mit ihrem Gegenstand«, schließlich als »Ursprung und Ziel«. Diese Unterscheidungen muss ich hier nicht weiter ausführen – bis auf die zuletzt Genannte. Hierzu meint Jaspers: »Unser Wahrheitswille ist mit keiner Wahrheit zufrieden. Er ist sich gewiß, aus einem Grunde zu kommen und auf ein Ziel zu gehen, von denen her gesehen auf dem Wege keine Gestalt des Wahrseins uns Genüge tut.« (461) Und weiter: »Wenn dieses Endziel, das wir eigentlich Wahrheit nennen, ohne es je klar vor uns zu haben, in der Zeit auch niemals erreicht wird, so kann es uns doch gegenwärtig führen und erhellen, es verteilt die Gewichte und hält unser Suchen in Zusammenhang.« (462)

Wahrheit im eigentlichen Sinn ist demnach für Jaspers in der Folge Kants, der bekanntlich eine entscheidende philosophische Leitfigur für ihn ist, eine regulative Idee, die menschliches Suchen lebendig erhält und reguliert. Anders als für Kant besteht Wahrheit freilich nicht an sich, sondern verwirklicht sich in der Mitteilung bzw. in der Kommunikation. »Daher drängt alle Wahrheit auf Mitteilung. Erst was für zwei wahr ist, wird seiner Wahrheit gewiß. Mitteilbarkeit bringt das Wahre erst zur Klarheit, bringt Bestätigung und Bewährung.« (546) Wahrheit wird mithin erst in der und als Kommunikation wirklich, sie steht nicht vorher fest und wird dann mitgeteilt. Sie ist aber auch nicht das Ziel, »das dann am Ende ohne Kommunikation an sich gültig ist«. Vielmehr geschieht sie »im Miteinandersein der Menschen durch die Kommunikation, in der sie erst selbst werden« (588).

Ist mit letzteren Formulierungen das angedeutet, was im Sinne von Jaspers als philosophische bzw. existenzielle Wahrheit bezeichnet werden könnte, so ist es in dem Zusammenhang noch von Bedeutung, den grundsätzlichen Unterschied zur wissenschaftlichen Wahrheit zu verdeutlichen. Dabei hat wissenschaftliche Erkenntnis nach Jaspers »drei unerläßliche Merkmale«. Zuerst ist sie methodisch, sodann zwingend gewiss, schließlich allgemeingültig. »Wissenschaftlich weiß ich nur, wenn ich zugleich der Methode bewußt bin, durch die ich dies Wissen habe, es also begründen und in seinen Grenzen zeigen kann.« – Sodann: »Wissenschaftlich weiß ich nur, was ich zwingend gewiß weiß. So weiß ich auch die Ungewißheit, die Wahrscheinlichkeit oder Unwahrscheinlichkeit.« – Schließlich: »Wissenschaftlich

---

lässig aufbereitet in dem Band: KARL JASPERS, Schriften zur Existenzphilosophie (KJG I/8), hg. v. Dominic Kaegi, Basel 2018, S. 47–67 u. 119–137. Vgl. darüber hinaus auch GENOVEVA TEOHAROVA, Karl Jaspers' Philosophie auf dem Weg zur Weltphilosophie, Würzburg 2005, S. 17.

weiß ich nur, was allgemeingiltig ist. Weil die Einsicht von jedem Verstand zwingend erfahren werden kann, breiten sich wissenschaftliche Erkenntnisse aus und bleiben sich dabei im Sinne gleich. Einmütigkeit ist ein Kennzeichen der Allgemeingiltigkeit.« Wo dagegen »Einmütigkeit aller Denkenden durch die Zeiten hindurch nicht erzielt wird, da ist die Allgemeingiltigkeit fraglich«.[6]

Auch die moderne Wissenschaft sieht Jaspers ungeachtet aller ihrer Entwicklungen durch die genannten drei konstitutiven Merkmale bestimmt. Dabei ist er sich durchaus im Klaren darüber, dass diese Bestimmung der Wissenschaft idealtypisch ist.[7] Er weiß also sehr wohl, dass nicht alle wissenschaftlichen Erkenntnisse zwingend gewiss und allgemeingültig sind. Er weiß, dass moderne Wissenschaft »grundsätzlich unfertig« ist, dass sie in einem unabschließbaren Prozess begriffen ist, dass ihre Hypothesen keineswegs allgemeingültig sind. Aber er weiß ebenso, dass wissenschaftliche Erkenntnis zwingend gewiss und allgemeingültig sein *kann*. Dementsprechend charakterisiert er die moderne wissenschaftliche Haltung wie folgt: Sie »unterscheidet das zwingend Gewußte vom nicht zwingend Gewußten, will zugleich mit der Erkenntnis das Wissen um die Methode, damit um Sinn und Grenzen dieses Wissens haben, sucht uneingeschränkte Kritik«.[8]

---

[6] KARL JASPERS, Vom Ursprung und Ziel der Geschichte (KJG I/10), hg. v. Kurt Salamun, Basel 2017, S. 84 f. – Die Absätze im Original habe ich durch Gedankenstriche ersetzt, die Hervorhebungen getilgt.

[7] Deshalb dürfte die Kritik von K. SALAMUN, Karl Jaspers (s. Anm. 3), S. 98 f., nur teilweise zutreffen: »Obwohl Jaspers mehrmals betont, die Wissenschaft sei grundsätzlich unfertig und unabgeschlossen, jede Wissenschaftsdisziplin erfasse bloß einen Ausschnitt der Wirklichkeit und wissenschaftliche Erkenntnisse seien relativ zu ihren Voraussetzungen und zugrunde liegenden Axiomen, vermittelt er durch die Rede von der ›reinen Wissenschaft‹ und vom ›zwingenden‹ Charakter der wissenschaftlichen Erkenntnis den Eindruck, die Wissenschaft bestehe aus einem Kanon reinen und gesicherten Wissens, das für alle denkenden Menschen im gleichen Sinn allgemeingültig ist und von diesen deshalb auch faktisch anerkannt wird.« Letzteres treffe aber bestenfalls auf Mathematik und (formale) Logik zu, jedoch bereits nicht mehr auf die Erfahrungswissenschaften. Dabei sei Jaspers sich durchaus im Klaren darüber gewesen, dass sein Wissenschaftsbegriff zu eng war; »er hielt aber zugunsten einer möglichst strikten Abgrenzung zwischen Wissenschaft und Philosophie bewusst daran fest«.

[8] K. JASPERS, Vom Ursprung und Ziel der Geschichte (s. Anm. 6), S. 88; vgl. S. 85–87.

Die Grenzen der wissenschaftlichen Erkenntnis liegen über alle konkreten Begrenzungen der einzelnen Wissenschaften hinaus grundsätzlich darin, dass die Wissenschaft im Allgemeinen allein auf Gegenstände *in* der Welt gerichtet bleibt, während ihr demgegenüber weder *die* Welt noch gleich gar »das Umgreifende des Umgreifenden«, die Transzendenz, zum Gegenstand werden kann, mithin ihrer Erkenntnis grundsätzlich entzogen bleiben.[9] Wo die Wissenschaft diese Grenzen überschreitet, wo sie etwa umfassende »Weltanschauung« zu sein beansprucht, wird sie zum »Wissenschaftsaberglauben« und muss in ihre Schranken gewiesen werden. Gleichwohl stimmen wissenschaftliche wie auch philosophische Wahrheit – wie bereits angedeutet – darin überein, dass sie nur in der (grenzenlosen) Kommunikation wirksam werden können. »Weil wir in der Zeit die Wahrheit als die eine ewige Wahrheit nicht im objektiven Besitz haben können, und weil das Dasein nur mit anderem Dasein möglich ist, Existenz nur mit anderer Existenz zu sich selbst kommt, so ist Kommunikation die Gestalt des Offenbarwerdens der Wahrheit in der Zeit.«[10]

2. Gott, Gottheit und Transzendenz. Entwicklungen

(2) *Jaspers redet von »Gott«, von der »Gottheit«, schließlich von der »Transzendenz«. Während die Rede von Gott eine Chiffre (»Chiffer«) ist, ist die Rede von der Transzendenz keine Chiffre. Indem Jaspers zunehmend weniger von Gott*

---

[9] Ausführlich hat sich Jaspers mit den Grenzen wissenschaftlicher Erkenntnis in seiner *Philosophie, Bd. 1:* Philosophische Weltorientierung (KJG I/7.1), hg. v. Oliver Immel, Basel 2022, befasst.

[10] KARL JASPERS, Der philosophische Glaube, München 2012 ([1]1948), S. 39. – Wie die Vernunft, so fordert auch der philosophische Glaube als genuiner Ausdruck der Vernunft grenzenlose Kommunikationsbereitschaft. Dagegen verhindern fixierte Glaubensinhalte die Kommunikation. Zum einen gilt: »Der philosophische Glaube ist unlösbar von der restlosen Kommunikationsbereitschaft.« Dagegen gilt: »Der philosophische Glaube erkennt in jedem Zwang des Abbruchs [sc. der Kommunikation; W.P.] und in jedem Willen zum Abbruch die Teufelei.« (a.a.O., S. 134 f.) – Vgl. dazu auch ANTON HÜGLI, Glaube, Unglaube und Wissen – ein Leitthema in Jaspers' Basler Jahren, in: »Wahrheit ist, was uns verbindet«. Karl Jaspers' Kunst zu philosophieren, hg. v. Reinhard Schulz, Giandomenico Bonanni u. Matthias Bormuth, Göttingen 2009, S. (164–182) 180 f.: Dass es alle Menschen »zur einen Transzendenz hin drängt, das ist die Wahrheit, die sie verbindet«. Hingegen verbindet die beanspruchte Wahrheit der Offenbarungsreligion(en) gerade nicht, sondern sie trennt.

und mehr von der Transzendenz redet, lässt sich darin eine Entwicklung seines diesbezüglichen Redens feststellen.

In den Jahren kurz vor und nach 1945 versucht Jaspers, den philosophischen Glauben inhaltlich durch wenige grundlegende Sätze zu bestimmen. So benennt er in den 1942/43 entstandenen, schließlich von ihm selbst nicht veröffentlichten *Grundsätze(n) des Philosophierens* immerhin noch fünf grundlegende philosophische »Glaubensgehalte«: 1. »Gott ist«. 2. »Es gibt die unbedingte Forderung im Dasein«. 3. »Der Mensch ist endlich und unvollendbar«. 4. »Der Mensch kann in Führung durch Gott leben«. 5. »Die Realität in der Welt hat ein verschwindendes Dasein zwischen Gott und Existenz«.[11] In seinen 1947 in Basel gehaltenen Vorlesungen, die unter dem Titel *Der philosophische Glaube* 1948 erschienen sind, bleiben davon noch drei Sätze übrig: Satz 1, 2 und 5.[12] Und schließlich scheint nur noch Satz 1 übrig zu bleiben, den Jaspers wiederholt anführt, und zwar in der bezeichnenden Wendung »Dass Gott ist, ist genug« – ich komme unter Punkt 8 näher darauf zu sprechen.[13]

Freilich, genau genommen wird auch dieser Satz für Jaspers je länger desto mehr fragwürdig. Denn »Gott« steht für einen persönlichen Gott, und diese Vorstellung betrachtet Jaspers als eine Chiffre (»Chiffer«[14]). Diese Chiffre nun hält er zwar durchaus für berechtigt; sie ist aber doch wie alle anderen Chiffren auch in ihrer Bedeutung zu relativieren. »Wenn der

---

[11] KARL JASPERS, Grundsätze des Philosophierens. Einführung in philosophisches Leben (KJG II/1), hg. v. Bernd Weidmann, Basel 2019, S. 26–82.

[12] Vgl. K. JASPERS, Der philosophische Glaube (s. Anm. 10), S. 25–40.

[13] Zur angedeuteten Entwicklung vgl. auch BERND WEIDMANN, Einleitung des Herausgebers, in: Karl Jaspers, Schriften zum philosophischen Glauben (KJG I/12), hg. v. Bernd Weidmann, Basel 2022, S. XII–XV; DERS., Einleitung des Herausgebers, in: K. Jaspers, Der philosophische Glaube angesichts der Offenbarung (s. Anm. 3), S. XLV–LIII; ANTON HÜGLI, Über die Aktualität der Religionsphilosophie von Karl Jaspers, in: Jahrbuch der Österreichischen Karl-Jaspers-Gesellschaft 30 (2017), S. (57–82) 79: »In den ersten Jahren nach 1945 hat Jaspers den philosophischen Glauben selber noch inhaltlich zu bestimmen versucht […]. In dem Masse aber, in dem der Begriff der Chiffer für ihn wieder ins Zentrum rückte (erstmals von ihm Gebrauch gemacht hat er im dritten Band seiner Philosophie von 1932), nahm er auch Abstand von allen (noch so allgemeinen) inhaltlichen Bestimmungen.«

[14] Jaspers verwendet in seinen späteren Jahren die Schreibweise »Chiffer«; ich bleibe außer in Zitaten bei der üblichen Schreibweise »Chiffre«.

Mensch der Transzendenz begegnet als Ich dem Du, dann nimmt die Transzendenz die Chiffer der persönlichen Gottheit an.«[15] Jaspers nun erachtet die Chiffre des persönlichen Gottes »für uns Abendländer« als unersetzlich, denn sie steht s.E. in Wechselwirkung »mit der Persönlichkeit des Menschen« (60). »Man kann sagen: In dem Maße, als die Transzendenz die Chiffer des persönlichen Gottes annimmt, in dem gleichen Maße wächst der Persönlichkeitscharakter des Menschen.« (61) An dieser Stelle zeigt sich denn auch (einmal mehr) die Relevanz der biblischen Tradition für den abendländischen Menschen. Denn nur aufgrund dieser Tradition ist die Chiffre »der persönlichen Gottheit« unter uns bedeutsam oder – wie Jaspers sagt – »wirkungsmächtig« (63). Und ihr bleibender Wert, die Möglichkeit, sie uns zu eigen zu machen, bemisst sich Jaspers zufolge daran, dass und wie weit sie zum Menschsein des Menschen beiträgt.[16]

3. Chiffren, Symbole und Zeichen. Zum Begriff der Chiffre und ihrer Abgrenzung von Offenbarung

(3) *Jaspers unterscheidet häufig, wenn auch nicht immer, zwischen Zeichen, Symbolen und Chiffren. Während Zeichen von Symbolen bzw. Chiffren klar unterschieden werden, werden »Symbol« und »Chiffre« häufig synonym gebraucht. Gleichwohl scheint Jaspers schließlich auch zwischen Symbol und Chiffre zu differenzieren.*

Zeichen zunächst bezeichnen etwas Gegenständliches, an dem sie nicht als solche partizipieren. Sie gehören demzufolge, so Jaspers, zur Welt der Gegenstände, zur Welt des Verstandes, zur Welt der Wissenschaften.[17] Symbole und Chiffren dagegen weisen über die Welt hinaus auf Transzendenz. Allerdings weisen sie nicht nur auf Transzendenz, sondern mehr noch: sie vergegenwärtigen sie. Diese plakativen Sätze sind nun genauer zu erläu-

---

[15] KARL JASPERS, Chiffren der Transzendenz, München ³1977, S. 59. Die nächsten Seitenzahlen im Text beziehen sich darauf.

[16] Ich komme unter Punkt 6 noch genauer auf Jaspers' Kriterien für die Aneignung bzw. Abstoßung von Chiffren in ihrer nachgerade endlosen Vielfalt zu sprechen.

[17] Jaspers unterscheidet mit Kant klar zwischen Verstand und Vernunft. D.h. in aller Kürze: Jener bewegt sich *in* der Welt, kann demnach keinesfalls *die* Welt zum Gegenstand haben. Diese hingegen greift auf die Welt und darüber hinaus auf die Transzendenz aus, freilich ohne sie je ergreifen oder auch nur begreifen zu können.

tern. Dabei geht es vor allem um Symbole und Chiffren, während Zeichen hier nur am Rande eine Rolle spielen.

»Der Grundunterschied zwischen Bedeuten in der Welt und metaphysischem Bedeuten ist: ob in der Beziehung des Bildes zu dem, was es vertritt, dieses Vertretene auch selbst als Gegenstand zu erfassen wäre, oder ob das Bild nur Bild für etwas ist, das auf keine andere Weise zugänglich wird.« Nur in diesem Fall »sprechen wir von Symbol im prägnanten Sinn metaphysischen Bedeutens«.[18] Symbole wie auch Chiffren bedeuten also nicht »etwas«, weisen nicht auf einen Gegenstand, der auch unabhängig von ihnen zu erfassen wäre. Vielmehr bedeuten Symbole gleichsam nur das Bedeuten selbst; in ihnen wird eine Wirklichkeit gegenwärtig, die sonst gänzlich verborgen bliebe. Letztlich wird darin die Wirklichkeit der Transzendenz gegenwärtig.

Dennoch spricht Jaspers nicht von Symbolen, sondern von Chiffren der Transzendenz. Worin liegt dann aber der besondere Charakter der Chiffren? Liegt er darin, dass sie im Unterschied zu anderen Symbolen nicht übersetzbar sind »in ein Anderes«?[19] Aber was soll das besagen? Besagt es, dass Symbole nun doch in die Nähe von Zeichen rücken, die *etwas* bedeuten, in das man sie demgemäß übersetzen kann? Jaspers selbst bemerkt einigermaßen änigmatisch: »Wir ziehen das Wort Chiffer dem Worte Symbol vor. Chiffer bedeutet ›Sprache‹, Sprache der Wirklichkeit, die nur so gehört wird und angesprochen werden kann. Symbol dagegen bedeutet eine Vertretung für ein Anderes, auch wenn dieses nur im Symbol und auf keine andere Weise da sein kann. In Symbolen sind wir meinend auf das Andere gerichtet, das dadurch Gegenstand [sic!] wird und in diesem gegenwärtig ist.«[20] Hier stellen sich vor allem Fragen. Bedeuten Symbole keine Sprache, und inwiefern nicht? Wie soll ein Symbol eine »Vertretung für ein Anderes« sein, wenn

---

[18] KARL JASPERS, Philosophie, Bd. 3: Metaphysik, München / Zürich 1994 (¹1932), S. 16.

[19] So OLIVER IMMEL in seiner Einleitung zu K. Jaspers, Philosophie, Bd. 1 (s. Anm. 9), S. XCII.

[20] K. JASPERS, Der philosophische Glaube angesichts der Offenbarung (s. Anm. 3), S. 216 f. Übrigens fährt Jaspers an dieser Stelle fort: »Aber Symbole können Momente der Chiffernsprache werden. Dann sind sie hineingenommen in die Bewegung des Denkens auf die Transzendenz hin oder von ihr her.« (217) Da dies freilich auch keine klare Unterscheidung zwischen Symbolen und Chiffren markiert, sei es hier nur angemerkt.

dieses doch nur im Symbol da bzw. gegenwärtig sein kann? Rückt Jaspers Symbole, indem sie sich gar auf einen Gegenstand richten, nun doch wieder in die Nähe von Zeichen, um sie so besser von Chiffren unterscheiden zu können?[21]

Wie auch immer: Vielleicht hat Ulrich Neuenschwander den Sinn der Unterscheidung zwischen Symbol und Chiffre bei Jaspers am ehesten erfasst, indem er ihn zum Symbolverständnis Paul Tillichs in Beziehung setzt. Daraufhin meint Neuenschwander: »Die Chiffre hat nicht dermaßen repräsentativen und partizipatorischen Anteil an der Sache selbst wie das Symbol Tillichs; sie besitzt weniger Seinsmächtigkeit.«[22] Ich denke, diese Einschätzung wird sich besonders im nächsten Punkt und unter Punkt 7 bestätigen.

(4) *Jaspers bezeichnet Chiffren als die »Sprache der Transzendenz«, die sich freilich darin nur ankündigt und sich zugleich verbirgt. Damit unterscheidet er sie scharf von der Sprache der Offenbarung, die s.E. die Transzendenz »leibhaftig« in der Immanenz verortet und sie somit depotenziert, d.h. traditionell gesprochen: Gott zum Götzen erniedrigt.*

Selbstredend ist die Formulierung von der »Sprache der Transzendenz« eine Metapher, die Jaspers offenbar benutzt, um die Einzigartigkeit der Chiffren zu betonen.[23] Denn natürlich spricht die Transzendenz, die ihrer-

---

[21] Vgl. auch K. JASPERS, Von der Wahrheit (s. Anm. 5), S. 256 f., wo er klar zwischen Symbol und Zeichen, indes nicht zwischen Symbol und Chiffre unterscheidet: »Chiffer wird jeder Gegenstand als mögliche Sprache der Transzendenz. Der Gegenstand ist nicht wesentlich reales Objekt, sondern dieses als Symbol. Symbol ist nicht der Gegenstand, neben dem das Symbolisierte noch einmal anderswo als adäquater Gegenstand vorkäme, sondern der Gegenstand, als der allein das, was nie Gegenstand wird, zum Sprechen kommt, daher im Symbol selbst anwesend ist. Es ist ein radikaler Unterschied zwischen Symbol und Zeichen. [...] Im Zeichen wird ein Anderes gemeint, aber dieses Andere ist auch ohne Zeichen da. Im Symbol ist ein Anderes gegenwärtig, das ohne dieses Symbol überhaupt nicht für uns sprechen würde.«

[22] ULRICH NEUENSCHWANDER, Denker des Glaubens II: Emanuel Hirsch – Emil Brunner – Paul Tillich – Pierre Teilhard de Chardin – Karl Jaspers (GTB 87), Gütersloh ³1985, S. 125.

[23] Vgl. dazu auch ANTON HÜGLI, Jaspers in Basel. Seine Projekte, ihre Bedeutung, in: ders. (Hg.), Jaspers – Stationen seines philosophischen Wegs, Basel 2021, S. (127–150) 137: Danach steht das »Schlüsselwort« der Chiffre »für das geheimnisvolle Leuchten von Dingen, die – für uns als existenziell Suchende – plötzlich Tiefe bekommen und in deren Licht uns Transzendenz auf uns unbegreifliche Weise auf-

seits keine Chiffre ist, nicht selbst, sondern wir sprechen über sie – eben angemessen nur in Chiffren. Dialektisch drückt es Jaspers so aus: »Chiffern sind gleichsam [!] eine Sprache der Transzendenz, die als von uns hervorgebrachte Sprache doch von dort zu uns dringt.«[24] Diese Formulierung zeigt nicht zuletzt, dass trotz allen Bedeutens der Chiffren die Transzendenz radikal verborgen bleibt; wir können sie nirgends dingfest machen. Versuchen wir es dennoch, dann verfälschen wir sie zwingend und zutiefst – wie wir auch unser Menschsein verfehlen.

Genau diese Verfälschung wirft Jaspers dem Offenbarungsglauben vor. Er sieht in ihm einen zwar menschlich verständlichen, jedoch gleichwohl verhängnisvollen »Drang nach Leibhaftigkeit« am Werk. Dieser Drang aber, »den wir alle haben« – denn wer möchte nicht, dass Gott selber fassbar gegenwärtig wäre und alles in Ordnung brächte? –, verfehlt nicht nur die Transzendenz, sondern auch den Menschen. Er bedeutet nämlich auch, »daß der Mensch eigentlich nicht mehr Mensch sein möchte, daß er vom Ungeheuren, das auf ihn gelegt ist mit all seiner Freiheit und seinem Wagnis und seinem Nichtwissen auf seinem Wege, den er aufs Ende hin nicht kennt, daß er von all dem loskommen möchte, was ihm als Mensch auferlegt ist, um die Leibhaftigkeit der Gottheit zu besitzen, die nun alles in Ordnung bringt«.[25] Den Ausdruck »Leibhaftigkeit« erläutert Jaspers, indem er den Begriff der Offenbarung genauer bestimmt. Danach ist diese »die unmittelbare, zeitlich und räumlich lokalisierte Kundgabe Gottes, durch Wort, Forderung, Handlung, Ereignis. Gott gibt seine Gebote, er stiftet Gemeinschaft, er erscheint unter Menschen, er gründet den Kultus. Es geschieht durch objektiven Einbruch von außen«.[26] Chiffren dürfen also in keinem Fall verwechselt werden mit Offenbarungen; die Transzendenz offenbart sich nicht. Demgemäß sind Chiffren zwar »geistige Realität in unserer Sprache, in Philosophie und Dich-

---

scheinen kann. Es ist, so Jaspers' Vergleich, als ob in diesem Gegenständlichen die Transzendenz sich spiegelte, wie die Sonne sich in einem Tautropfen spiegelt.«

[24] Karl Jaspers, Kleine Schule des philosophischen Denkens, München / Zürich 2012 (^{1}1965), S. 134.

[25] K. Jaspers, Chiffren der Transzendenz (s. Anm. 15), S. 68; vgl. auch S. 65.

[26] K. Jaspers, Der philosophische Glaube angesichts der Offenbarung (s. Anm. 3), S. 130. Dass aus diesem Glauben der für Jaspers zutiefst verwerfliche Ausschließlichkeitsanspruch der Offenbarungsreligionen folgt, sei hier nur angemerkt; vgl. ebd.: Ist eine derartige Religion von außen betrachtet nur eine unter mehreren, so betrachtet sie sich selbst (von innen) »als die einzige und ganze Wahrheit«.

tung und Kunstwerken, aber sie sind nie die Leibhaftigkeit der Transzendenz selber. Das Leibhaftigwerden der Chifferninhalte ist daher die Grundverwechslung in unserem Umgang mit Transzendenz.«[27]

Nun wurde Jaspers von theologischer Seite mehrfach vorgehalten, dass er die Verborgenheit Gottes in und trotz aller Offenbarung verkenne. So entgegnet etwa Helmut Hühn: »Der Gott des Offenbarungsglaubens büßt in der Offenbarung nicht seine Verborgenheit ein. Er bleibt auch als deus revelatus ein deus absconditus. Jaspers verkennt solche Dialektik.«[28] Dieser Einwand kann hier nicht ausführlich diskutiert werden. Soviel jedoch sei angemerkt: Sicher bleibt auch etwa für den christlichen Offenbarungsglauben der offenbare ein verborgener Gott. Aber diese Verborgenheit scheint sich gleichsam auf die von uns abgewandte, nicht auf die uns zugewandte Seite Gottes zu beziehen.[29] Der offenbare Gott selber ist dagegen nicht verborgen, denn woher sollte andernfalls der Wahrheitsanspruch für diese Offenbarung begründet werden? Ob man daraufhin von einer Dialektik zwischen offenbarem und verborgenem Gott reden kann, erscheint mir zweifelhaft. Für Jaspers

---

[27] A.a.O., S. 221. – Übrigens wirft Jaspers Bultmann trotz aller Anerkennung von dessen Bemühung um Aufklärung bzw. kritische Durchdringung des christlichen Glaubens genau das vor, dass er am Offenbarungsglauben festhält und daher der Orthodoxie verhaftet bleibt. »Das schlechthin Trennende zwischen Liberalität und Orthodoxie ist die Stellung zum Offenbarungsgedanken. Daß Gott sich lokalisiert an Ort und Zeit, einmalig oder in einer Folge von Akten, sich hier und nur hier direkt offenbart habe, ist ein Glaube, der in der Welt Gott zu einem Objektiven befestigt.« (KARL JASPERS [/ RUDOLF BULTMANN], Die Frage der Entmythologisierung, München 1981 [¹1954], S. 65 f.) Und er zeigt sich geradezu entsetzt darüber, was Bultmann schließlich als unmythischen »Rest des Glaubens« retten will, »nämlich die Rechtfertigung allein durch den Glauben, den Glauben an das Heilsgeschehen, dieses für einen Philosophierenden fremdeste, wunderlichste, existenziell kaum noch eine Sprache bedeutende, dies Lutherische mit seinen schrecklichen Konsequenzen« (74).

[28] HELMUT HÜHN, »Tief langweilige sogenannte Transzendenz«? Zur Auseinandersetzung zwischen Karl Barth und Karl Jaspers, in: Glaube und Wissen. Zum 125. Geburtstag von Karl Jaspers, hg. v. Anton Hügli u. Steffen Wagner (StPh 67), Basel 2008, S. (265–284) 281.

[29] Man vergleiche nur Luthers *De servo arbitrio*. Dort werden m.E. die ungelösten theologischen Probleme wie das der Theodizee auf den verborgenen Gott verschoben und damit für unlösbar erklärt.

jedenfalls offenbart sich die Transzendenz nicht; sie bleibt verborgen auch in den Chiffren, in denen sie uns »fühlbar«[30] wird.

Ein bemerkenswerter Gedanke sei zum Schluss dieses Punktes noch festgehalten, der besonders in den Punkten 6–8 näher ausgeführt wird. Die Chiffre scheint für Jaspers zugleich ein Symbol *des Heils* zu sein. Das legen zumindest folgende Formulierungen nahe. Danach ist der uns gewiesene Weg als Menschen in Freiheit jederzeit vom Scheitern bedroht; er bleibt ein Wagnis. Hier jedoch »spricht zu uns die Chiffer: wir sind angewiesen auf eine nie gewußte und daher nie in Rechnung zu stellende Hilfe aus dem Grund der Dinge. Ihr vertrauen wir, wenn wir uns selbst vertrauen. Wir hoffen, daß sie uns beistehe in dem Maße, als wir in Wahrhaftigkeit liebend tun, was wir können – als wir unserer Freiheit würdig werden. Wir können uns nicht darauf verlassen. Aber Chiffern ermutigen uns in unserer Hoffnung.« Und: »Wir hören die Chiffern als die Sprache aller Dinge, zwar vieldeutig und schwebend, aber als Kundgabe dessen, daß das Ende nicht Verzweiflung sein muß.«[31]

(5) *Grundsätzlich kann für Jaspers alles zur Chiffre werden; genau genommen aber hebt er nicht nur besondere Chiffren hervor, sondern setzt auch Grenzen für mögliche Chiffren.*

»Es gibt nichts, was nicht Chiffre sein könnte.«[32] Was Jaspers mit diesem Satz lapidar konstatiert, führt er breit aus im Blick auf Chiffren der Natur, der Geschichte, des Menschen, der Kunst, der philosophisch-theologischen Spekulation;[33] andernorts ebenso im Blick auf Mythen sowie sonstige religiöse Vorstellungen. Anton Hügli erläutert diesen Gedanken treffend wie folgt: »Diese mögliche werthafte Qualität alles in der Welt uns Begegnenden ist das, was Jaspers den Chiffer-Charakter alles Seienden nennt.«[34]

Freilich, diese »werthafte Qualität alles in der Welt uns Begegnenden« begegnet in verschiedenem Maße. Ich werde darauf im folgenden Punkt aus-

---

[30] »Fühlbar« ist ein bei Jaspers beliebter Ausdruck. Damit wird, sehe ich recht, etwas angedeutet, was vermeintlich nicht genauer erfasst werden kann – auch wenn es m.E. begrifflich genauer gefasst werden sollte.

[31] K. Jaspers, Kleine Schule des philosophischen Denkens (s. Anm. 24), S. 132 f.

[32] K. Jaspers, Philosophie, Bd. 3 (s. Anm. 18), S. 168.

[33] Vgl. a.a.O., S. 168–218.

[34] Anton Hügli, Von der Subjektivität des Glaubens und der Objektivität des Wissens, in: Glaube und Wissen (s. Anm. 28), S. (127–150) 142.

führlicher eingehen, will aber jetzt schon einiges andeuten. So hält Jaspers beispielsweise die Chiffre der Natur für zutiefst ambivalent und insofern nicht für ein durchgängiges Symbol des Heils. »In der Chiffre der Natur ist Vernunft und Dämonie, Vernunft als Mechanismus, Dämonie als Schöpfung und Zerstörung der Gestalten.«[35] Zudem sind die Chiffren hervorzuheben, die sich ausdrücklich auf die Transzendenz beziehen, indem sie den Gottesgedanken thematisieren. In seiner Basler Abschiedsvorlesung 1961 redet Jaspers über drei dieser Chiffren: die des Einen, die des persönlichen Gottes, die des Mensch gewordenen Gottes. Besonders seine bereits erwähnte scharfe Kritik an letzterer Vorstellung, aber auch die differenzierte Beurteilung der Vorstellung eines persönlichen Gottes, verdeutlichen, dass zwar grundsätzlich alles zur Chiffre werden kann, aber keineswegs im selben Maß. Das belegt auch seine Einschätzung der Chiffre des Einen. Einerseits ist es das Eine, dessen Kraft »uns aus der Zerstreuung zu uns selbst« bringt. Und dies bewirkt es »indirekt dadurch, daß Menschen miteinander in Beziehung treten«. Das aber besagt dann: »In dem Maße, als Menschen unter sich Kommunikation gewinnen, ist das Eine verwirklicht.« Und es besagt: »Was verbindet, das führt zum Einen.« Andererseits jedoch führt das Eine zum Fanatismus, »wo es zum numerisch Einen wird und sich die besondere Gestalt in der Welt gibt«. Hier sieht Jaspers gar »sozusagen die Teufelei in der biblischen Religion durch alle Zeiten«, nämlich sofern sie mit dem Gedanken und Anspruch der Ausschließlichkeit verknüpft ist: »nur dies eine und die andern nicht«.[36]

Bemerkenswert ist schließlich, was Jaspers offensichtlich nicht für geeignet hält, zur Chiffre zu werden. Wir finden diesen Gedanken im Zusammenhang seines Versuchs, die »Notwendigkeit des Scheiterns« zu deuten.[37] Während sich verschiedene Gestalten des Scheiterns als unumgängliche Folgen von Endlichkeit und Freiheit in Bezug auf die Transzendenz (Jaspers spricht hier auch vom Sein) deuten lassen (227–230), benennt Jaspers schließlich »Phänomene des Scheiterns, die nicht deutbar sind« (230). Diese sind »das sinnlose Enden«, »das Versagen von Möglichkeiten« und »die Vernichtung als geschichtliches Ende« (231 f.). Zuerst: »Es gibt nicht nur die

---

[35] K. JASPERS, Philosophie, Bd. 3 (s. Anm. 18), S. 178.

[36] K. JASPERS, Chiffren der Transzendenz (s. Anm. 15), S. 52–58.

[37] Vgl. dazu K. JASPERS, Philosophie, Bd. 3 (s. Anm. 18), S. 226–236. Die folgenden Seitenzahlen im Text beziehen sich darauf. Dabei habe ich die Hervorhebungen in den Zitaten getilgt.

produktive Zerstörung, sondern die schlechthin ruinöse Zerstörung.« Sodann: Das »Versagen von Möglichkeiten« ist dann gegeben, »wenn scheitert, was noch gar nicht da war, aber die Möglichkeit seines Daseins schon kundgab«. Schließlich: Damit wird selbst »die Möglichkeit der Kontinuität des Menschlichen durch Verschüttung aller Dokumente und Spuren« ausgeschlossen.[38] Freilich, selbst dieses nicht deutbare Scheitern muss uns laut Jaspers nicht in Verzweiflung stürzen. Denn es kann, so seine Auffassung, schweigend angenommen werden in der »einfältigsten Seinsgewißheit«, welche in dem Satz gipfelt: »Es ist genug, daß Sein ist.« (236) Dieser bei Jaspers an entscheidenden Stellen in verschiedenen Formulierungen wiederkehrende Satz wird uns in Punkt 8 weiter beschäftigen. Am Ende nur noch diese dialektische Wendung: »Das Nichtsein allen uns zugänglichen Seins, das sich im Scheitern offenbart, ist das Sein der Transzendenz.« (234)

4. Die Transzendenz in ihrer zugänglichen Unzugänglichkeit

(6) *Obwohl Jaspers zufolge prinzipiell alles – wenn auch in unterschiedlichem Maße – zur Chiffre der Transzendenz werden kann, benennt er zudem klare Kriterien für die (positive) Aneignung wie die (negative) Abstoßung bestimmter Chiffren. Hauptsächlich müssen sie einerseits die Transzendenz gegen ihre leibhaftige Depotenzierung wahren und andererseits ihren Heilscharakter zum Ausdruck bringen.*

Wie in Punkt 5 dargestellt, sieht Jaspers nicht nur einen undeutbaren Rest des Scheiterns, da ihm ganz offenkundig überhaupt kein Heilscharakter mehr abgewonnen werden kann. Er sieht zudem, dass Chiffren in sehr unterschiedlichem Maß Transzendenz vergegenwärtigen. Diese Überlegung nun verdient eine tiefer gehende Erörterung. Und diese Erörterung verdient sie nicht zuletzt darum, weil Jaspers häufig vorgehalten wurde und wird, dass den von ihm propagierten Chiffren der Bezugspunkt fehle, an dem sie gemessen werden könnten, und dass demzufolge schließlich alle Chiffren gleich gültig seien.[39] So meint Gerhard Knauss, wenn alles Chiffre sein kön-

---

[38] Die »Vernichtung als geschichtliches Ende« stand Jaspers nach dem Krieg infolge der Existenz der Atombombe drastisch vor Augen, wozu er sich bekanntlich ausführlich geäußert hat.

[39] Auch ich habe in meinem Buch *Der Streit der Religionen – rational entscheidbar? Zum Problem objektiver Beurteilungskriterien für religiöse Aussagenzusammenhänge*, Frankfurt a.M. / Bern / New York 1986, S. 16–23, Jaspers wohl zu sehr

ne, fehle der Bezugspunkt für die Dechiffrierung. Dann »fällt der Unterschied weg zwischen der positiven Chiffre, die Transzendenz signalisiert, und dem Negativen, das Transzendenz verstellt«.[40] Und Rudolf Bultmann hält Jaspers in seiner Auseinandersetzung mit dessen Kritik an seinem Programm der Entmythologisierung vor, dass dieser das hermeneutische Problem »nicht wirklich« erfasst habe. Mit seinem »Zauberwort« der Chiffre vernebele Jaspers eher das hermeneutische Problem als dass er es erhelle. »Mit der Definition des Mythos als Chiffre der Transzendenz ist die Aufgabe der Interpretation erst angedeutet, aber keineswegs schon erledigt.« Denn die Frage sei doch, ob die Vielzahl der Chiffren nicht gleichgültig ist »gegenüber der Tatsache, daß alle Mythen nur Chiffren der Transzendenz sind«. Wie soll der von Jaspers benannte »geistige Kampf« im Reich der Mythen aussehen? »Gilt es nicht, die verschiedenen Mythologien hinsichtlich des in ihnen sich aussprechenden Existenzverständnisses zu interpretieren?«[41]

Letztere Frage würde Jaspers sicher bejahen, wenn mit der Interpretation zugleich eine Bewertung verbunden ist. Auch wenn prinzipiell alles zur Chiffre werden kann, so sind Chiffren gleichwohl zu bewerten nach dem Maß, in welchem sie menschliche Existenz im Blick auf ihr Heil fördern oder hindern. »Das einzige Wahrheitskriterium, das Jaspers für Aussagen über Transzendenz gelten lässt, liegt in der Frage, was aus mir oder was aus uns Menschen würde, wenn wir diese Aussagen uns zu eigen machen würden, ob es zu unserem Heil oder Unheil, aufbauend oder verhängnisvoll wäre.«[42] Freilich, zu unserem Unheil würde es nach Jaspers in jedem Fall gereichen, wenn wir, wie immer wieder betont, die Transzendenz in die Immanenz hineinziehen. D.h. am Beispiel von Jesus bzw. Christus: »Jesus als Chiffer oder Jesus Christus als leibhaftiger Gott, das ist zu entscheiden.« Und natürlich

---

als relativistisch interpretiert und bin ihm damit zumindest nicht ganz gerecht geworden, obwohl es gewiss viele relativistische Formulierungen bei ihm gibt.

[40] GERHARD KNAUSS, Chiffren der Transzendenz, in: »Wahrheit ist, was uns verbindet« (s. Anm. 10), S. (183–196) 195.

[41] RUDOLF BULTMANN, Zur Frage der Entmythologisierung. Antwort an Karl Jaspers, in: K. Jaspers / R. Bultmann, Die Frage der Entmythologisierung (s. Anm. 27), S. (83–97) 86–88.

[42] ANTON HÜGLI, Glaube, Unglaube und Wissen – ein Leitthema in Jaspers' Baseler Jahren, in: »Wahrheit ist, was uns verbindet« (s. Anm. 10), S. (164–182) 175.

ist für Jaspers die Entscheidung völlig klar: »Für unser Philosophieren ist es unmöglich, Christus als Chiffer zu denken.«[43]

Bemerkenswert ist nun, dass Jaspers Jesus als Chiffre mustergültigen Menschseins zwar für insgesamt außerordentlich überzeugend hält,[44] jedoch gleichwohl in bestimmter Hinsicht für defizient. Und zwar betrifft dieses Defizit Jesu den Umfang der liebenden Kommunikation als »Erfüllung des Daseins«. Danach betont Jesus Jaspers zufolge zwar »die passive Seite, das Dulden und Leiden, und andererseits die allgemein tätige Hilfe«. Was er hingegen nicht im Blick hat, ist »die Communication der darin sie selbst werdenden einzelnen Menschen. Seine Communication bleibt unpersönlich, ohne Sinn für die Geschichtlichkeit der je besonderen in der Welt sich verwirklichenden Communication.«[45] Mag diese Kritik auch etwas kryptisch sein: Man erkennt an ihr nicht nur, welch große Bedeutung nach Jaspers die Kommunikation für das Menschsein hat – dazu mehr im folgenden Punkt. Man erkennt zudem, dass diese Einschätzung Jaspers' zugleich als Bewertungsmaßstab für die vielfältigen, eben nicht gleich gültigen, vielmehr mehr oder weniger überzeugenden Chiffren der Transzendenz gilt.

(7) *Wie bereits angesprochen, hält Jaspers die Transzendenz für prinzipiell unzugänglich. Indessen hält er sie für durchaus erfahrbar: in der Freiheit, in der Kommunikation sowie in der Liebe.*

Sicher macht Werner Schüßler zu Recht auf einen Widerspruch in Jaspers' Position aufmerksam. Denn wenn für Jaspers die Transzendenz für unser Erkennen prinzipiell unzugänglich ist, erhebt sich unweigerlich die Frage, inwiefern wir überhaupt etwas über sie sagen können. Schüßler spitzt wie folgt zu: »Kommt unseren Aussagen über Gott aber nicht der geringste positive Erkenntniswert zu, dann stellt sich die Frage, mit welchem Recht ich die Existenz Gottes noch annehmen kann. Denn die Existenz Gottes annehmen setzt doch voraus, dass man irgendeinen Begriff, und das heißt letztlich, irgendeine positive Erkenntnis von diesem Gott hat. Hier

---

[43] K. JASPERS, Der philosophische Glaube angesichts der Offenbarung (s. Anm. 3), S. 271. Entsprechend lehnt Jaspers selbstverständlich auch die »Chiffer der Trinität«, die »in das Sein der Transzendenz eindringen« will«, ab. Vgl. a.a.O., S. 295.

[44] Vgl. dazu KARL JASPERS, Die maßgebenden Menschen: Sokrates, Buddha, Konfuzius, Jesus, München / Zürich ⁹1986, bes. S. 165–207. Vgl. weiter K. JASPERS, Chiffren der Transzendenz (s. Anm. 15), bes. S. 104–106.

[45] K. JASPERS, Grundsätze des Philosophierens (s. Anm. 11), S. 482.

scheint die Position von Jaspers widersprüchlich, denn das *Dass* Gottes steht für ihn außer Frage.«[46]

Auf den ersten Blick scheint der von Schüßler namhaft gemachte Widerspruch unverkennbar. Auf den zweiten Blick allerdings wird er zweifelhaft, da er sich auch als Folge einer der bei Jaspers beliebten paradoxen Formulierungen erweisen könnte. Denn sicher ist die Transzendenz für Jaspers dem Erkennen unzugänglich, da sie ja bekanntlich kein Gegenstand in der Welt ist. Aber ebenso sicher ist sie dem Menschen nicht völlig unzugänglich, da sie als höchste Idee eben eine Idee des Menschen ist. Und als solche ist sie für die Menschen erfahrbar, fühlbar – wie Jaspers des Öfteren sagt. Erfahrbar aber ist sie besonders in den »Geschenken« der Freiheit, der Kommunikation sowie der Liebe.

Die Freiheit zunächst kann nach Jaspers nur als geschenkte wirklich werden. Denn sie ist weder eine feststellbare oder auch nur nachweisbare Tatsache, noch kann ich sie aus mir heraus erlangen, da ich in der Welt bin, Freiheit jedoch über die Welt hinausreicht, indem sie nicht zuletzt Freiheit von den Grenzen der Welt ist.[47] In der folgenden Passage, in welcher Jaspers (noch) den Ausdruck »Gott« verwendet, heißt es hierzu: »Die Gottbezogenheit des Menschen ist nicht eine naturgegebene Eigenschaft. Weil sie nur ineins ist mit der Freiheit, leuchtet sie jedem einzelnen erst auf, wo er den Sprung vollzieht aus seiner bloß vitalen Daseinsbehauptung zu sich selbst, das heißt dorthin, wo er eigentlich frei von der Welt nun erst der Welt ganz offen wird, wo er unabhängig von der Welt sein kann, weil er gebunden an Gott lebt. Gott ist für mich in dem Maße, als ich eigentlich existiere.«[48] Kurz

---

[46] WERNER SCHÜSSLER, Chiffer, Symbol und »analogia entis«. Karl Jaspers und Paul Tillich im Vergleich, in: Jahrbuch der Österreichischen Karl-Jaspers-Gesellschaft 20 (2007), S (75–108) 87. Vgl. in derselben Weise auch DERS., Karl Jaspers und die Chiffern der Transzendenz, in: Karl Jaspers. Grundbegriffe seines Denkens, hg. u. eingel. v. Hamid Reza Yousefi, Reinbek 2011, S. (113–126), bes. S. 125 f. Dass Schüßler das Scheitern des Denkens von Jaspers in Bezug auf Gott in dessen »Preisgabe des Analogiegedankens« begründet sieht, kann hier dahingestellt bleiben.

[47] Jaspers gebraucht in dem Zusammenhang übrigens zuweilen die an Paulus erinnernde Formulierung, wonach wir als freie Menschen zwar in der Welt, aber nicht von der Welt seien.

[48] KARL JASPERS, Einführung in die Philosophie. Zwölf Radiovorträge, München / Zürich ^{27}1988 (^{1}1950), S. 51.

gesagt: Indem ich Freiheit erfahre, erfahre ich Transzendenz, erfahre ich mich als verdankte, geschenkte Existenz.

Kommunikation sodann ist ihrer Intention nach grenzenlos, ist offen, schließt sich den Anderen gegenüber nicht ab, will sie nicht dominieren, schon gar nicht durch Wahrheitsansprüche, die als endgültig, als geoffenbart und gar als ausschließlich vorgebracht werden. Für Jaspers steht die so bezeichnete Kommunikation im engen Zusammenhang mit der Liebe, ist anders gesagt eine ihrer Ausdrucksformen. Jaspers redet hier gern vom »liebenden Kampf«, den er scharf vom Kampf ums Daseins abgrenzt. Während es in diesem um Gewalt, List und Trug »und ein Verhalten gegen den Anderen als Feind« geht, handelt es sich in jenem um »restlose Offenheit, um die Ausschaltung jeder Macht und Überlegenheit, um das Selbstsein des Anderen so gut wie um das eigene. In diesem Kampf wagen beide rückhaltlos sich zu zeigen und infragestellen zu lassen.«[49] Jaspers hat diesen »liebenden Kampf« vor allem in der Kommunikation mit drei Personen erfahren: mit seinem Kommilitonen und späteren Schwager Ernst Mayer,[50] mit seiner Schülerin und späteren Freundin Hannah Arendt[51] sowie weit über alle anderen hinaus mit seiner Frau Gertrud. Auf sie hat Jaspers 1967 einen virtuellen »Nachruf« verfasst, aus dem jetzt einige Sätze als besonders eindrückliche Charakterisierung des »liebenden Kampfes« zitiert seien:

»Mitte und Wirklichkeit war ihr die Liebe, die Liebe des Menschen, der durch sie mehr wird als sich wandelndes und vergängliches Dasein. – Diese Liebe war ganz Hingabe, zu jedem Opfer fähig, – aber zugleich eine strenge Liebe, die den Geliebten in eine helle, reine Luft brachte, eine kämpfende Liebe, die den Geliebten nicht nahm, wie er nun einmal ist, sondern ihn mit sich selbst unter ein ungeschriebenes unformalistisches Gesetz stellte, die unerbittliche Wahrhaftigkeit. Wen sie liebte, der konnte sich auf sie verlassen. Aber er mußte die härtesten, fragenden Angriffe nicht etwa freundlich

---

[49] KARL JASPERS, Philosophie, Bd. 2: Existenzerhellung, München / Zürich 1994 ([1]1932), S. 65. Vgl. auch a.a.O., S. 233–246, bes. 241–243.

[50] Vgl. dazu KARL JASPERS, Philosophische Autobiographie, in: ders., Philosophie und Welt. Reden und Aufsätze, München 1958, S. (275–402) 322 f.

[51] Vgl. a.a.O., S. 361 f.

ertragen, sondern vor ihnen bestehen. In ihrer Liebe wurde besser, wer sie zu erfahren vermochte.«[52]

Freiheit, Kommunikation und Liebe bzw. liebende Kommunikation bezeichnen nach Jaspers Erfahrungsräume der Transzendenz. Hier findet der Mensch zu sich selbst, indem er – traditionell gesprochen – zu Gott sowie zum Anderen findet. So gewiss also Transzendenz jedem Denken bzw. Erkennen unzugänglich ist, so gewiss ist ihre Nähe heilsam erfahrbar in Freiheit, Kommunikation und Liebe.

(8) *Jaspers versteht die Transzendenz ungeachtet ihrer Unzugänglichkeit zutiefst als Heilswirklichkeit. Das zeigt neben seinem nachdrücklichen Plädoyer für den philosophischen Glauben grundlegend sein bereits erwähnter, mehrfach wiederkehrender Satz: Dass Gott bzw. Sein bzw. Transzendenz ist, ist genug.*

In seinen schließlich unveröffentlichten *Grundsätzen des Philosophierens* redet Jaspers, wie in Punkt 2 erläutert, nicht nur ausführlicher als später von bestimmten »Glaubensgehalten«, sondern auch unverblümter von Gott. So heißt es, um nur zwei markante, beinahe definitorische Stellen zu zitieren, zum einen: Gott »als die Wirklichkeit schlechthin« »ist das Sein, das noch im Abbruch des Lebens, noch im Augenblick, wo die eigene Aktivität erlöscht, noch im Scheitern dieses einzelnen Daseins das Vertrauen lassen kann: es ist am Ende alles in Ordnung«. Und zum anderen: »Gott ist das Sein, an das restlos mich hinzugeben, die eigentliche Weise der Existenz ist. An was ich mich hingebe in der Welt, bis zum Einsatz meines Lebens, das steht in Bezug auf Gott.«[53]

Mag nun Jaspers in späterer Zeit den Ausdruck Gott sowie dessen positive Charakterisierung eher vermieden haben zugunsten des weniger bestimmten Ausdrucks der Gottheit bzw. der zutiefst verborgenen Transzendenz,[54] so hält er jedenfalls über die Zeiten hinweg unvermindert am Begriff

---

[52] KARL JASPERS, Leben als Grenzsituation. Eine Biographie in Briefen, hg. u. eingel. v. Matthias Bormuth, Göttingen 2019, S. (307–309) 308 (Den ersten Absatz habe ich durch einen Gedankenstrich ersetzt). – Gertrud Jaspers starb übrigens hochbetagt 1974 mit 95 Jahren.

[53] K. JASPERS, Grundsätze des Philosophierens (s. Anm. 11), S. 27 u. 75. – Das zweite Zitat erinnert stark an Luthers Bestimmung des Gottesbegriffs in der Auslegung des ersten Gebots im Großen Katechismus.

[54] Nach Matthias Bormuths einleitenden Bemerkungen zum »Nachruf« Jaspers' auf seine Frau ist diese Zurücknahme stark durch seine in der jüdischen Tradition

des (philosophischen) Glaubens fest. Dieser Glaube, so deutlich er sich vom Offenbarungsglauben abgrenzt, ist für ihn eine zum Menschen gehörende positive Grundhaltung,[55] die als solche im diametralen Gegensatz zum drohenden Nihilismus als radikalster Ausdrucksweise des Unglaubens steht.[56]

---

stehende Frau beeinflusst: »sie habe ihrem Mann die jüdische Scheu vor dem unnützen Gebrauch des Gottesnamens nahegebracht« (K. JASPERS, Leben als Grenzsituation [s. Anm. 52], S. 306).

[55] Vgl. K. SALAMUN, Karl Jaspers (s. Anm. 3), S. 111: »Der philosophische Glaube erscheint als eine lebensbejahende Grundstimmung, man könnte ihn als spontan-naives, unmittelbares Seinsvertrauen oder als fundamentale Lebenszuversicht bezeichnen. Diese Zuversicht verlässt den Menschen auch angesichts der im Scheitern alles objektiven Weltseins und Weltwissens erlebten Angst und Sinnlosigkeit nicht.« (Hervorhebungen getilgt) Vgl. in derselben Weise auch DERS., Der philosophische Glaube als zentrale Komponente von Karl Jaspers' Menschenbild, in: Glaube und Wissen (s. Anm. 28), S. (165–178) 167.

[56] Hin und wieder gewinnt man den Eindruck, dass Jaspers den Nihilismus als Gegner des Glaubens unterschätzt. So wenn er behauptet, der Mensch lebe »nicht ohne Glauben. Denn auch der Nihilismus als Gegenpol des Glaubens ist doch nur in bezug auf möglichen, aber verneinten Glauben.« (K. JASPERS, Vom Ursprung und Ziel der Geschichte [s. Anm. 6], S. 201) Vgl. in diese Richtung auch DERS., Kleine Schule des philosophischen Denkens (s. Anm. 24), S. 38: »Philosophierend können wir uns nie den Unheilspropheten unterwerfen. Weil ich nicht weiß, darf ich hoffen«. Freilich sieht er den Nihilismus auch als gefährlichsten Gegner des Glaubens; vgl. K. JASPERS, Der philosophische Glaube (s. Anm. 10), S. 90–116, etwa: »Während Dämonologie und Menschenvergötterung einen Glaubensersatz bringen, heißt die offene Glaubenslosigkeit der Nihilismus. Er wagt es, aufzutreten ohne Verkleidung. Alle Glaubensinhalte sind ihm hinfällig geworden, alle Auslegungen der Welt und des Seins hat er als Täuschung entlarvt; alles ist ihm bedingt und relativ; es gibt keinen Boden, kein Unbedingtes, kein Sein an sich. Alles ist fraglich. Nichts ist wahr, alles ist erlaubt.« (103 f.) Und: »der offenbare Nihilismus ist unwiderlegbar, wie umgekehrt kein Glaube beweisbar ist« (108). Vgl. in derselben Weise auch K. JASPERS, Grundsätze des Philosophierens (s. Anm. 11), S. 425. Vgl. schließlich auch A. HÜGLI, Von der Subjektivität des Glaubens und der Objektivität des Wissens (s. Anm. 34), S. 146–150, wo er auf die Aktualität der Überlegungen Jaspers' zum Problem von Glauben und Wissen hinweist. Dort heißt es u.a.: »Den Kampf gegen den transzendenzlosen Naturalismus zu führen, ist die Losung, die heute Denker verschiedenster Provenienz eint. Es ist, unter heutigen Vorzeichen, die Fortsetzung des Kampfes gegen den Unglauben, den Jaspers begonnen hat. Und wie bei Jaspers soll dieser Kampf nicht durch Rückkehr zu einem dogmatischen oder apologetischen Gottesglauben

Und noch in seiner 1949 erstmals erschienenen geschichtsphilosophischen Abhandlung *Vom Ursprung und Ziel der Geschichte* erläutert Jaspers kurz drei »Grundkategorien ewigen Glaubens«, und zwar: 1. den Glauben an Gott bzw. die Gottheit, die »Ursprung und Ziel«, die »die Ruhe« ist. »Dort ist Geborgenheit. Es ist unmöglich, daß dem Menschen die Transzendenz verloren geht, ohne daß er aufhört, Mensch zu sein«; 2. den Glauben an den Menschen, der nun keineswegs irgendeine »Menschenvergötterung« meint, sondern den Glauben an die menschlichen »Möglichkeiten aus der Freiheit«, und der als solcher den Glauben an die Gottheit voraussetzt, »durch die er ist«; schließlich 3. den Glauben an die Möglichkeiten in der Welt, wiederum nicht etwa als Glaube an die Welt »als selbstgenügsames Wesen«, vielmehr als eine »Stätte von Aufgaben«, als Stätte, die »selber aus der Transzendenz« ist.[57]

In den Zusammenhang der Reduktion des Gottesverständnisses sowie der Glaubensinhalte gehört schließlich der von Jaspers wiederholt festgehaltene fundamentalste, unverrückbare Glaubenssatz: Dass Gott ist, das ist genug.[58] Beiläufig bemerkt sei, dass sich Jaspers dabei ausdrücklich auf die biblische Tradition, nämlich auf Jer 45,1-5, bezieht. Ob Jaspers diesen Dialog Jeremias mit seinem Schüler Baruch angemessen interpretiert, ist hier ohne Belang. Die Intention ist jedenfalls klar: Baruch soll sich gerade angesichts des fürchterlichen Leids, das ihn und den Propheten trifft, bescheiden. Denn wenig ist notwendig, eigentlich nur eins: Dass Gott ist. Das ist gleichsam das unerschütterliche Fundament des Glaubens, auf dem der Mensch im Leben wie im Sterben stehen kann, mag ihm auch sonst in jeder Weise der Boden entzogen werden. Damit zeigt sich einmal mehr (wie bereits in Punkt 7), dass Jaspers trotz aller Zurückhaltung in Bezug auf irgend-

---

geführt werden, sondern durch eine wiederbelebende Aneignung der überlieferten religiösen Gehalte.« (149)

[57] K. JASPERS, Vom Ursprung und Ziel der Geschichte (s. Anm. 6), S. 204 f.

[58] Vgl. etwa K. JASPERS, Philosophie, Bd. 3 (s. Anm. 18), S. 236: »Es ist genug, daß Sein ist. Zwar Wissen von der Gottheit wird Aberglaube; aber Wahrheit ist, wo scheiternde Existenz die vieldeutige Sprache der Transzendenz in die einfältigste Seinsgewißheit zu übersetzen vermag«, die eben in jenem geradezu unerschütterlichen Satz besteht. – Vgl. zudem die Einleitung des Herausgebers, BERND WEIDMANN, in: K. Jaspers, Schriften zum philosophischen Glauben (s. Anm. 13), S. (VII–CX) XIV, wo dieser auch auf Jaspers' enge Beziehung zum Wort Jeremias an Baruch hinweist: »Der Satz ›Dass Gott ist, das ist genug‹ wurde Jaspers zur Glaubenshaltung, die sein Leben bestimmen sollte. So überrascht es nicht, dass sie gerade in den Texten des vorliegenden Bandes immer wieder begegnet.«

welche Aussagen über die Transzendenz diese zutiefst als Heilswirklichkeit versteht.

5. Kritische Würdigung: Das Projekt der Weltphilosophie und seine Weiterentwicklung

(9) *Chiffren der Transzendenz entdeckt Jaspers zunächst vornehmlich in der abendländischen Tradition, wie sie in der Bibel, in der Mythologie, in Kunst und Dichtung sowie in der Philosophie begegnet. Aber auch die fernöstlichen Traditionen, besonders in China und Indien, gewinnen für ihn nicht zuletzt durch das Konzept der »Achsenzeit« zunehmend an Bedeutung. Von daher projektiert er in seinen späteren Schriften eine »Weltphilosophie« einschließlich der zugehörigen »Weltgeschichte der Philosophie«, zumal Philosophie für ihn wesentlich als universale, grenzenlose Kommunikation zu verstehen und als »philosophia perennis« in allen Traditionen, wenn auch nicht direkt greifbar, gegenwärtig ist.*

Jaspers hat sich über das Projekt der Weltphilosophie »nur andeutungsweise geäußert«. »Er ließ jedoch keinen Zweifel daran, dass es sich bei diesem Projekt um das zentrale Anliegen seines gesamten späteren Philosophierens handelt.«[59] Dabei führt er, soweit ich sehe, vor allem drei Argumente für sein Projekt an: 1. Philosophie ist wesentlich universale, grenzenlose, also letztlich weltweite Kommunikation. 2. Philosophie ist als »philosophia perennis« wesentlich eine. 3. Die Menschheit ist ideell spätestens seit der Achsenzeit eine Einheit; mittlerweile ist sie auch real eins.

1. »Vernunft fordert grenzenlose Kommunikation, sie ist selbst der totale Kommunikationswille.« Und weiter wie bereits in anderem Zusammenhang (s. Punkt 1) zitiert: »Weil wir in der Zeit die Wahrheit als die eine ewige Wahrheit nicht im objektiven Besitz haben können, und weil das Dasein nur mit anderem Dasein möglich ist, Existenz nur mit anderer Existenz zu sich selbst kommt, so ist Kommunikation die Gestalt des Offenbarwerdens der

---

[59] ANDREAS CESANA, Jaspers' Projekt »Weltphilosophie«: Paradigma interkultureller Kommunikation?, in: Karl Jaspers' Philosophie: Gegenwärtigkeit und Zukunft / Karl Jaspers's Philosophy: Rooted in the Present, Paradigm for the Future: Beiträge zur / Papers presented at Fourth International Jaspers Conference, Boston (Mass.), 10–16 August 1998, hg. v. Richard Wisser u. Leonard H. Ehrlich, Würzburg 2003, S. (223–232) 224.

Wahrheit in der Zeit.«[60] Auch wenn Jaspers den Begriff der Weltphilosophie »nirgends definiert« haben mag,[61] so ist die Zielrichtung seines Projekts gleichwohl klar erkennbar. Kommen die Menschen nur in der Kommunikation zu sich selbst,[62] so gleichermaßen auch die Philosophie; diese aber bedarf des universalen, weltweiten Horizonts, andernfalls wird sie dem Anspruch der Vernunft nicht gerecht.

2. Nach Jaspers sucht das rechte Philosophieren in der Geschichte »die philosophia perennis, die niemand zu seiner Verfügung hat, und die doch immer da ist«. Diese sieht er vor allem dadurch gekennzeichnet, dass die großen Philosophen »in ihrem Geistergespräch miteinander durch die Jahrtausende« »in einem Gemeinsamen« leben. Und es »ist die philosophia perennis, welche die Gemeinsamkeit schafft, in welcher die Fernsten miteinander verbunden sind.« Sie ist gleichsam »ein tiefer Grundton, der alles mit allem verbunden sein läßt. Was dieses sei, ist aber nicht geradezu zu fassen. Es ist das Philosophieren selbst, das eines ist in aller Kommunikation der mannigfachen Gestalten.«[63] Um den Gedanken der philosophia perennis zu fundieren, will Jaspers die erstrebte Weltphilosophie durch eine Weltgeschichte der Philosophie flankieren. Dort jedenfalls will er das alle großen

---

[60] K. JASPERS, Der philosophische Glaube (s. Anm. 10), S. 39 (Hervorhebung getilgt). – Auf den Unterschied zwischen Dasein und Existenz brauche ich hier nicht weiter einzugehen.

[61] Vgl. G. TEOHAROVA, Karl Jaspers' Philosophie auf dem Weg zur Weltphilosophie (s. Anm. 5), S. 59.

[62] Vgl. dazu auch CHRISTIAN RABANUS, Karl Jaspers und die Kommunikation, in: Karl Jaspers. Grundbegriffe seines Denkens (s. Anm. 46), S. 83–96.

[63] KARL JASPERS, Weltgeschichte der Philosophie. Einleitung. Aus dem Nachlaß hg. v. Hans Saner, München 2013, S. 64. Vgl. auch a.a.O., S. 62 f., wo Jaspers noch zwei weitere Aspekte der philosophia perennis benennt, die hier aber nicht von Belang sind. Vgl. auch KARL JASPERS, Die großen Philosophen, Teilbd. 1: Die maßgebenden Menschen: Sokrates, Buddha, Konfuzius, Jesus (KJG I/15.1), hg. v. Dirk Fonfara, Basel 2022, S. 56: »Durch die Bewegung in der Zeit geht das ewig gegenwärtige Wahrsein. Der historisch bestimmbare, ständig wechselnde Ort trägt in sich den gleichbleibenden ewigen Ort.« Vgl. zudem Teilbd. 2: Aus dem Ursprung denkende Metaphysiker: Anaximander, Heraklit, Parmenides, Plotin, Anselm, Spinoza, Nagarjuna (KJG I/15.2), hg. v. Dirk Fonfara, Basel 2022, S. 644: »Weil das Ewige und Ungeschichtliche der Sinn dieses [des metaphysischen; W.P.] Denkens ist, es sich selber über alle Geschichte erhebt, ist die Verwandtschaft der Metaphysiker nicht an einen Kulturkreis, nicht an das Abendland gebunden.«

Philosophen bzw. alle bedeutende Philosophie Verbindende aufsuchen, ohne dass es genau zu erfassen ist. »Die Arbeit an der Weltgeschichte der Philosophie, in der ich zur Zeit stehe, verstärkte das Bewußtsein, das mir seit der Beschäftigung mit chinesischer Philosophie in den dreißiger Jahren natürlich und fraglos wurde: Wir sind auf dem Wege vom Abendrot der europäischen Philosophie zur Morgenröte der Weltphilosophie.«[64]

3. »Auch mit der Achsenzeitthese verfolgt Jaspers eine moralisch-politische Absicht. Durch Bewusstmachung der Achsenzeit der Weltgeschichte möchte er einen gemeinsamen Rahmen geschichtlichen Selbstverständnisses für Völker mit verschiedenen kulturellen Traditionen schaffen. Vom Bewusstsein der Achsenzeit sollen Impulse ausgehen, die den engstirnigen Partikularismus und die Ausschließlichkeitsansprüche politisch-weltanschaulicher, kultureller, religiöser und nationaler Positionen in der Gegenwart überwinden helfen und die universale Kommunikation zwischen verschiedenen ›Welten‹ und Kulturen fördern.«[65] »Eine Achse der Weltgeschichte«, die Jaspers für den Zeitraum vom 8.–2. Jahrhundert v.u.Z. ansetzt, wäre eine universale Grundlage, unabhängig von Glaubensinhalten, Weltanschauungen, politischen Systemen. »In diesem Zeitalter wurden die Grundkategorien hervorgebracht, in denen wir bis heute denken, und es wurden die Ansätze der Weltreligionen geschaffen, aus denen die Menschen bis heute leben. In jedem Sinne wurde der Schritt ins Universale getan.«[66]

Einerseits also ist die Achsenzeit für Jaspers ein empirischer Tatbestand, der historisch, will sagen wissenschaftlich zu prüfen ist. Andererseits freilich ist sie eine normative Größe, die als solche als Orientierungsrahmen für eine geeinte Menschheit wie eine gemeinsame Weltphilosophie dienen soll. Darüber hinaus aber ist die Menschheitsgeschichte mittlerweile empirisch real eine Einheit. »Unsere geschichtlich neue, erstmals entscheidende Situation ist die reale Einheit der Menschheit auf der Erde.« »Die Weltgeschichte als eine einzige Geschichte des Ganzen hat begonnen.« Und endlich: »Alle wesentlichen Probleme sind Weltprobleme geworden, die Situation eine Situation der Menschheit.«[67] Da hiermit universale Kommunikation

---

[64] K. JASPERS, Philosophische Autobiographie (s. Anm. 50), S. 386.

[65] KURT SALAMUN, Einleitung des Herausgebers, in: K. Jaspers, Vom Ursprung und Ziel der Geschichte (s. Anm. 6), S. (VII–XXII) XVIII f.

[66] K. JASPERS, Vom Ursprung und Ziel der Geschichte (s. Anm. 6), S. 18; vgl. auch a.a.O., S. 32 f.

[67] A.a.O., S. 122.

real möglich geworden ist, stellt sich die Aufgabe, solche Kommunikation nicht nur politisch, sondern auch philosophisch zu verwirklichen, m.a.W. Philosophie als Weltphilosophie zu konzipieren.

(10) *Die Kritik an Jaspers richtet sich gegen seine unklare Begrifflichkeit, gegen die Beliebigkeit der Chiffren, gegen die Unzugänglichkeit der Transzendenz sowie gegen die Enge seines Projekts einer Weltphilosophie. Diese Kritik ist zum Teil berechtigt. Jedoch zumindest mit dem letztgenannten Projekt weist Jaspers in eine so wichtige wie richtige Richtung.*

»Jaspers bemüht sich oft gar nicht, wichtige Begriffe seines Philosophierens explizit und exakt zu bestimmen.«[68] Das hängt sicher damit zusammen, dass er mit dem von ihm Gesagten indirekt auf Unsagbares weisen will, dass er letztlich immer im Blick auf die Transzendenz philosophiert, die sich ohnehin begrifflich nicht erfassen lässt. Wie bereits eingangs gesagt, erhält philosophische Sprache von daher für Jaspers einen »schwebenden« Charakter, macht bloß »fühlbar«, was sich nicht genau sagen lässt. Und auch darin unterscheidet sie sich von der Wissenschaft.

Indessen sind mit solchen Ansinnen nicht nur Gefahren verbunden, nämlich einmal die Gefahr, dass die entsprechenden Aussagen nicht seriös zu interpretieren sind, zum anderen die Gefahr, dass sie nicht griffig zu kritisieren sind.[69] Es liegt m.E. zudem ein Kategorienfehler vor. Denn es geht offensichtlich nicht darum, das Unsagbare, die Transzendenz, genau zu erfassen, was in der Tat unsere Erkenntnismöglichkeiten weit überfordern würde. Es geht vielmehr darum, unser *Sprechen* über das Unsagbare eingedenk seiner prinzipiellen Unzulänglichkeit so präzise und klar wie irgend möglich zu gestalten. Es geht demzufolge, anders gesagt, um die Klarheit und Präzision unseres Sprachgebrauchs und damit nicht zuletzt um die für Jaspers so wichtige Kommunikabilität. Dass hingegen Jaspers mit seiner nicht selten unklaren, nebulösen Ausdrucksweise Kommunikation eher behindert als befördert, muss an dieser Stelle kritisch festgehalten werden.

---

[68] K. SALAMUN, Karl Jaspers (s. Anm. 3), S. 34.

[69] Vgl. a.a.O., S. 35: »Eine Philosophie, deren Aussageinhalte relativiert werden müssen, weil die Aussagen nur eine indirekte Mitteilungsfunktion [...] auf ein Ungegenständliches und Unsagbares haben sollen, entzieht sich jeglicher noch so ernst gemeinter Interpretationsbemühung.« Und Salamun sieht sowohl für Jaspers wie für alle, »die durch Aufheben der Bedeutung des direkt Gesagten indirekt auf ein Undenk- und Unsagbares hinweisen wollen«, die Gefahr, »dass ihre Aussagen in ihren Inhalten gar nicht mehr diskutierbar und dadurch gegen jedes kritische Argument immunisiert sind« (30).

Ist dies festgehalten, dann lassen sich andere einschlägige Einwände gegen Jaspers zumindest relativieren. Dass demnach die prinzipiell überall auffindbaren Chiffren der Transzendenz letztlich beliebig bleiben; dass die Transzendenz selber gänzlich unbestimmt bleibt: Solcherart Vorwürfe wurden bereits unter Punkt 5–8 entkräftet, wenngleich kaum zu bestreiten ist, dass Jaspers' oft unklare Ausdrucksweise zu diesen Vorwürfen einigen Vorschub leistet. Dazu gehört dann auch, dass Jaspers die Kriterien für die Bewertung der Chiffren weder klar (genug) benennt noch gleich gar hinreichend begründet.[70] Jedoch gibt es auch hier Ansätze, die in die richtige Richtung weisen.

Ein Problem, das am Schluss etwas ausführlicher behandelt zu werden verdient, ist Jaspers' spätes Projekt einer Weltphilosophie. Obwohl sein Anliegen, wenigstens was den grenzenlosen Willen zur Kommunikation betrifft, gut begründet sein dürfte, erscheint doch das Vorhaben insgesamt aus mehreren Gründen als fragwürdig. Andreas Cesana unterstreicht diese Fragwürdigkeit, auch wenn er das Projekt als »wichtiges Kapitel« der Vorgeschichte des heutigen Projekts einer interkulturellen Philosophie zu würdigen weiß.[71] Cesana zufolge werden indessen die von Jaspers angenommenen »Einheitsprämissen« weder der »Historizität« noch der »Kulturalität« des Denkens gerecht und erscheinen demzufolge »anderen kulturellen Traditionen als spezifisch abendländisch-westlich« (317). Dabei sind vor allem die Prämissen einer »philosophia perennis«, einer Philosophie, die dem Menschen als solchem zugehört, sowie der Gedanke der Achsenzeit fragwürdig. Eine immer, über alle Zeiten hinweg währende, identische Philosophie *zunächst* gibt es nicht; sie ist nicht mehr als eine verwegene Idee. Ja, selbst die heute noch häufig vertretene abgeschwächte Version, wonach zwar nicht die Antworten, wohl aber die Hauptprobleme der Philosophie über die Zeiten hinweg gleich bleiben, ist heute kaum noch zu halten. Denn auch die Probleme, vor denen Menschen aus unterschiedlichen kulturellen

---

[70] Dieses Problem berührt sich nicht nur eng mit dem Problem der interreligiösen Kriterien; es dürfte sich vielmehr weitgehend überschneiden. Mit diesem Problem habe ich mich seit Anfang der 1980er-Jahre eingehend befasst. Vgl. zuletzt ausführlicher WOLFGANG PFÜLLER, Sieger und Verlierer. Mohammed und Jesus: Ein kritischer Vergleich, Nordhausen ²2016, bes. S. 123–130.

[71] Vgl. ANDREAS CESANA, Karl Jaspers' Idee der Weltphilosophie und das Problem der Einheit des Denkens, in: »Wahrheit ist, was uns verbindet« (s. Anm. 10), S. (315–328) 320; DERS., Jaspers' Projekt »Weltphilosophie«: Paradigma interkultureller Kommunikation? (s. Anm. 59). Die folgenden Seitenzahlen im Text beziehen sich auf diese beiden Aufsätze.

Traditionen stehen, scheinen unterschiedlich zu sein (321 f.). *Sodann* scheint auch eine Philosophie, die dem Menschen als solchem eigen ist, fragwürdig. Denn selbst wenn man sie wie Jaspers »auf ein vages Nachdenken darüber einschränkt, wie wir uns der Welt und unserer selbst bewusst werden und wie wir aus diesem Bewusstsein leben, so bleibt doch die Frage, wie sich der behauptete Tatbestand rechtfertigen lässt« (324). *Schließlich* ist das Konzept der Achsenzeit vor allem aus dem Grunde fragwürdig, weil eine kulturelle Einheit der Menschheit nicht mehr vorauszusetzen ist, weil etwa Fragestellungen, »welche die Philosophie für Grundfragen des Menschseins hielt, aus bestimmten denkgeschichtlichen Konstellationen hervorgegangen sind und in anderen Epochen keine Entsprechung besitzen« (327). Jaspers' Einheitsdenken erscheint folglich aus den eben genannten Gründen eher als vereinnahmend und »nicht als verbindend, sondern als trennend und Kommunikation behindernd. Es kann daher, wenn wir Jaspers beim Wort nehmen, auch aus diesem Grund nicht wahr sein« (328).

Freilich kann Cesana das Projekt von Jaspers am Ende doch noch als zukunftsweisend betrachten. Nämlich dann, wenn man das Einigende »in der Einheit einer Einstellung oder Haltung« sieht, die nun »gerade die kulturelle Vielheit und Vielfalt des Denkens anerkennt« (229). Wenn also Jaspers dementsprechend meint, »das Anliegen der Weltphilosophie bestehe darin, unter Verzicht auf universale, absolute Geltungsansprüche den Boden zu finden, auf dem das Gespräch mit dem nichteuropäischen Denken möglich ist, dann ist damit das Ziel richtig gesetzt« (232).

Nun darf man füglich bezweifeln, ob interkulturelle Kommunikation ohne gemeinsame Probleme wie auch eine verbindende Sprache überhaupt möglich ist, zumal es diese Probleme ethischer oder religiöser Art ganz offensichtlich zur Genüge gibt und zumal man ja nicht annehmen muss, dass diese Probleme über alle Zeiten hinweg identisch sind. Und man wird auch nicht universale mit absoluten Geltungsansprüchen verwechseln dürfen, zumal es solche universalen Ansprüche, und zwar ohne Absolutheitsanspruch, nicht nur in den Wissenschaften, sondern etwa auch in der Ethik (s. Menschenrechte) mit guten Gründen gibt. Und nicht zuletzt auf der religiösen Ebene gibt es sehr wohl universale Geltungsansprüche ohne jeden Absolutheits- bzw. Endgültigkeitsanspruch. Das belegen vor allem bestimmte Konzepte einer pluralistischen Religionstheologie. So avisierte bereits vor mehr als vierzig Jahren (1981) der Religionswissenschaftler und Religionstheologe Wilfred Cantwell Smith eine »Welttheologie«, die seit geraumer Zeit als interreligiöse Theologie firmiert und von einer ganzen Reihe ähnlicher Positionen in verschiedenen religiösen Traditionen ausgeht bzw. zumindest eine ganze Reihe gemeinsamer Probleme nachweisen kann, die jedenfalls bei weitem am besten in »grenzenloser Kommunikation« zwischen den verschiedenen religiösen Traditionen und ihren verschiedenen Geltungsansprüchen erfasst und bearbeitet werden können.[72] Dabei versteht es sich, dass herkömmliche Abgrenzungen zwischen Theologie und Philosophie ihre Bedeutung insoweit verlieren, als es sich wie bei Jaspers um religiöse Philosophien handelt.[73] Denn zumindest interreligiöse Theologie lässt sich ohne Weiteres als eine Form religiöser Philosophie verstehen, da sie allein mit rationalen Mitteln in universaler Kommunikation eine durchgängig möglichst stichhaltig begründete religiöse Theorie zu entwickeln versucht.[74] Insofern hat Jaspers mit seinem Projekt einer Weltphilosophie in eine wichtige und richtige Richtung gewiesen, auch wenn ein solches Projekt selbstverständlich nicht im Entferntesten von einer Person allein realisiert werden kann, sondern vielmehr die weltweite, grenzenlose Kommunikation aller in dieser Richtung Forschenden benötigt – was ja auch ganz im Sinne des Projekts sein dürfte.

---

[72] Vgl. exemplarisch PERRY SCHMIDT-LEUKEL, Wahrheit in Vielfalt. Vom religiösen Pluralismus zur interreligiösen Theologie, Gütersloh 2019. Vgl. dazu meine Besprechung in: Freies Christentum 91 (2019), S. 164–166.

[73] Jaspers selbst hat zwar zeitlebens an einer Abgrenzung zwischen Religion und Philosophie festgehalten – aber dies doch mehr aus äußeren Gründen (Religion steht in Verbindung mit Ritus, Kultus, Institution). Ihm war jedoch durchaus klar, dass das eigentliche Pendant zur Philosophie nicht die Religion, sondern die Theologie ist. Und dort bemerkte er eine mögliche weitgehende Übereinstimmung; vgl. nur K. JASPERS, Der philosophische Glaube angesichts der Offenbarung (s. Anm. 3), S. 511: »Philosophische Beschwörung der Transzendenz und Predigen sind auf das gleiche bezogen. Der Unterschied ist: jene Beschwörung ist freie kritische Bewegung in Chiffern, diese Predigt ist gebundene Verkündigung der Offenbarung.« Indes sieht er diesen Unterschied nicht als unaufhebbar. »Erst wenn in der Kirche die Verkündigung den Charakter von Offenbarungsrealität, Dogma und Bekenntnis abstreift, das heißt, wenn sie selber zur Beschwörung der Chiffern würde, dann würde der Widerstreit zwischen Theologie und Philosophie verschwinden.« – Dass dieser Widerstreit verschwinden *kann*, hat Jaspers zumindest ansatzweise in seinem Dialog mit den liberalen Schweizer Theologen Martin Werner und Fritz Buri erfahren können. Vgl. dazu die Beiträge von Esther R. Suter und Raphael Zager in diesem Band.

[74] Für verschiedene Ansätze in dieser Richtung vgl. WOLFGANG PFÜLLER, GOTT WEITER DENKEN. Stationen interreligiöser Theologie, Nordhausen 2019.

Werner Zager

WAHRHAFTIG VON JESUS REDEN: JENSEITS DER »CHRISTUSSPEKULATION«
Im Gespräch mit Karl Jaspers

Für unser Reden von Jesus als liberal denkende Christenmenschen ist es sicher eine gute Schule, wenn wir das Gespräch nicht nur mit anderen Religionen, sondern gerade auch mit der Philosophie suchen – und zwar mit einer solchen Philosophie, wie sie Karl Jaspers betrieben hat, für die »Religion nicht der Feind [ist], sondern etwas, das sie wesentlich angeht und in Unruhe hält«.[1] Damit ein solches Gespräch gelingt, muss allerdings die Voraussetzung erfüllt sein, dass der jeweilige Gesprächspartner sich nicht »im endgültigen Besitz der Wahrheit« zu sein glaubt.[2] Mag dies für uns eine Selbstverständlichkeit sein, Jaspers hatte seinerzeit im Blick auf seine damaligen theologischen Gesprächspartner offenbar Anlass, mit besonderem Nachdruck darauf hinzuweisen. Zu denken ist hier sowohl an seinen Basler Kollegen von der Theologischen Fakultät, Karl Barth, als auch an seinen Oldenburger Landsmann, den Marburger Neutestamentler Rudolf Bult-

---

[1] KARL JASPERS, Der philosophische Glaube, München / Zürich ⁹1988 (¹1948), S. 61. – Zu Jaspers Sicht der Gestalt Jesu vgl. HERMANN HORN, Philosophischer und christlicher Glaube. Erläutert an dem Verständnis Jesu in der Philosophie von Karl Jaspers, Essen 1961; THOMAS PRÖPPER, Der Jesus der Philosophen und der Jesus des Glaubens. Ein theologisches Gespräch mit Jaspers, Bloch, Kolakowski, Gardavasky, Machovec, Fromm, Ben-Chorin, Mainz 1976; JOSEF ZÖHRER, Der Glaube an die Freiheit und der historische Jesus (RSTh 35), Frankfurt a.M. 1986, bes. S. 106–134.

[2] Siehe K. JASPERS, Der philosophische Glaube (s. Anm. 1), S. 61.

mann. Mit Letzterem führte er ja bekanntlich eine eingehende Debatte über die Frage der Entmythologisierung des Neuen Testaments.³

Der philosophische Glaube, den Jaspers vertritt, hat hinsichtlich des Gehalts seine »geschichtliche Quelle nicht nur im griechischen, sondern auch im biblischen Denken«.⁴ Damit geht einher, dass Jaspers die dogmatische Behauptung ablehnt, Gott habe sich allein in Christus geoffenbart, wie es nicht wenige Wort-Gottes-Theologen behaupteten. Deshalb werden wir bei unserer Auseinandersetzung mit Jaspers' eigenem Nachdenken über Jesus mit seiner Kritik am Offenbarungsglauben und dem damit in Verbindung stehenden Theologumenon der Menschwerdung Gottes einsetzen. Weiter soll die Frage beantwortet werden, ob sich jegliche »Christusspekulation« – um einen Jaspers'schen Terminus aufzugreifen – verbietet, wenn es historisch sachgemäß ist, Jesus als letzten jüdischen Propheten zu beurteilen. Ferner zählt Jaspers Jesus zu den »maßgebenden Menschen« – und zwar neben Sokrates, Buddha und Konfuzius. Welche Begründung gibt er dafür, und kann diese überzeugen? Das gilt es zu diskutieren. Schließlich was ist von der Alternative »Orientierung an Jesus« oder »Nachfolge Jesu« zu halten, die Jaspers aufgestellt hat? Am Ende meiner Ausführungen soll ein zusammenfassendes Resümee stehen, das Jaspers' Jesusverständnis kritisch beleuchtet.

1. Alleinige Offenbarung in Christus?

In seiner letzten Vortragsreihe, die Karl Jaspers an der Universität Basel im Jahr 1961 gehalten hat und die als sein geistiges Vermächtnis beurteilt wird, findet sich folgender langer prägnant formulierter Satz, in dem er zum Ausdruck bringt, was er alles *nicht* glaubt:

»Wenn die christliche Offenbarung für die einzig wahre gehalten wird; wenn die Offenbarung in der Kirche, im Dogma verkündigt wird; wenn die

---

³ Vgl. WERNER ZAGER, Zwischen Kerygma und Mythos. Karl Jaspers' und Rudolf Bultmanns Beitrag zur Debatte über die Entmythologisierung der Bibel, in: Reinhard Schulz / Giandomenico Bonanni / Matthias Bormuth (Hg.), »Wahrheit ist, was uns verbindet«. Karl Jaspers' Kunst zu philosophieren, Göttingen 2009, S. 42–59 = ders., Entwicklungslinien im liberalen Protestantismus. Von Kant über Strauß, Schweitzer und Bultmann bis zur Gegenwart, Leipzig 2017, S. 199–226; ANDREAS GROSSMANN, Bultmann und Karl Jaspers, in: Christof Landmesser (Hg.), Bultmann Handbuch, Tübingen 2017, S. 88–91.

⁴ K. JASPERS, Der philosophische Glaube (s. Anm. 1), S. 34.

gesamte Bibel als auf Christus bezogen gelesen wird; wenn man glaubt, daß Gott sein Volk auserwählt habe, erst als die Juden, dann als die christlichen Kirchen; wenn man meint, daß diese Wahrheit die einzige ist, die der ganzen Menschheit zugehöre, die verkündigt werden müsse, und der die ganze Menschheit einst folgen werde; wenn man das auf Grund der Verheißung für gewiß hält; wenn man meint, Gott sei in Jesus Mensch geworden und heiße dann Christus – so muß ich sagen: all das glaube ich nicht.«[5]

Dass wir als kritisch reflektierende Christenmenschen Jaspers' Bekenntnis seines Nichtglaubens sicher weithin teilen, darf nicht über die anstößige Positionierung von Jaspers hinwegtäuschen. Werden doch hier eine Reihe von Glaubensaussagen negiert, die gemeinhin in Predigt und kirchlichem Unterricht während der Nachkriegszeit in Deutschland vermittelt worden sind. Umso bemerkenswerter erscheint es, dass Jaspers mit seinem Bekenntnis alles dessen, was er nicht glaube, zugleich die Überzeugung verband, selbst ein »guter Protestant« zu sein.[6] Gewiss werden liberal glaubende und denkende Christinnen und Christen dem Basler Philosophen folgen – zumindest in grundsätzlicher Hinsicht. Denn auch für sie ist es nicht überzeugend, angesichts der vielfältigen Verflechtungen der christlichen Religion mit anderen Religionen den Begriff der Offenbarung dem Christentum vorzubehalten. Es geht daher nicht an, Gottes Offenbarung auf Menschwerdung, Kreuzigung und Auferstehung Christi zu beschränken, unter Einschluss eines darauf vorbereitenden Heilshandelns an Israel. Ganz abgesehen davon, dass der Gedanke der Offenbarung nicht unproblematisch ist, da er meist mit einer supranaturalen Gottesvorstellung verknüpft ist. Anders

---

[5] KARL JASPERS, Chiffren der Transzendenz, hg. v. Hans Saner, München ²1972 (¹1970), S. 19. – Vgl. auch Jaspers' Bekenntnis: »Ich glaube nicht an Offenbarung und habe es nie, soweit mir bewußt ist, auch nur der Möglichkeit nach getan.« (K. JASPERS, Der philosophische Glaube [s. Anm. 1], S. 35)

[6] Siehe K. JASPERS, Chiffren der Transzendenz (s. Anm. 5), S. 19. – Das Nein zum Glauben an die Offenbarung Gottes in einer einzigen Gestalt, dem Gottmenschen, schließt für Jaspers »die Zugehörigkeit zur biblischen Religion im persönlichen Treubleiben zu einer der zahlreichen ihr angehörenden Konfessionen« nicht aus, wobei er nicht nur an die christlichen Konfessionen, sondern auch an das Judentum denkt (vgl. KARL JASPERS, Von der Wahrheit [Philosophische Logik, Bd. 1], München 1947, S. 854). Dabei geht es ihm um eine »radikale Verwandlung, Reinigung und Vertiefung dieser biblischen Religion durch ursprünglich glaubenskräftige und redliche Menschen« (ebd.).

sah es dagegen bekanntlich die erste These der Barmer Theologischen Erklärung, die Jesus Christus als die einzige Offenbarung Gottes bekannte.[7]

Mit seiner Ablehnung einer alleinigen Offenbarung in Christus richtete sich Jaspers jedoch nicht nur gegen die Theologie Karl Barths, sondern auch gegen die Rudolf Bultmanns, dessen historisch-kritischen Untersuchungen des Neuen Testaments er gleichwohl zu schätzen wusste. Jaspers hatte nämlich an der von Bultmann aufgestellten Alternative Anstoß genommen, dass Gott entweder nur im Humanismus oder im christlichen Gottesglauben richtig verstanden werde. Bultmann wörtlich: »[...] vom christlichen Glauben aus ist der humanistische Gottesgedanke als Irrtum, als Wahn zu bezeichnen, – sofern er Glaube an Gott sein will.«[8] In dieser Äußerung sah nämlich Jaspers »Jahrtausende der Philosophie« verurteilt, »die da war, bevor es ein Christentum gab«.[9] Aufgrund dieser Geschichte, unabhängig von seiner eigenen inneren Erfahrung, auf die er sich auch beziehen könnte, vertritt Jaspers die Auffassung, »daß der Gottesgedanke ebenso ursprünglich philosophisch ist, wie er theologisch für die Offenbarung in Anspruch genommen wird«.[10] Weiter macht Jaspers gegen den theologischen Satz, dass wir von Gott nur aufgrund seiner Offenbarung wissen, geltend, dass es lange vor und »außerhalb der Welt biblischer Offenbarung [...] Gewißheit von der Wirklichkeit der Gottheit« gegeben habe.[11] Auch hätten viele Menschen innerhalb der christlich-abendländischen Welt »eine Gottesgewißheit ohne die Garantie der Offenbarung vollzogen«.[12] Nach Jaspers, der sich als Anwalt des liberalen Denkens versteht, besteht das »schlechthin Trennende zwischen Liberalität und Orthodoxie« in der jeweils eingenommenen Stellung zum Offenbarungsgedanken. So wendet er sich gegen einen Glauben, »[d]aß Gott sich lokalisiert an Ort und Zeit, einmalig oder in einer Folge von Akten, sich hier und nur hier direkt offenbart habe«, als einen Glauben, »der in der Welt Gott zu

---

[7] Vgl. WERNER ZAGER (Hg.), Universale Offenbarung? Der eine Gott und die vielen Religionen, Leipzig 2013.

[8] RUDOLF BULTMANN, Humanismus und Christentum (1948), in: ders., Glauben und Verstehen. GAufs., Bd. II, Tübingen ⁵1968 (¹1952), S. (133–148) 142.

[9] K. JASPERS, Chiffren der Transzendenz (s. Anm. 5), S. 42.

[10] Ebd.

[11] KARL JASPERS, Einführung in die Philosophie, 11.–20. Tsd. München 1953, S. 40.

[12] Ebd.

einem Objektiven befestigt«.[13] Deshalb können auch Jesu Kreuzestod und Auferstehung kein »objektives Heilsgeschehen« sein, an dem sich das Heil aller Menschen entscheidet.[14]

Aus der Perspektive eines liberalen Christentums ist mit Jaspers der Beitrag der Philosophie für ein verantwortliches Reden von Gott anzuerkennen. Haben sich doch Theologie und Philosophie über Jahrhunderte hinweg in ihrem Bedenken der Gottesfrage immer wieder gegenseitig befruchtet und herausgefordert. Darüber hinaus wird ein liberales Christentum für die eigene Religion keinen Absolutheitsanspruch erheben, sondern eher den Gedanken einer weltweiten Offenbarung Gottes sich zu eigen machen, wenn es nicht vorzieht, auf den Offenbarungsgedanken ganz zu verzichten.[15] Auf jeden Fall stellt sich für die Religionen die Aufgabe, sich auf das einander Verbindende zu besinnen, Unterschiede wahrzunehmen und zu respektieren, das Eigene in der Begegnung mit dem Anderen kritisch zu reflektieren und den eigenen Glaubenshorizont zu erweitern.

2. Menschwerdung Gottes?

Speziell gegen die Vorstellung von der Menschwerdung Gottes in Christus, die von christlicher Seite üblicherweise als der entscheidende Glaubensinhalt ausgegeben wird, wendet sich Jaspers mit einer historischen Argumentation, die sich auf Einsichten der Erforschung des Neuen Testaments und der Alten Kirche stützen kann, wenn er schreibt:

»Das historische Werden der Urgemeinde, die Entstehung des christlichen Glaubens, der nicht schon in der Verkündigung durch Jesus da war,

---

[13] Siehe KARL JASPERS (/ RUDOLF BULTMANN), Die Frage der Entmythologisierung, München 1954, S. 41.

[14] S. a.a.O., S. 47.

[15] Vgl. etwa WOLFGANG PFÜLLER, Viele Religionen – viele Offenbarungen? Sinn und Unsinn der Rede von göttlichen Offenbarungen, in: W. Zager (Hg.), Universale Offenbarung? (s. Anm. 7), S. (65–88) 84: »[...] insofern der Offenbarungsgehalt allem Anschein zufolge durchgängig auf menschlicher Deutung beruht, kann man auch nicht mehr davon reden, dass der göttliche Urheber etwas enthüllt, was andernfalls unzugänglich geblieben wäre bzw. bleiben würde. Da alle menschlichen Deutungen wiederum vorläufig und überholbar bleiben, da es dementsprechend nur vorläufige Kriterien gibt, um etwaige Offenbarungen zu identifizieren, da man sie mit anderen Worten überhaupt nicht sicher als *göttliche* Offenbarungen identifizieren kann, sollte man auch nicht von solchen sprechen.«

sondern erst als Verkündigung des Christus, des Auferstandenen durch die Apostel, liegt historisch in fast völligem Dunkel. Die Berichte von Erscheinungen des auferstandenen Jesus Christus und seiner Himmelfahrt dokumentieren in Legenden und Mythen, was der Glaubensinhalt ist.«[16]

Den Glaubensinhalt habe man maßgeblich darin ausgedrückt gefunden, dass Gott Mensch geworden sei. Ausgehend vom Glauben an die Auferstehung Jesu als Handeln Gottes sei nämlich Gott in den Menschen Jesus zurückinterpretiert worden.[17] Die Glaubensaussage von der Menschwerdung Gottes in Jesus sei dann wiederum zum Ausgang theologischer Auseinandersetzungen geworden, die die Kirche erschüttert hätten, »bis« – so Jaspers –, »unter Ausscheidung der rational eindeutigen, häretisch genannten Formeln, von der Kirche alle sich widersprechenden Momente in die Einheit des Mysteriums hineingezogen wurden«.[18] Bei Letzterem dürfte Jaspers an die Formulierungen des christologischen Dogmas von Chalcedon (451) denken, wo es heißt: »Wir bekennen einen und denselben Christus, den Sohn, den Herrn, den Einziggeborenen, der in zwei Naturen unvermischt, unverwandelt, ungetrennt und ungesondert besteht.«[19] Gerade im Blick auf die im Christentum von Anfang an begegnende Vielfalt von Glaubensvorstellungen urteilt Jaspers folgerichtig: »Die Einheit des Glaubens ist eine Fiktion der Kirche, die diese Einheit erst realisierte.«[20] Dabei hätte er sich auch auf Ernst Käsemann berufen können, der die Frage, ob der neutestamentliche Kanon die Einheit der Kirche begründet, wie folgt beantwortete:

»Der n[eu]t[esta]mentliche Kanon begründet als solcher nicht die Einheit der Kirche. Er begründet als solcher, d.h. in seiner dem Historiker zugänglichen Vorfindlichkeit dagegen die Vielzahl der Konfessionen. Die Variabilität des Kerygmas [d.h. der Botschaft; W.Z.] im N[euen] T[estament] ist Ausdruck des Tatbestandes, daß bereits in der Urchristenheit eine Fülle

---

[16] KARL JASPERS, Der philosophische Glaube angesichts der Offenbarung, München 1962, S. 80 f.

[17] Vgl. a.a.O., S. 226.

[18] A.a.O., S. 81.

[19] Zit. nach: JOSEF NEUNER / HEINRICH ROOS (Hg.), Der Glaube der Kirche in den Urkunden der Lehrverkündigung, neubearb. v. Karl Rahner u. Karl-Heinz Weger, Regensburg [10]1971, S. 130.

[20] K. JASPERS, Der philosophische Glaube angesichts der Offenbarung (s. Anm. 16), S. 81.

verschiedener Konfessionen nebeneinander vorhanden war, aufeinander folgte, sich miteinander verband und gegeneinander abgrenzte.«[21]

Es ist nun keineswegs so, dass Jaspers nicht die Besonderheit des christlichen Inkarnationsgedankens zu würdigen weiß. Im Vergleich zu Inkarnationsvorstellungen bei Indern und Griechen habe sich Jaspers zufolge nach christlichem Verständnis »nicht irgendeine Inkarnation eines Gottes, sondern die Inkarnation des einen Gottes« ereignet.[22] »Weil Gott nur einer ist, findet aber auch nur eine einmalige Inkarnation statt, nicht wie in Indien wiederholte. Und schließlich ist die Inkarnation – sonst eine Vorstellung, vielfach verbreitet, immer wieder durch Menschenvergötterung lokal gleichsam wirklich geworden – hier der historisch wirkliche Mensch, dieser eine Mensch [...]«.[23] Nach Jaspers besagt der christliche Glaube an die Menschwerdung Gottes in Christus: »Der ferne und verborgene Gott war leibhaftig da. Früher offenbarte er sich durch seine Worte an die Propheten. Jetzt offenbart er sich dadurch, daß er selber Mensch wird, auf Erden wandelt als sündloser Mensch, gekreuzigt wird und aus dem Grabe aufersteht.«[24] Jedoch hält Jaspers die Chiffre[25] »Gott ist Mensch geworden« für problematisch, da der menschliche Drang, »die Leibhaftigkeit Gottes zu besitzen«, gleichzeitig bedeute, dass der Mensch »von all dem loskommen möchte, was ihm als Mensch auferlegt ist«, d.h. seine Freiheit und sein Wagnis und sein »Nichtwissen auf seinem Wege, den er aufs Ende hin nicht kennt«.[26]

---

[21] ERNST KÄSEMANN, Begründet der neutestamentliche Kanon die Einheit der Kirche? (1951/52), in: ders., Exegetische Versuche und Besinnungen, Bd. I, Göttingen ⁶1970, S. (214–223) 221.

[22] Siehe K. JASPERS, Chiffren der Transzendenz (s. Anm. 5), S. 67.

[23] Ebd.

[24] K. JASPERS, Der philosophische Glaube angesichts der Offenbarung (s. Anm. 16), S. 251.

[25] Während Jaspers anfangs von »Chiffren« sprach (so KARL JASPERS, Philosophie, Berlin / Heidelberg ²1948 [Nachdr. der 1. Aufl. 1932], ist in späteren Schriften von »Chiffern« die Rede. »Chiffern sind Sprache der Wirklichkeit der Transzendenz, nicht die Transzendenz selber. Sie sind schwebend, vieldeutig, nicht allgemeingültig. Ihre Sprache ist nicht hörbar für unseren Verstand, sondern nur für uns als mögliche Existenz.« (K. JASPERS, Chiffren der Transzendenz [s. Anm. 5], S. 97)

[26] Siehe K. JASPERS, Chiffren der Transzendenz, S. 68.

Wie Jaspers zeigen kann, ist solcher Glaube an den Gottmenschen zum Anlass für Spekulationen geworden, die das geschichtliche Ereignis der Menschwerdung aus einer allgemeinen Notwendigkeit ableiten. Folgende drei Spekulationen werden von dem Basler Philosophen vorgestellt: Da gibt es erstens die Vorstellung vom Mittler, der zugleich Gott und Mensch sein müsse. Dies wird davon abgeleitet, dass nur so die Ferne Gottes überwunden werden könne. Zweitens kommt die Antwort Anselms auf die Frage »Cur deus homo (Warum ist Gott Mensch geworden)?« in Betracht. Da die auf dem Menschen lastende Erbsünde Genugtuung erfordere, zu der der Mensch nicht in der Lage sei, ist es notwendig, dass der sündlose Gottmensch Christus durch seinen Kreuzestod Sühne leistet. Schließlich drittens im Anschluss an Nikolaus von Kues: Wenn »Gott uns die Schätze seiner Herrlichkeit zeigen wollte«, konnte er dies nur so tun, dass er sich uns in menschlicher Gestalt zeigte.[27]

Zwischen dem spekulativen Denken der Inkarnation und dem Offenbarungsglauben erkennt Jaspers eine nicht auflösbare Spannung, insofern das spekulative Denken die Menschwerdung Gottes als eine einsehbare Notwendigkeit versteht, während für den Offenbarungsglauben Gottes geschichtliches Handeln nicht begreifbar ist.[28] Die vom theologischen Denken unternommenen Ausgleichsversuche hält Jaspers hingegen für nicht überzeugend. So könne die Realität des Kreuzestodes Jesu nicht mit der anderen sogenannten ›Realität‹ der Auferstehung[29] auf eine Linie gerückt werden,

---

[27] Siehe K. JASPERS, Der philosophische Glaube angesichts der Offenbarung (s. Anm. 16), S. 251 f.

[28] Vgl. a.a.O., S. 253.

[29] »Die Glaubensaussage, Jesus sei leiblich aus dem Grabe auferstanden, als leiblich Auferstandener unter seinen Jüngern erschienen, er habe mit ihnen gesprochen und sei dann zum Himmel gefahren. Das alles ist als Realität unhaltbar. Ein toter Leib kann als Leib nicht lebendig werden, so daß dieser Leib als Realität in der Welt begegnet, sei es als eine sonderbare Leiblichkeit, die nicht berührt werden darf, sei es als gewöhnliche Leiblichkeit, die zu tasten ist und in deren Wunden die Finger zu legen sind.« ([HEINZ ZAHRNT /] KARL JASPERS, Philosophie und Offenbarungsglaube. Ein Zwiegespräch, in: Karl Jaspers, Der philosophische Glaube angesichts der Offenbarung, hg. v. Bernd Weidmann [KJG I/13], Basel 2016, S. [519–556] 533)

welche für den Verstand nicht nachweisbar sei. Auch habe Gott als »der Ewige« keine Geschichte.[30]

Im Sinne von Jaspers erweisen sich für Menschen seiner und künftiger Zeit weder die genannten Christusspekulationen noch der Glaube an den Gottmenschen Christus als tragfähig. Im Widerspruch zur späteren Vergottung Jesu stehe bereits dessen Aussage: »Was nennst du mich gut? Niemand ist gut als der eine Gott.« (Mk 10,18)[31] Vielmehr hält Jaspers für eine Glaubensgemeinschaft den Rückbezug auf den Menschen Jesus für notwendig, was durch die im Neuen Testament vermittelte Überlieferung ermöglicht werde. Bevor wir später uns noch mit einzelnen Aspekten von Jaspers' Jesusverständnis genauer beschäftigen werden, dürfte es von Interesse sein, zu erfahren, worauf es hier Jaspers insbesondere ankommt. Originalton Jaspers:

»Jesus und seine ursprüngliche Verkündigung ist wahrnehmbar als historische Realität. Wie alle historische Realität, ist auch diese ungewiß in ihren Grenzen. Sie ist der historischen Forschung mit deren Mitteln bis zu einem gewissen Grade zugänglich. In diesen Daten aber ist Jesus für den, der zu blicken vermag und sich ansprechen lassen kann, als einzigartige, unverkennbare Wirklichkeit mit einer über das objektiv rational Nachweisbare hinausgehenden subjektiven Gewißheit vor Augen.

Negativ gewiß aber ist durch die historische Analyse: Jesus hat sich nicht zum Messias, nicht zum Christus erklärt (das ›Messiasgeheimnis‹ ist eine unhaltbare Interpretation).

Jesus hat sich nicht selbst zum Sakrament gemacht. Das Abendmahl als Kulthandlung ist eine Gründung der Apostel.

Jesus hat keine Kirche gestiftet, vielmehr das Weltende als in Kürze, noch für diese Generation bevorstehend zur Voraussetzung seines Lebens und Verkündens gehabt. Die Kirche hat sich langsam, beginnend mit der Apostelgemeinschaft und mit den Gemeindegründungen entwickelt. Jesus ist nicht ihr Stifter. Die Kirche hat mit Jesus zu tun, insoweit er als Christus geglaubt wurde. Dieser Glaube trat erst nach Jesu Hinrichtung auf.«[32]

---

[30] Vgl. K. JASPERS, Der philosophische Glaube angesichts der Offenbarung (s. Anm. 16), S. 253, u. DERS., Chiffren der Transzendenz (s. Anm. 5), S. 67 f.

[31] Vgl. K. JASPERS, Der philosophische Glaube (s. Anm. 1), S. 76.

[32] K. JASPERS, Der philosophische Glaube angesichts der Offenbarung (s. Anm. 16), S. 500 f.

Bedenken wir diese letzteren Äußerungen, so fällt auf, dass sie sich mit einer Reihe von exegetisch-historischen Einsichten Bultmanns berühren. Vertrat Bultmann etwa bereits in seinem Jesusbuch die Auffassung, dass Jesus sich nicht für den Messias gehalten habe,[33] gibt er in seiner »Theologie des Neuen Testaments« eine überzeugende historische Begründung, wenn es hier heißt:

»Daran, daß das Leben und Wirken Jesu, gemessen am traditionellen Messiasgedanken, kein messianisches war, läßt [...] die synoptische Tradition keinen Zweifel, und Paulus hat es wie andere auch nicht als messianisches verstanden, wie das von ihm Ph[i]l 2,6-11 zitierte Christuslied beweist, in dem das Leben Jesu als das Leben eines bloßen Menschen, ohne messianischen Glanz, aufgefaßt wird. Ebenso zeigen R[ö]m 1,4, wo Paulus offenbar eine traditionelle Formel verwendet, und Act 2,36, daß man in der ältesten Gemeinde die Messianität Jesu von seiner Auferstehung ab datiert hat.«[34] So erinnert Paulus die Christengemeinde in Rom an das »Evangelium Gottes [...] von seinem Sohn, der geboren ist aus dem Geschlecht Davids nach dem Fleisch, der eingesetzt ist zum Sohn Gottes in Kraft nach dem Geist, der da heiligt, durch die Auferstehung von den Toten«. Und nach der Apostelgeschichte beendet Petrus seine Pfingstpredigt in Jerusalem mit den Worten: »So wisse nun das ganze Haus Israel gewiss, dass Gott diesen Jesus, den ihr gekreuzigt habt, zum Herrn und Christus gemacht hat.«

Mit William Wrede stimmt Bultmann darin überein, dass der im Markusevangelium begegnenden Theorie des Messiasgeheimnisses die Funktion zukommt, eine unmessianische Überlieferung vom Wirken Jesu in das Licht des messianischen Glaubens zu stellen, indem Jesu Messianität bis zu seiner Auferstehung verborgen bleiben sollte.[35] Von einem rationalen Standpunkt aus betrachtet beurteilt Jaspers ein solches Messiasgeheimnis als eine unhaltbare Interpretation. Handelt es sich doch strenggenommen um eine Geschichtsklitterung.

Und so überrascht es nicht, wenn Jaspers über Bultmanns 1953 in erster Auflage erschienene »Theologie des Neuen Testaments« bemerkt: »Ein ungemein lehrreiches Buch, ebenso gelehrt wie einfach und klar und zuverläs-

---

[33] Vgl. RUDOLF BULTMANN, Jesus (UTB 1272), Tübingen 1983 (^{1}1926), S. 11.

[34] RUDOLF BULTMANN, Theologie des Neuen Testaments, durchges. u. ergänzt von Otto Merk, Tübingen ^{9}1984, S. 28 (Hervorhebungen getilgt).

[35] Vgl. a.a.O., S. 33 f.

sig!« – wobei er allerdings gleich einschränkend hinzufügt: »Aber der Autor faßt den Sinn des Buches wohl kaum so auf, wie ich es mir, darin lesend, gestatte.«[36]

Was ihm nun positiv in Bezug auf Jesus gewiss ist, fasst Jaspers in die folgenden Worte:

»Die Kirchen trugen das Feuer mit, das ihre Verkrustungen und ihre Weltanpassungen wieder und wieder durchbrach. Durch Jesus kommt zur Geltung, was die Kirchen verschleiern, während sie sich auf ihn gründen: die Frage an Schicksal und Möglichkeit des Menschen. Durch die Existenz des Menschen Jesus wurde die Frage in einer nie erreichten Tiefe gestellt aus der Bindung an Gott. Frage zugleich und Antwort lagen in der Verwirklichung eines Menschen, der zu sagen vermochte, was er sah, glaubte, forderte, was er lebte und erlitt.

Die Aufrichtigkeit des Menschen Jesus mißt alle Realitäten an dem eigentlichen Menschsein im Reiche Gottes. Unmittelbar vor dem Weltende sich wissend, ist Jesus selbst schon Zeichen der Wirklichkeit dieses Reiches.

Für Jesus, den letzten der jüdischen Propheten, ihnen verbunden, schwanden dahin der nationale Gedanke, der Gesetzesgedanke, die Organisation von Priestern und Riten, Theologien wurden gleichgültig.«[37]

Präziser hat es später einmal Gerd Theißen formuliert: »Charakteristisch für Jesu Verhältnis zur Thora ist die Verbindung von *Normenverschärfung und Normenentschärfung*. Jesus verschärfte ethische Normen (allen voran das Liebesgebot), in denen eine Tendenz zu einem universalen Ethos deutlich ist. Er relativierte rituelle Normen (allen voran das Reinheitsgebot), durch die das Judentum vom Heidentum getrennt wird – ohne diese Normen allerdings grundsätzlich aufzuheben.«[38]

---

[36] K. JASPERS, Der philosophische Glaube angesichts der Offenbarung (s. Anm. 16), S. 492, Anm. 1.

[37] A.a.O., S. 501.

[38] GERD THEISSEN / ANNETTE MERZ, Der historische Jesus. Ein Lehrbuch, Göttingen 1996, S. 322 f.

3. Jesus als ein »maßgebender Mensch«

In seiner ursprünglich auf drei Bände konzipierten, mit »Die großen Philosophen«[39] betitelten Philosophiegeschichte unterscheidet Jaspers von der Gruppe der großen Denker, die allgemein als Philosophen bezeichnet werden, eine Gruppe von vier sogenannten »maßgebenden Menschen«. Zu diesen rechnet er Sokrates, Buddha, Konfuzius und Jesus.[40] Auch wenn man zögern könne, sie überhaupt Philosophen zu nennen, hätten sie doch »für alle Philosophie eine außerordentliche Bedeutung gehabt«.[41] Zwar hätten sie außer Konfuzius nichts geschrieben, aber nach dem Urteil von Jaspers sind sie »Grundlage gewaltiger philosophischer Denkbewegungen« geworden.[42] Welch hohe Bedeutung Jaspers den genannten vier Denkern beimaß, kommt auch darin zum Ausdruck, dass er diesen Teil seiner Philosophiegeschichte auch noch einmal separat veröffentlichte.[43]

Jaspers zufolge zeichne diese vier maßgebenden Menschen aus, dass in ihnen »Erfahrungen und Antriebe des Menschseins im Äußersten« kundwerden.[44] Bei allen Unterschieden sei ihnen gemeinsam »das Bewußtsein, sich an eine tiefste Innerlichkeit zu wenden, die noch vor allem Tun liegt, und darin bezogen zu sein auf etwas unbedingt Gültiges, auf das Sein selbst, auf die Ewigkeit, auf Gott, auf eine in Urbildern sich zeigende Ordnung – oder wie sonst dies Andere heißt [...]«.[45]

Jaspers ist sich dessen bewusst, dass die historische Rückfrage bei allen vier oft nur zu wahrscheinlichen, in den meisten Fällen aber nur zu möglichen Ergebnissen führt, was damit zusammenhängt, dass die Überlieferungen durch Legenden und Mythen überlagert worden sind.[46] Dabei bezieht

---

[39] KARL JASPERS, Die großen Philosophen, Bd. 1, München 1957; nach Jaspers Tod erschienen noch zwei Bände mit Darstellungen und Fragmenten, hg. v. Hans Saner, München 1981.

[40] Vgl. K. JASPERS, Die großen Philosophen, Bd. 1, S. 46.

[41] S. ebd.

[42] Ebd.

[43] KARL JASPERS, Die maßgebenden Menschen: Sokrates, Buddha, Konfuzius, Jesus, München 1964 (^{5}2021).

[44] Siehe K. JASPERS, Die großen Philosophen, Bd. 1 (s. Anm. 39), S. 227.

[45] A.a.O., S. 224.

[46] Vgl. a.a.O., S. 214.

sich Jaspers – was Jesus betrifft – ausdrücklich auf Resultate der Leben-Jesu-Forschung, wie er sie den einschlägigen Arbeiten von Albert Schweitzer, Rudolf Bultmann und Martin Dibelius entnimmt und wie folgt zusammenfasst:

»Historisch-kritische Forscher sagen uns: vom Leben Jesu können wir nichts Sicheres wissen; die Evangelien sind geschrieben, um der Gemeinde den Glauben zu verkündigen. Sie sind Zusammenstellungen von Überlieferungen, von Geschichten, von Spruchsammlungen und Sammlungen von Gleichnisreden, die zwar zurückgehen auf das, was Jesus gesagt haben könnte. Seine Lebensgeschichte als Entwicklung ist nicht rekonstruierbar.

Die historische Kritik ist nicht rückgängig zu machen. Sie verwehrt die einfache Hinnahme des gesamten Inhalts der Evangelien als historischer Wirklichkeit. Man wird die Mythik erkennen in den Deutungen Jesu, die damals sofort einsetzten – Messias, Christus, Kyrios, Gottessohn –, man wird, was Johannes sagt, für das historische Jesusbild wenig verwerten, nirgends das, was erst aus der Situation der Gemeinde und Kirchenbildung zu denken möglich ist. Dieses alles ist eine neue historische Realität, aber nicht mehr die des Menschen Jesus.

Aber es bleibt ein weiter Spielraum des Möglichen. Zahlreiche Stücke fallen weg als sicher legendär, der Bestand des Zuverlässigen ist gering. Dazwischen liegt das breite Feld des möglicherweise, wahrscheinlich oder unwahrscheinlich historisch Richtigen. In diesem Felde wählt ein sich selber evidentes Sehen nach dem Prinzip des inneren Zusammenhangs der Sache und der Ereignisse.«[47]

Trotz der genannten Schwierigkeiten hält Jaspers es jedoch für möglich, sich ein Bild der geschichtlichen Wirklichkeit der vier maßgebenden Personen zu machen, wenn der kritische Zweifel sich mit der Ergriffenheit von der Überlieferung verbindet und sich auf ein solches Wagnis einlässt.[48] Dabei gehe die Wirkung bereits von dem jeweiligen Menschen selbst aus und nicht erst von einem Bild desselben.[49] Und was nun Jesus betrifft, so möchte Jaspers »durch die Verschleierungen hindurch zu der wirklichen Erscheinung gelangen, wie er einst war, was er tat und sagte«.[50]

---

[47] A.a.O., S. 215.

[48] Vgl. a.a.O., S. 216.

[49] Vgl. ebd.

[50] A.a.O., S. 186.

3.1 Jesu Verkündigung

Wenn wir verstehen wollen, inwiefern Jesus im Sinne von Jaspers als ein maßgebender Mensch angesehen werden kann, gilt es sich zu vergegenwärtigen, wie sich für ihn Jesu Verkündigung und Leben darstellen. Unter Berufung auf Albert Schweitzer und Martin Werner unterstreicht Jaspers die endzeitliche Ausrichtung von Jesu Verkündigung: Das Weltende steht unmittelbar bevor. Mit dem Weltuntergang kommt das Gottesreich, in dem Gott allein regiert.[51] Pointiert formuliert Jaspers: »Die Verkündigung von Weltende und Gottesreich meint ein kosmisches Ereignis. Aber es ist nicht ein Ereignis in der Welt, in dem eine neue Welt geboren würde, sondern ein Ereignis, mit dem die Welt aufhört. Es ist ein Einbruch in die Geschichte, mit der die Geschichte abgeschlossen ist. Das Gottesreich ist weder Welt noch Geschichte, auch kein Jenseits dieser Welt. Es ist etwas ganz anderes.«[52]

Wie auch sonst in der neueren Jesusforschung immer wieder beobachtet, macht auch Jaspers darauf aufmerksam, dass das von Jesus verkündigte Reich Gottes sowohl gegenwärtig als auch zukünftig ist: »Was erst in der Zukunft wirklich wird, das ist in der Welt schon in Bewegung.«[53] Im Anschluss an Martin Dibelius konkretisiert Jaspers den Gegenwartsaspekt: »[...] nicht das Reich ist schon da, wohl aber die Zeichen des Reiches, und zwar Zeichen, die auf das unmittelbar bevorstehende Eintreffen deuten«, wobei die Zeichen Jesu Person, seine Taten und seine Botschaft sind.[54] Zum Vergleich: Im Jesusbuch von Dibelius lesen wir: »[...] das Wort vom Reiche Gottes, das ›unter euch‹ ist, gibt zu verstehen, daß es Jesus einzig auf *ein* Zeichen des Reiches ankommt: auf seine Person, seine Predigt, seine Bewegung. Es ist nicht so wichtig, wie einer ihn nennt, wenn er nur dies Zeichen versteht und im Wirken Jesu das kommende Reich Gottes spürt.«[55]

In Übereinstimmung mit Bultmann betont Jaspers den Entscheidungscharakter von Jesu Reich-Gottes-Botschaft:

---

[51] Vgl. ebd.

[52] A.a.O., S. 187.

[53] Ebd.

[54] S. ebd.

[55] MARTIN DIBELIUS, Jesus (SG 1130), Berlin ²1947, S. 67.

»Die Verkündigung Jesu teilt zwar mit, was geschehen wird. Aber er meint nicht den müßigen Zuschauer, den er über ein bevorstehendes Ereignis unterrichtet, sondern den Menschen, der in dieser Situation vor eine Entscheidung gestellt wird. Die Verkündigung lautet: ›Die Zeit ist erfüllt, und das Gottesreich ist nah, wandelt euch, und glaubt an die frohe Botschaft!‹ In der Forderung: Wandelt euch, denkt um, tut Buße, liegt die Antwort auf die Frage: Was tun, wenn das Weltende bevorsteht, was hat da noch Sinn?«[56]

Dazu fügt sich, dass Jaspers auch den Titel der von Karl Barth und anderen Vertretern der Wort-Gottes-Theologie herausgegebenen Zeitschrift[57] aufgreift, wenn er schreibt: Jesus »lebt den kurzen Augenblick ›zwischen den Zeiten‹, zwischen dem Weltsein und dem Gottesreich«.[58]

Ohne irgendwelche Abschwächung hält Jaspers fest, dass Jesus das Reich Gottes nicht als »die Seligkeit für alle« erwartet habe. Vielmehr gehe diesem das Gericht voraus, »in dem die Annahme oder Verwerfung durch Gott stattfindet«.[59]

Auch darin stimmt Jaspers mit der Exegese seiner Zeit überein, wenn er mit Hinweis auf das Gleichnis von der selbstwachsenden Saat (Mk 4,26-29) bei Jesus den Glauben findet, dass das Reich Gottes ohne Mitwirkung des Menschen allein durch Gottes Willen komme. Gerichtsdrohung und Heilsverheißung zielten auf die endzeitliche Rettung, nicht auf die Realisierung des Gottesreichs durch Menschenhand.[60]

Ohne Abstriche qualifiziert Jaspers das von Jesus geforderte Ethos als endzeitlich bestimmt: »Gottes Wille ist das Leben des Gottesreiches, – so leben, dass dieses Leben in dieser Welt Zeichen des Gottesreiches und selber schon dessen herankommende Wirklichkeit ist.«[61]

---

[56] K. Jaspers, Die großen Philosophen, Bd. 1 (s. Anm. 39), S. 188.

[57] Zwischen den Zeiten. Eine Zweimonatsschrift, unter Mitarbeit von Karl Barth, Friedrich Gogarten u. Eduard Thurneysen hg. v. Georg Merz, Jgg. 1–11, München 1923–1933.

[58] K. Jaspers, Die großen Philosophen, Bd. 1 (s. Anm. 39), S. 188.

[59] Ebd.

[60] Vgl. ebd.

[61] A.a.O., S. 190.

Auch wenn Jesus die menschlichen Ordnungen der Ehe oder der Staatsgewalt respektiert habe, ändere dies nichts daran, dass alles Weltliche hinfällig werde – seien es »[d]ie Bande der Pietät, des Rechts, der Kultur« oder der Familie.[62]

Für Jaspers ist nun kennzeichnend, dass er darauf verzichtet, das Judentum als dunkle Folie zu gebrauchen, um Jesus in einem umso helleren Licht erscheinen zu lassen. So heißt es lapidar: »Gehorsam gegen Gott ist wie seit jeher das Ethos der Juden, so auch des Juden Jesus.«[63] Zwar grenzt auch Jaspers das jesuanische Gehorsamsverständnis von einem bloßen Gesetzesgehorsam ab, wenn er für Jesus den »Gehorsam mit dem ganzen Wesen des Menschen« reklamiert, »der mit dem Herzen selber vollzieht, was er als Gottes Willen begreift«.[64] Aber er macht zugleich deutlich, dass ein solches Gehorsamsverständnis der Weissagung des Propheten Jeremia entspreche, wonach Gott sein Gebot dem Menschen ins Herz schreiben werde (vgl. Jer 31,33). Außerdem weist Jaspers zu Recht darauf hin, dass Jesu Doppelgebot der Gottes- und Nächstenliebe auf dem Alten Testament fußt.[65]

Wenn Jesu Feindesliebe darüber hinausführt, erklärt dies Jaspers wieder mit Jesu Reich-Gottes-Erwartung. »Die Liebe ist, wo sie zweckfrei und weltfrei geworden, Wirklichkeit des Gottesreichs. Dann ist sie uneingeschränkt, bedingungslos.«[66] Und aus der »Unbedingtheit der Liebe« resultiert für Jaspers die »Freiheit, mit der Jesus handelt«.[67] So habe sich Jesus von der Erfüllung einzelner Gesetze entbunden gewusst durch die Liebe, die das Gesetz nicht aufhebt, ihm aber Grenzen setzt.[68]

Im Blick auf die Zusammenfassung der Verkündigung Jesu in Mk 1,15 – »Die Zeit ist erfüllt und das Reich Gottes ist genaht; tut Buße und glaubt an das Evangelium« – formuliert Jaspers: »Der Glaube (pistis) ist gefordert.

---

[62] S. a.a.O., S. 189.

[63] Ebd.

[64] S. a.a.O., S. 190.

[65] Vgl. a.a.O., S. 191. – Vgl. Dtn 6,5; Lev 19,18.

[66] K. JASPERS, Die großen Philosophen, Bd. 1 (s. Anm. 39), S. 191.

[67] A.a.O., S. 192.

[68] Vgl. ebd.

Er ist unerläßlich für den Eintritt in das Gottesreich. Er ist Bedingung des Heils und selber schon Heil.«[69]

Neben dem Wunder- und Gebetsglauben, der in Jesu Verkündigung begegnet, kommt für Jaspers der Glaube vor allem als »das Wort für das biblische Gottesverhältnis«[70] in Betracht, das auch für Jesus kennzeichnend sei. In dieser Hinsicht bedeute Glaube »die unbedingte Hingabe an den Willen Gottes und das unerschütterliche Vertrauen zu ihm«.[71] Als Ausdruck dieses Vertrauens beurteilt Jaspers die Vaterunser-Bitte »Dein Wille geschehe«.[72] Weiterhin charakterisiert Jaspers solchen Glauben folgendermaßen:

»Der Glaube soll das Wesen des Menschen durchdringen, wie das Salz die Speise. Aber der Glaube ist gar nicht selbstverständlich, er kann nicht absichtlich hervorgebracht werden. Er begreift sich selbst nicht. Er ist schwankend und hinfällig. Er wird verfälscht durch Glaubenwollen. Er wird geschenkt und ist nicht Besitz.«[73] So interpretiert Jaspers jedenfalls den Ausruf des Vaters des epileptischen Jungen in Mk 9,24: »Ich glaube; hilf meinem Unglauben!«

Während in der historischen Kritik die sogenannte Parabeltheorie in Mk 4,10-12 allgemein als redaktionelle Bildung des Evangelisten beurteilt wird,[74] deutet Jaspers den betreffenden Ausspruch »Euch [sc. den Jüngern; W.Z.] ist das Geheimnis des Reiches Gottes gegeben, jenen draußen aber kommt alles in Gleichnissen zu« (V. 11) offenbar als authentisches Jesuswort, dem er dann folgende Deutung gibt: »Jesus verkündet nicht Wissen, sondern Glauben. Was er sagen will, bleibt verhüllt für den Ungläubigen, macht offenbar für den Glaubenden, aber auch für diesen nicht in eindeutigen Aussagen, sondern in Gleichnissen und Sprüchen voller Paradoxien.«[75]

---

[69] A.a.O., S. 192 f.

[70] A.a.O., S. 194.

[71] Ebd.

[72] Vgl. ebd.

[73] Ebd.

[74] Vgl. etwa RUDOLF BULTMANN, Die Geschichte der synoptischen Tradition (FRLANT 29), Göttingen ⁸1970 (²1931), S. 351, Anm. 1.

[75] K. JASPERS, Die großen Philosophen, Bd. 1 (s. Anm. 39), S. 194.

3.2 Jesu Leben

Da die historischen Fakten des Lebens Jesu vom Aufwachsen in Nazareth bis zum Kreuzestod in Jerusalem – wie sie auch von Jaspers genannt werden[76] – im Wesentlichen unstrittig sind, kann an dieser Stelle auf deren Wiedergabe verzichtet werden. Von größerem Interesse sind hier natürlich die Überlegungen von Jaspers zum Selbstbewusstsein Jesu.

Dabei macht Jaspers zuerst auf das Problem aufmerksam, wie man sich das gewaltsame Ende Jesu erklären kann, wenn man die folgenden Annahmen teilt, die weitgehend mit der historischen Jesusforschung im Einklang stehen: also »[w]enn Jesus kein aktiver Politiker (keiner der sogenannten Zeloten) war, keine soziale Revolution wollte, wenn er auch nicht in den Märtyrertod zur Bezeugung seines Bekenntnisses drängte, wenn er ein glaubendes, Gottes Handeln erwartendes, aber nicht erzwingendes Leben führte, wenn ihm das Demonstrative fernlag, vielmehr all sein Leben Gehorsam gegen Gottes Wille war«.[77] Jaspers selbst erklärt Jesu gewaltsames Ende als Ergebnis seines Handelns. Jesus habe in seiner Tempelreinigung und in der von ihm ausgelösten Volksbewegung die Gewalt gegen sich aufgerufen.[78]

Damit befindet sich Jaspers in Übereinstimmung mit der Jesusdarstellung von Dibelius, in der der Tempelaktion Jesu für sein gewaltsames Ende eine entscheidende Bedeutung zugemessen wird, wenn es heißt: »Der Einzug Jesu in die heilige Stadt wird zum Triumph, vor allem durch die Anteilnahme der Pilger. Zurufe messianischen Inhalts lassen sich hören. In Jerusalem aber, im heiligen Tempelbezirk, tritt Jesus als der auf, der ›Recht und Macht besitzt‹. Im äußeren Vorhof sitzen Verkäufer, die Tauben zum Opfer feilhalten; auch stehen dort die Tische der Wechsler, die fremde Geldsorten und Münzen des römischen Münzfußes umwechseln in althebräisches oder phönizisches Geld, wie es allein im Tempel gebraucht wird. Sie alle verweist Jesus mit strengem Wort aus dem heiligen Bezirk. Er zieht sich damit nicht nur die Feindschaft der Vertriebenen zu; er stellt damit zugleich die Frage nach seiner Autorität und ihrer Berechtigung [...]. Was Jesus selbst erwartet hat, wissen wir nicht. Aber wie schon sein Zug nach Jerusalem, so bedeutet

---

[76] Vgl. a.a.O., S. 195 f.

[77] A.a.O., S. 197.

[78] Vgl. ebd.

auch dies Auftreten, daß er Entscheidung seiner Sache sucht und Entscheidung von den Menschen verlangt.«[79]

Dazu passt, wenn Jaspers bemerkt: »Es ist darin ein Zug des Kämpfens, der auch in andern Äußerungen seiner Persönlichkeit unverkennbar ist.«[80]

Gerade aus einer historisch-psychologischen Perspektive ist es gewiss naheliegend, eine Entwicklung in Jesu Selbstbewusstsein anzunehmen. Jaspers geht davon aus, dass Jesus eine Spannung empfand zwischen dem, was er wollte und wie er sich selbst sah, und dem, wie seine Anhänger auf ihn reagierten und was sie von ihm erwarteten. »Er mußte dulden« - so Jaspers -, »daß sie sich an ihn hängten, ihn immer weiter über sich emporhoben.«[81] Aufgrund der Widersprüchlichkeit sowohl der überlieferten Äußerungen Jesu zu seinem Berufungsbewusstsein als auch der Reaktionen seiner Zeitgenossen vermutet Jaspers, dass der Entwicklungsprozess von Jesu Selbstbewusstsein »vielleicht gar keinen endgültigen Abschluß erhielt«.[82] Immerhin folgende innere Entwicklung glaubt Jaspers bei Jesus nachzeichnen zu können: »Jesu Selbstbewußtsein wuchs zunächst zum Bewußtsein seiner Berufung, zu verkündigen, damit zum Bewußtsein des Propheten, schließlich vielleicht des Messias.«[83]

3.3 Jesu Persönlichkeit

Um sich Jesu Persönlichkeit anzunähern, hält Jaspers es für ratsam, von dem auszugehen, was Jesus nicht war, weil sich dies mit großer Sicherheit sagen lasse. Es handelt sich dabei um die folgenden Feststellungen:

»Er war kein Philosoph, der methodisch nachdenkt und seine Gedanken systematisch konstruiert. Er war kein Sozialreformer, der Pläne macht; denn er ließ die Welt, wie sie war, sie ist ja ohnehin am Ende. Er war kein Politiker, der umwälzend und staatsgründend handeln will; nie sagte er ein Wort über die Zeitereignisse. Er hat keinen Kult gestiftet, denn er nahm am jüdischen Kultus in der jüdischen Gemeinschaft teil wie noch die Urgemeinde;

---

[79] M. DIBELIUS, Jesus (s. Anm. 55), S. 114.

[80] K. JASPERS, Die großen Philosophen, Bd. 1 (s. Anm. 39), S. 197.

[81] Ebd.

[82] Ebd.

[83] Ebd.

er taufte nicht; er hat keine Organisation geschaffen, keine Gemeinde, keine Kirche begründet.«[84]

Doch wie kann Jesu Persönlichkeit positiv charakterisiert werden? Jaspers tut dies in dreierlei Hinsicht:

Erstens psychologisch gesehen, verbinden sich bei Jesus in eigentümlicher Weise Sanftmut und kämpferische Unbedingtheit. Dies zeige sich etwa in seiner Forderung des Glaubens: Einerseits sei die von ihm auferlegte Last leicht zu tragen, andererseits verlange die Nachfolge vollen Einsatz und dulde keinen Aufschub.[85]

Zweitens historisch betrachtet, ist Jesus »der letzte der jüdischen Propheten«, der »am Rande der hellenistisch-römischen Welt« lebte und von dieser kaum wahrgenommen wurde.[86] Verwurzelt im jüdischen Gottesglauben, steht er »wie die alten Propheten in Opposition zu priesterlichen Verfestigungen«.[87] Oder die eigene Wertschätzung zum Ausdruck bringend, kann Jaspers auch sagen: »Jesus ist wie Jeremias der reine, durch keine Bande der Gesetzlichkeit, der Riten, des Kultus mehr gefangene Jude, der doch all diese Formen nicht verwirft, sondern unter der Bedingung von Gottes gegenwärtigem Willen stellt.«[88]

Drittens ist Jesus, was sein Wesen ausmacht, bestimmt durch seine völlige Hingabe an Gott und dessen Wille, woraus seine Unbefangenheit und Freiheit im Umgang mit anderen Menschen resultiert.[89] Die Radikalität seiner Gotteswissheit ruft auf zur Entscheidung: »für Gott oder gegen Gott,

---

[84] A.a.O., S. 199.

[85] Vgl. a.a.O., S. 201.

[86] S. a.a.O., S. 201 f.

[87] A.a.O., S. 202.

[88] A.a.O., S. 203.

[89] Vgl. a.a.O., S. 204. – Ohne sich auf Jaspers zu beziehen, spricht Ulrich Neuenschwander von der »neuen unbefangenen Menschlichkeit Jesu«, »die die bestehenden Gruppierungen, Grenzen, Schranken, Konventionen und Vorurteile überwindet« (ULRICH NEUENSCHWANDER, Christologie – verantwortet vor den Fragen der Moderne [Albert-Schweitzer-Studien, Bd. 5], hg. u. eingel. v. Werner Zager, Bern / Stuttgart / Wien 1997, S. 73 f.). Solche unbefangene Menschlichkeit sei möglich geworden »durch die Gewichtslosigkeit, die die Welt mit ihren Strukturen angesichts der eschatologischen Hoffnung bekommt«, oder anders formuliert: durch »die entbindende Kraft der eschatologischen Täuschung« (a.a.O., S. 74).

gut oder böse«.⁹⁰ Daran kann Jaspers zufolge auch das Ausbleiben des von Jesus als nahe angekündigten Weltuntergangs nichts ändern. Worauf es ankommt, sei der Grundgedanke, dass der Mensch dem Tode verfallen sei, die Menschheit nicht endlos dauere.⁹¹ Aus der Gottesgewissheit wiederum heraus erwachse Jesus eine einzigartige »Leidensfähigkeit und Leidenswahrhaftigkeit« – Jaspers wörtlich:

»Das Schreckliche ist nicht gelassen hingenommen, nicht geduldig ertragen, nicht verschleiert. Auf der Wirklichkeit des Leidens wird bestanden, es wird ausgesprochen. Es wird erlitten bis zur Vernichtung, in welcher aus der Verlorenheit und Verlassenheit dieses Minimum des Bodens gespürt wird, das dann alles ist, die Gottheit.«⁹²

3.4 Jesu Wirkung

Was Jesu Wirkung betrifft, unterscheidet Jaspers sehr deutlich zwischen der Zeit vor Jesu Tod und der Zeit danach: Während die Jünger zu Lebzeiten Jesu mit ihm an Gott glaubten, glaubten sie nach Jesu Tod aufgrund der Ostererscheinungen ohne Jesus an den auferstandenen Christus.⁹³ Darin erkennt Jaspers den »Schritt von der Religion des Menschen Jesus, als einer der Gestalten jüdischer Religion, zur christlichen Religion«.⁹⁴ Einen solchen tiefgreifenden Umschwung im Glaubensvorgang erklärt Jaspers psychologisch mit der unmittelbaren Wirkung von Jesu Persönlichkeit, die dazu führte, dass die Jünger nach Jesu Tod »in ihrer ersten Ratlosigkeit jene grandiose Umdeutung der ihnen zunächst unbegreiflichen Hinrichtung vollzogen, die das Christentum begründete«.⁹⁵

---

⁹⁰ K. JASPERS, Die großen Philosophen, Bd. 1 (s. Anm. 39), S. 206.

⁹¹ Vgl. ebd.

⁹² A.a.O., S. 207.

⁹³ Vgl. a.a.O., S. 209.

⁹⁴ Ebd. – Vgl. R. BULTMANN, Theologie des Neuen Testaments (s. Anm. 34), S. 2: »Christlichen Glauben aber gibt es erst, seit es ein christliches Kerygma gibt, d.h. ein Kerygma, das Jesus Christus als Gottes eschatologische Heilstat verkündigt, und zwar Jesus Christus, den Gekreuzigten und Auferstandenen. Das geschieht erst im Kerygma der Urgemeinde, nicht schon in der Verkündigung des geschichtlichen Jesus [...].«

⁹⁵ K. JASPERS, Die großen Philosophen, Bd. 1 (s. Anm. 39), S. 209.

Damit legt Jaspers eine psychologische Erklärung der Ostererscheinungen nahe, die dann als subjektive Visionen anzusehen sind. Dabei könnte man sich auf die von Leon Festinger entwickelte Theorie der »kognitiven Dissonanz« beziehen, gemäß der Menschen negative Ereignisse, unerfüllte Wünsche und Konflikte in eine »gedeutete Welt« zu integrieren suchen. Überhaupt hält Jaspers wunderhafte Berichte davon, dass Jesus seinem Grabe entstiegen sei und es leer zurückgelassen habe, für historisch falsch, weil es sich dabei um »Aussagen über etwas in der Welt Unmögliches« handele.[96]

Jaspers skizziert zwei Wirkungslinien, die von Jesus ausgehen. Die erste beschreibt die Verwandlung Jesu in den Gottmenschen. Dabei verliert die menschliche Wirklichkeit Jesu ihre Bedeutung. Von Bedeutung ist allein die »übersinnliche Geschichte«, die entsprechend dem Apostolischen Glaubensbekenntnis von der Jungfrauengeburt bis zur Wiederkunft reicht.[97] Folgende Entwicklung hat der Christusglaube nach Jaspers genommen: »Das erste war der Glaube an die Auferstehung, gegründet auf die Visionen, in denen Jesus durch Maria Magdalena und mehrere Jünger gesehen wurde. Dann war es die Verwandlung des schmählichen Kreuzestodes in den Opfertod. Schließlich wurde mit der Ausgießung des Geistes der Sinn der Gemeinde begründet.«[98] Für den philosophisch denkenden Menschen ist jedoch der Gottmensch eine »in die Irre führende Absurdität« – ein Dogma, das »nur noch in Gewaltsamkeit geglaubt werden kann«.[99] Das Philosophieren lässt sich hingegen das Hinterfragen des als Mysterium ausgegebenen Dogmas nicht verbieten.[100]

Die zweite Wirkungslinie kommt von der menschlichen Gestalt Jesu her, die als »Vorbild zur Nachfolge« dient.[101] Dabei unterscheidet Jaspers drei Weisen der Verwirklichung: Nachfolge Jesu kann hier einmal die wörtliche Befolgung der Weisungen der Bergpredigt meinen. Ferner kann die Passion Jesu als Vorbild dienen, um eigenes, nicht bewusst selbst gesuchtes Leiden

---

[96] Siehe K. JASPERS, Von der Wahrheit (s. Anm. 6), S. 852.

[97] Siehe K. JASPERS, Die großen Philosophen, Bd. 1 (s. Anm. 39), S. 211.

[98] Ebd.

[99] Siehe K. JASPERS, Von der Wahrheit (s. Anm. 6), S. 855.

[100] Vgl. a.a.O., S. 859 f.

[101] Siehe K. JASPERS, Die großen Philosophen, Bd. 1 (s. Anm. 39), S. 210.

ertragen und Gott als »den einzigen und letzten Halt« ergreifen zu können. Schließlich kann Nachfolge, sofern sie als Maßstab ethischen Handelns anerkannt wird, das eigene sittliche Ungenügen erfahren lassen.[102]

3.5 Was macht Jesus zu einem »maßgebenden Menschen«?

An erster Stelle ist festzuhalten, dass für Jaspers Jesus nicht *der* maßgebende Mensch ist, sondern *einer* von vier. Maßgebend wurden diese vier Menschen – Sokrates, Buddha, Konfuzius und eben Jesus – Jaspers zufolge »durch ihre Haltungen, Handlungen, Seinserfahrungen und Forderungen, auf die seither die philosophierenden Menschen ihren Blick richten, wenn sie in die Mitte ihrer Aufgaben gelangen«.[103] In seinen geschichtsphilosophischen Betrachtungen »Vom Ursprung und Ziel der Geschichte« ordnet Jaspers die ersten drei maßgebenden Menschen in die sogenannte »Achsenzeit« ein – eine Zeitspanne, die von ca. 800 bis 200 v.Chr. gereicht habe, in der die Gesellschaften in vier voneinander unabhängigen Kulturräumen (China, Indien, Orient und Okzident) gleichzeitig grundlegende philosophische und technische Erkenntnisse gemacht hätten.[104] Jesus selbst gehöre zwar nicht in diesen Zeitraum, aber für das Bewusstsein des Abendlandes bilde er die »Achse der Geschichte«, insofern das Christentum die »religiösen Antriebe und Voraussetzungen« aus dem Judentum, die »philosophische Weite und die Erhellungskraft im Gedanken« aus dem Griechentum sowie die »Organisationsenergie und die Weisheit im Realen« aus dem Römertum in sich vereinige.[105]

In Jesu Botschaft vom Reich Gottes kommt nach Jaspers' Urteil wie bei den anderen drei maßgebenden Menschen zum Ausdruck, dass die Welt nicht in Ordnung ist und ein »radikales Anderswerden« bevorsteht bzw. gefordert ist. Die vier stellen jedoch kein »Programm einer neuen Weltordnung« auf, sondern schaffen vielmehr »einen neuen Raum und neue Mög-

---

[102] S. a.a.O., S. 212.

[103] A.a.O., S. 219.

[104] Vgl. KARL JASPERS, Vom Ursprung und Ziel der Geschichte, München ³1952, S. 19–42.

[105] S. a.a.O., S. 84.

lichkeiten und erfüllen ihn mit Ansätzen, die nirgends zu Ende geführt sind«.[106]

Und auch dies verbindet die maßgebenden Menschen miteinander: Wer sie verstehen will, muss an sich eine Umwandlung erfahren. Solche Umwandlung gestaltet sich jeweils unterschiedlich; bei Jesus besteht sie in der »Hingabe an Gottes Willen ohne Hinblick auf die Welt«.[107]

Alle vier maßgebenden Menschen vertreten eine »universale Menschenliebe ohne Einschränkung«. Dabei wird ihnen das Verhältnis zum Feind, von dem man Unrecht leidet, zur Frage, die am radikalsten von Jesus mit der Forderung der Feindesliebe beantwortet wird.[108]

Der Umgang mit Leiden und Tod ist für die maßgebenden Menschen von besonderer Relevanz, auch wenn ihre Antworten sehr unterschiedlich ausfallen. In Sokrates und Jesus »hat das Abendland sich wiedererkannt auf zwei ganz verschiedenen Wegen: in Sokrates als dem Spiegel der Gelassenheit, die dem Tod als solchem kein Gewicht gibt, – in Jesus als dem Spiegel des Sterbenkönnens, das in höchster Not und Qual, die über das Maß des für den Menschen zu Tragenden hinausgehen, doch den Grund der Transzendenz findet«.[109]

Mit der jeweiligen Stellung gegenüber Leiden und Tod hängt dann auch das Verhältnis zur Welt zusammen. Ohne Weltverneinung hat Jesus »alles unter die Bedingung des Gottesreiches am Weltende gestellt«. Daraus resultiert ein »bedingungsloses Ethos im Einklang mit Gottes Willen«, das scharf unterscheidet zwischen gut und böse, zwischen wahr und falsch. Angesichts des nahen Weltuntergangs besteht aber kein Interesse an Weltgestaltung.[110]

4. Nachfolge Jesu oder Orientierung an Jesus?

Einerseits sind Sokrates, Buddha, Konfuzius und Jesus nach dem Urteil von Jaspers »keine Philosophen, sofern ihnen Wissenschaft gleichgültig war und sofern Philosophie Denken auf dem Weg und unter Voraussetzung der

---

[106] Siehe K. JASPERS, Die großen Philosophen, Bd. 1 (s. Anm. 39), S. 220.

[107] S. ebd.

[108] S. a.a.O., S. 222.

[109] A.a.O., S. 221.

[110] S. a.a.O., S. 222 f.

Wissenschaften ist«.[111] Drei von ihnen – nämlich Buddha, Konfuzius und Jesus – gelten als Gründer von großen Religionsgemeinschaften. Andererseits kann sich Philosophie von den Erfahrungen und der persönlichen Wirklichkeit dieser vier inspirieren lassen.[112]

Jaspers legt Wert darauf, dass es sich um mehrere Menschen handelt, die für das Menschsein prägend geworden sind. Daher darf auch nicht einer von ihnen verabsolutiert werden – abgesehen davon, dass alle vier aufgrund ihrer Charakterzüge ihre Grenzen haben und ihrer Geschichtlichkeit nicht entkommen können.[113] Es gibt also auch kein *solus Christus*; denn: »Es sind mehrere, es gilt nicht einer ausschließlich und allein.«[114]

Als Philosoph fragt Jaspers danach, was die vier »ohne die organisierten Religionen bedeuten, für die sie als Stifter und Autorität gelten«. Jene vier maßgebenden Menschen, insofern jeder von ihnen »wie eine keine Ruhe lassende Frage an uns« sei, können als Orientierung, nicht als Vorbild zur Nachahmung fungieren.[115] Denjenigen, die sich redlich Rechenschaft geben, sei die grundsätzliche Gefolgschaft gegenüber Jesus verwehrt, weil sie die Formen und Inhalte von Jesu Botschaft und Leben nicht unmittelbar übernehmen können.[116] Dabei dürfte Jaspers etwa an das Unerfülltbleiben von Jesu Naherwartung denken. Ohne falsche Rücksicht erklärt Jaspers: »Es ist nicht nur offensichtlich, daß wir und die Gläubigen aller Kirchen der Bergpredigt nicht folgen, sondern mit der von Jesus geforderten Redlichkeit vielmehr eingestehen, daß wir es auch nicht wollen. Daß wir es nicht wollen, beruht auf dem positiven Willen, in der Welt zu lieben, zu wirken, zu pflanzen und zu bauen.«[117]

Dass wir uns von zeitgebundenen Vorstellungen in der Verkündigung Jesu lösen müssen, darin stimmt Jaspers mit Albert Schweitzer überein.

---

[111] A.a.O., S. 225.

[112] Vgl. a.a.O., S. 226.

[113] Vgl. ebd.

[114] Ebd.

[115] S. a.a.O., S. 227.

[116] Vgl. a.a.O., S. 228.

[117] K. JASPERS, Der philosophische Glaube angesichts der Offenbarung (s. Anm. 16), S. 502.

Erklärt dieser doch in seiner »Geschichte der Leben-Jesu-Forschung«: »Unser Verhältnis zum historischen Jesus muß zugleich ein wahrhaftiges und ein freies sein. Wir geben der Geschichte ihr Recht und machen uns von seinem Vorstellungsmaterial frei.«[118] Und auch darin besteht zwischen Jaspers und Schweitzer Konsens, wenn dieser freimütig ausspricht, dass Jesus für uns »keine Autorität der Erkenntnis« sein könne.[119] Eine Jesusmystik, die eine Willensgemeinschaft mit Jesus bedeutet, kennt hingegen Jaspers nicht. Wenn aber Jaspers eine Nachfolge Jesu im Sinne der Nachahmung ablehnt und für eine Orientierung an Jesus eintritt, ist er von der Sache her nicht allzu weit von Schweitzer entfernt. Für Schweitzer zielt nämlich der uns geltende Ruf Jesu in die Nachfolge darauf, dass er uns vor die Aufgaben stellt, »die er in unserer Zeit lösen muß«.[120]

Wenn wir Nachfolge Jesu im Sinne Schweitzers interpretieren, dann können wir als liberale Christinnen und Christen uns ein solches Nachfolgeverständnis zu eigen machen. Letztlich ist es aber nichts anderes als das, was Jaspers unter Orientierung an Jesus versteht.

5. Resümee

Ziehen wir noch ein abschließendes Resümee im Blick auf unsere Ausgangsfrage, wie wir im Anschluss an Karl Jaspers wahrhaftig von Jesus reden können.

1. Karl Jaspers erweist sich für ein liberales Christentum als ein interessanter Gesprächspartner, insofern für ihn Glauben und Denken zusammengehören. Deshalb muss die Vorstellung einer alleinigen Offenbarung Gottes in Christus abgelehnt werden, da diese die mannigfachen Verbindungen der christlichen Religion zu anderen Religionen nicht ernst nimmt und die erkenntnistheoretische Unmöglichkeit ignoriert, einen alleinigen Wahrheitsanspruch der eigenen Religion überzeugend begründen zu können.

2. Dass Gott in Jesus Mensch geworden sei, ist als Glaubensinhalt allein schon deshalb fraglich, da Jesus selbst die Anrede mit »guter Meister« zurückgewiesen hat, da nur Einer gut sei, nämlich Gott allein.

3. Während der Glaube an die Menschwerdung Gottes zu verschiedenen Christusspekulationen geführt hat, die aufgeklärt denkende Menschen nicht

---

[118] ALBERT SCHWEITZER, Geschichte der Leben-Jesu-Forschung (UTB 1302), Tübingen ⁹1984 (²1913), S. 628.

[119] S. a.a.O., S. 624.

[120] S. a.a.O., S. 630.

überzeugen können, ist für ein wahrhaftiges Reden von Jesus die historische Rückfrage unverzichtbar.

4. Die historische Rückfrage nach Jesus ist grundsätzlich möglich, auch wenn nur weniges zuverlässig überliefert ist und man sich oft mit Wahrscheinlichkeitsurteilen begnügen muss. Jedoch können durchaus die Grundzüge von Jesu Reich-Gottes-Verkündigung und das von ihm geforderte Ethos erfasst werden.

5. Der historische Jesus ist eine Gestalt der jüdischen Religion. Erst aufgrund der Ostererscheinungen kommt es zur Ausbildung der christlichen Religion. Sowohl der Glaube an die Auferstehung Jesu als auch die Deutung des Kreuzestodes Jesu als Opfer- bzw. Sühnetod lassen sich psychologisch erklären.

6. Jesus ist für einen philosophischen Glauben nicht der allein maßgebende Mensch, sondern einer von vier maßgebenden Menschen, »die durch ihr Dasein und Wesen das Menschsein wie keine anderen Menschen geschichtlich bestimmt haben«, so dass sie zur »Grundlage gewaltiger philosophischer Denkbewegungen geworden« sind.[121]

7. Im Unterschied zur Sichtweise eines traditionellen Kirchenglaubens kann Jesus sowohl für einen philosophischen Glauben als auch für einen kritischen christlichen Glauben kein nachzuahmendes Vorbild sein. Vielmehr vermag er Orientierung zu geben im Blick auf seine Haltung, sein Verhalten und seine ethischen Weisungen.[122]

---

[121] Siehe K. JASPERS, Die maßgebenden Menschen (s. Anm. 43), S. 9.

[122] Vgl. K. JASPERS, Die großen Philosophen, Bd. 1 (s. Anm. 39), S. 219.

Raphael Zager

KARL JASPERS UND DIE LIBERALE THEOLOGIE (I)

Zur Rezeption seiner Existenzphilosophie durch Martin Werner und Ulrich Neuenschwander

Im Folgenden möchte ich darstellen, welchen Einfluss der Philosoph Karl Jaspers (1883-1969) auf die Schweizer Liberale Theologie ausgeübt hat. Namentlich der Systematische Theologe Martin Werner (1887-1964) sowie dessen akademische Schüler Ulrich Neuenschwander (1922-1977) und Fritz Buri (1907-1995) haben viele Gedanken Jaspers' produktiv aufgenommen. Zugleich lassen sich aber auch Differenzen zwischen den drei Theologen und Karl Jaspers feststellen. Martin Werner, Ulrich Neuenschwander und Fritz Buri werden auch als »Berner Schule«[1] bezeichnet, sie gelten als die drei Hauptvertreter der Liberalen Theologie in der Schweiz. Ich werde mich im Folgenden mit der Rezeption der Existenzphilosophie von Karl Jaspers durch Martin Werner und Ulrich Neuenschwander auseinandersetzen.

1. Biographisches und Verbindung zu Karl Jaspers

1.1 Martin Werner

Der in Bern geborene Martin Werner verbrachte nahezu die gesamte Zeit seines theologischen Studiums und seiner wissenschaftlichen Qualifikation

---

[1] Vgl. zum Begriff »Berner Schule«: RAPHAEL ZAGER, Ulrich Neuenschwander (1922–1977). Eine biographisch-bibliographische Skizze, in: Werner Zager (Hg.), Auf dem Weg zu einer neuen liberalen Theologie. Ulrich Neuenschwander zum 100. Geburtstag (Forum Freies Christentum, Nr. 59), Stuttgart 2022, S. (2–12) 2.

in der Schweiz.² So hörte er zu keiner Zeit bei dem Theologen, den er als seinen wichtigsten akademischen Lehrer ansah: Albert Schweitzer (1875–1965). Hatte dieser herausgearbeitet, wie Jesu Lehre und Handeln in der spätjüdischen Apokalyptik verwurzelt waren, sah Martin Werner in der ausgebliebenen Parusie das Grundproblem des Christentums. Er verstand die folgende Dogmengeschichte als Reaktion auf dieses Ausbleiben und bezeichnete den damit einhergehenden Prozess als »Enteschatologisierung«: Man löste sich immer mehr von der eschatologischen Botschaft Jesu und seinem ethischen Umkehrruf ab.³ Zugleich deutete man die christliche Lehre um durch die Konstruktion von Dogmen. Entsprechend setzte sich Werner umgekehrt für eine Loslösung von »dogmatischen Verkrustungen« und eine Rückbesinnung auf die Ethik Jesu ein. Max Balsiger brachte das Anliegen Werners auf den Punkt: »Undogmatisch glauben – ethisch handeln«.⁴

Nicht nur Schweitzer vereinte in seiner Person theologisches und philosophisches Denken, auch Martin Werner setzte sich intensiv mit der Philosophie auseinander. Dies erkennt man schon daran, dass die Professur, die er im Jahr 1927 an der Universität Bern übernahm, neben der »Systematischen Theologie« zusätzlich auch die »Geschichte der Philosophie« in ihrer Bezeichnung trug. Auch war er mehrere Jahre »Präsident der bernischen Philosophischen Gesellschaft«.⁵

---

[2] Zur Biographie Martin Werners vgl. MAX ULRICH BALSIGER, Art. Martin Werner, in: Historisches Lexikon der Schweiz (HLS), URL: https://hls-dhs-dss.ch/de/articles/010911/2013-10-03/ (abgerufen am 28.7.2023); DERS., Martin Werner (1887–1964). Undogmatisch glauben – ethisch handeln, in: Gegen die Gottvergessenheit. Schweizer Theologen im 19. und 20. Jahrhundert, hg. v. Stephan Leimgruber u. Max Schoch, Basel / Freiburg i.Br. / Wien 1990, S. 276–287; DERS., Martin Werner – unbekannter Theologe (Forum Freies Christentum, Nr. 16), Stuttgart 1989, S. 1–18; PAUL MARTI, Martin Werner, in: Martin Werner, Glaube und Aberglaube. Aufsätze und Vorträge. Gesammelt aus Anlaß seines 70. Geburtstages, Bern 1957, S. 11–22; JOCHEN STREITER, Art. Werner, Martin, in: BBKL 29, Nordhausen 2018, Sp. 1558–1584.

[3] Vgl. M. U. BALSIGER, Undogmatisch glauben (s. Anm. 2), S. 279 f.

[4] A.a.O., S. 277.

[5] A.a.O., S. 278.

Martin Werner und Karl Jaspers standen in brieflicher Korrespondenz,[6] worin sie sich auch über ihre jeweiligen Publikationen austauschten. Darüber hinaus begegneten sie sich mehrfach persönlich, gerade nachdem Jaspers 1948 den Ruf nach Basel angenommen hatte. Beide schätzten sich gegenseitig sehr; so schrieb Werner an Karl Jaspers: »Ihrer Art zu philosophieren begegnet zu sein, gehört zu den bedeutendsten Erlebnissen meiner Entwicklung und meines Schaffens.«[7] Der Philosoph Jaspers dagegen, der sich gegenüber Vertretern von Theologie und Kirche oft kritisch äußerte, empfand sich von Martin Werner im Unterschied zu jenen »recht verstanden«. »Das gilt vor allem«, so schreibt er ihm 1953, »wenn ein Mann wie Sie, dessen Ton in der Sprache schon ich als gesinnungsverwandt spüre, und der durch bedeutende Forschungen auf Gebieten, auf denen ich vollkommen Laie bin, ausgezeichnet ist, meinem Denken einen Sinn abgewinnt.«[8]

1.2 Ulrich Neuenschwander

Auch der 1922 geborene Ulrich Neuenschwander verbrachte sein Studium und die Jahre seiner wissenschaftlichen Qualifikation in der Schweiz: in Zürich und Bern. Nachdem er bei Martin Werner 1948 promoviert worden war, versah Neuenschwander viele Jahre lang den Pfarrdienst in verschiedenen Schweizer Gemeinden, bevor er nach einer außerordentlichen Professur schließlich 1967 den Lehrstuhl seines Lehrers in Bern übernahm.[9] Bis zu seinem frühen Tod im Jahr 1977 war Neuenschwander ein engagierter Pre-

---

[6] Der Briefwechsel liegt im Deutschen Literaturarchiv (DLA) Marbach (A: Jaspers, Karl), z.T. ausgewertet in: KURT GUGGISBERG, Martin Werners Werk im Spiegel seines Briefwechsels, in: Weg und Werk Martin Werners. Studien und Erinnerungen, hg. v. Francesco Sciuto, Bern / Stuttgart 1968, S. 9–41.

[7] MARTIN WERNER, Brief an Karl Jaspers anlässlich seines 80. Geburtstags vom 21.2.1963 (DLA, A: Jaspers; zit. nach: BERND WEIDMANN, Einleitung des Herausgebers, in: Karl Jaspers, Der philosophische Glaube angesichts der Offenbarung [KJG I/13], hg. v. Bernd Weidmann, Basel 2016, S. [VII–LXXXIII] LXXII).

[8] KARL JASPERS, Brief an Martin Werner vom 31.3.1953 (DLA, A: Jaspers; zit. nach: B. WEIDMANN, Einleitung des Herausgebers [s. Anm. 7], S. LXXIII). Auch an anderer Stelle wird Jaspers' Enttäuschung über die misslingende Kommunikation mit den (allermeisten) Theologen deutlich; vgl. KARL JASPERS, Der philosophische Glaube, München ³2020, S. 61.

[9] Vgl. R. ZAGER, Ulrich Neuenschwander (s. Anm. 1), S. 2–6.

diger,[10] und auch seinen wissenschaftlichen Texten spürt man sein lebendiges Interesse an der Glaubenspraxis ab.

Während Martin Werner und Karl Jaspers nur wenige Jahre trennen, gehört Ulrich Neuenschwander einer anderen Generation an. Als Neuenschwander 1962 an die Universität Bern als außerordentlicher Professor berufen wurde, war Jaspers bereits emeritiert. Es ist also davon auszugehen, dass sich Neuenschwander mit dem Denken von Karl Jaspers insbesondere aufgrund der Lektüre seiner Schriften befasst hat. Darüber hinaus bestand allerdings auch ein brieflicher Austausch zwischen beiden.[11]

In jedem Fall hat Neuenschwander dem Philosophen Jaspers eine große Bedeutung zugemessen. Das ist schon daran zu erkennen, dass er in seinen Werken »Denker des Glaubens« (1974) und »Gott im neuzeitlichen Denken« (1977) Karl Jaspers jeweils ein ausführliches Kapitel widmet.

2. Jaspers-Rezeption bei Martin Werner und Ulrich Neuenschwander

2.1 Zum Verhältnis von Philosophie, Theologie und Religion

Ausführlich setzte sich Martin Werner mit der Existenzphilosophie von Karl Jaspers in einer Rektoratsrede auseinander. Für das Jahr 1942/43 zum Rektor gewählt,[12] hielt Werner diese Rede anlässlich der 109. Stiftungsfeier der Universität Bern am 20. November 1943. Anhand des Titels »Der religiöse Gehalt der Existenzphilosophie« wird schon deutlich, in welch spezifischer Weise der Theologe Werner auf das Denken des Philosophen zugreift. Geht Werner doch davon aus, dass sich Philosophie und Theologie beide »auf ihre Weise den Menschen oder Mensch und Gottheit zu ihrem Thema« gemacht haben.[13] Da sich also beide auf unterschiedliche Weise an den gleichen Fragestellungen abarbeiten, ist es nicht verwunderlich, dass das christliche

---

[10] Ein Großteil der erhaltenen Predigten wurde veröffentlicht in: ULRICH NEUENSCHWANDER, In Freiheit glauben. Ermutigungen zu einem wahrhaftigen Christsein, hg. v. Werner Zager, Neukirchen-Vluyn 1999.

[11] So sind im Deutschen Literaturarchiv Marbach vier Briefe Neuenschwanders an Jaspers sowie zwei Gegenbriefe (als Durchschlag) erhalten (DLA, A: Jaspers).

[12] Vgl. P. MARTI, Martin Werner (s. Anm. 2), S. 21.

[13] MARTIN WERNER, Der religiöse Gehalt der Existenzphilosophie. Rektoratsrede, gehalten am Dies academicus der Universität Bern, 20. November 1943, Leipzig / Bern 1943, S. 3.

Denken durch die Jahrhunderte hindurch immer wieder von den jeweiligen philosophischen Strömungen »wesentlich beeinflusst« worden ist.[14]

In dieser frühen Auseinandersetzung seiner Rektoratsrede scheint Werner die Aufgeschlossenheit Jaspers' gegenüber der Religion und der Theologie noch überschätzt zu haben. Hatte Jaspers doch die »Spannung« zwischen der Philosophie und der Religion als eine »absolute« beschrieben: »Der eigentliche Religiöse kann Theologe, aber nicht ohne Bruch Philosoph, der Philosoph als solcher nicht ohne Bruch ein Religiöser werden.«[15]

Als sich Martin Werner fast zehn Jahre nach seiner Rektoratsrede nochmals mit der »Religion bei Karl Jaspers« befasste, wurde dessen Religionsbegriff zu einem seiner beiden Kritikpunkte.[16] Religion und philosophischer Glaube seien für Jaspers nämlich nur deswegen unvereinbare Gegensätze, weil Jaspers einen verengten Begriff von Religion habe: Religion ist nämlich nach Jaspers »nur dort, wo Gebet, Kultus und Offenbarung Gemeinschaft stiften und Quelle von Autorität, Theologie und Gehorsam werden«.[17] Für den liberalen Theologen Werner, der sich ja gerade für eine von kirchlicher Bevormundung und dogmatischen Glaubenszwängen freie christliche Religion einsetzte, war mit dem Jaspers'schen Religionsbegriff nur eine »einzelne bestimmte geschichtliche Gestalt von Religion«, nicht aber das »Wesen der Religion selbst« beschrieben.[18]

Karl Jaspers hat die Aufgabe der Philosophie klar von derjenigen der Theologie unterschieden: Er als Philosoph könne lediglich dabei »helfen, den Boden zu bereiten und den Raum der geistigen Situation fühlbar zu machen«. Auf dieser Grundlage habe dann die gegenwärtige Theologie einen wahren Kraftakt zu leisten: Angesichts der so noch nie da gewesenen »Verwandlung der realen Lebensverhältnisse« der Menschen müsse sie eine

---

[14] Ebd.

[15] KARL JASPERS, Philosophie, Bd. 1: Philosophische Weltorientierung [1932], in: ders., Philosophie, Berlin / Göttingen / Heidelberg ²1948, S. (1–292) 251.

[16] Der zweite, viel breiter entfaltete Kritikpunkt betrifft die beiden Begriffe, die Jaspers für Gott verwendet: die ›Transzendenz‹ und das ›Umgreifende‹. Werner sieht beide Gottesbegriffe im Denken Jaspers' in einer »Konkurrenz« stehen, die er nicht aufzulösen vermag (vgl. MARTIN WERNER, Die Religion bei Karl Jaspers, in: SThU 22, H. 4 [1952], S. [73–82] 75–82).

[17] K. JASPERS, Philosophie, Bd. 1 (s. Anm. 15), S. 254.

[18] M. WERNER, Die Religion bei Karl Jaspers (s. Anm. 16), S. 74.

ebenso große »Wandlung religiöser Gewissheitsformen« vollziehen. Nach Jaspers ist es Aufgabe der Theologie, die »Sprache des Glaubens« in einer solchen Weise zu verwandeln, dass die »ewige Wahrheit der biblischen Religion« nicht völlig verloren geht, sondern ganz neu zur Geltung kommt.[19]

Wie sein Lehrer Martin Werner sah auch Ulrich Neuenschwander in Karl Jaspers den maßgeblichen philosophischen Gesprächspartner auf dem Weg hin zu einer zeitgemäßen Theologie. In seiner Programmschrift »Die neue liberale Theologie« schreibt er: »Der neue Liberalismus wird sich auf weite Strecken hin zu dem bekennen können, was Jaspers in der Schrift ›Der philosophische Glaube‹ über die Funktion der Philosophie der Religion gegenüber äussert.«[20]

2.2 Die Erfahrung des Sinnwidrigen und die Kategorie der Abgründigkeit

Worin bestehen nun etwa für Martin Werner die Einsichten der Existenzphilosophie, die sie für eine gegenwärtige Liberale Theologie anschlussfähig machen? Da ist zum einen die fundamentale Einsicht in den »Krisencharakter der geistigen Situation des Abendlandes«.[21] In diesen Worten Werners spiegelt sich zum einen die Erschütterung des Ersten und des noch verheerenderen Zweiten Weltkriegs, in dessen fünftes Jahr die Rektoratsrede fällt. Zum anderen sehen sich Theologie wie Philosophie radikal herausgefordert durch die naturwissenschaftlichen Erkenntnisse, das gewandelte Menschenbild und den technischen Fortschritt.[22] Mit Jaspers ist Werner der Überzeugung, »dass es keinen ›unangetasteten Hintergrund unseres Den-

---

[19] K. JASPERS, Der philosophische Glaube (s. Anm. 8), S. 83.

[20] Vgl. ULRICH NEUENSCHWANDER, Die neue liberale Theologie. Eine Standortbestimmung [Nachdr. Bern 1953]. Mit einem Geleitwort von Werner Zager (ThST 21), Kamen 2011, S. 40.

[21] M. WERNER, Der religiöse Gehalt der Existenzphilosophie (s. Anm. 13), S. 3; vgl. dazu ausführlich DERS., Der protestantische Weg des Glaubens, Bd. 2: Systematische Darstellung, Bern 1962, S. 362–367.

[22] Vgl. etwa MARTIN WERNER, Christentum und Saekularisation als Problem der abendländischen Geistesgeschichte (1955), in: ders., Glaube und Aberglaube (s. Anm. 2), S. (80–95) 89 f.

kens mehr gibt«.²³ Nicht nur ist jedes bisherige theologische und philosophische System in Frage gestellt, überhaupt könne es ein »System im alten Sinne« gar nicht mehr geben.²⁴ Ernüchtert stellt noch der späte Karl Jaspers fest, dass es weder den Kirchen noch der Philosophie bislang gelungen sei, auf all diese »Wandlungen des gesamten Weltzustandes« adäquat zu reagieren und den Menschen neue Orientierung zu geben.²⁵

Unheilbare Krankheiten, schreckliche Naturkatastrophen und die in der Natur zu beobachtende Grausamkeit – all dies zählt zu dem *Sinnwidrigen*, das sowohl für Jaspers als auch für Werner zu einem zentralen Ausgangspunkt ihres Denkens wird. Beide halten es für unredlich, all diese sinnwidrigen Tatbestände in eine »harmonisierende Weltauffassung« einzugliedern.²⁶ Nein, die Erfahrung des Sinnwidrigen wird bei ihnen – ohne dass sie es dazu instrumentalisieren würden – zu einem unverzichtbaren Movens philosophischen Denkens.

»Unaufhebbare Sinnwidersprüche« wie der Tod, das Böse oder der Schmerz gehören also nicht zum »Wesen des Daseins« dazu, sie werden dem Menschen zu einer »Grenzsituation«, innerhalb derer er »auf sich selbst zurückgeworfen« wird.²⁷ Martin Heidegger (1889–1976), der diese zutiefst erschütternde Erfahrung mit dem Begriff der Angst erfasst hat, bleibt hier Werner zufolge zu früh stehen. Jaspers habe demgegenüber zu Recht markiert, dass die Frage nach der eigenen Existenz immer auch die Frage nach der Transzendenz miteinschließt. Der Mensch, der sich angesichts einer Grenzerfahrung nach der »Möglichkeit [seines] Selbstseins« fragt, beginnt zugleich transzendierend zu fragen. So frage er etwa, warum das Dasein von Gott so geschaffen wurde, wie es ist, und nicht anders.²⁸

---

²³ M. WERNER, Der religiöse Gehalt der Existenzphilosophie (s. Anm. 13), S. 3. Werner zitiert hier aus: KARL JASPERS, Vernunft und Existenz. Fünf Vorlesungen, München ⁴1960 (Groningen ¹1935), S. 38.

²⁴ M. WERNER, Der religiöse Gehalt der Existenzphilosophie (s. Anm. 13), S. 4.

²⁵ K. JASPERS, Der philosophische Glaube angesichts der Offenbarung (s. Anm. 7), S. 154.

²⁶ KARL JASPERS, Vom Ursprung und Ziel der Geschichte (KJG I/10), hg. v. Kurt Salamun, Basel 2017, S. 140; zit. bei: M. WERNER, Der protestantische Weg des Glaubens, Bd. 2 (s. Anm. 21), S. 106; vgl. dazu auch a.a.O., S. 111 f.

²⁷ M. WERNER, Der religiöse Gehalt der Existenzphilosophie (s. Anm. 13), S. 10.

²⁸ Vgl. a.a.O., S. 11.

Sowohl Jaspers als auch Werner fordern das Ernstnehmen des Sinnwidrigen in der Welt ein und wenden sich damit jeweils gegen bestimmte Strömungen ihres Faches. Der Philosoph Jaspers positioniert sich hier zum einen gegen den Positivismus, zum anderen gegen den Idealismus, die beide gegenüber den Grenzsituationen des Leidens kein Verständnis haben: Während der Positivismus, allein der überprüfbaren Empirie vertrauend, etwa die Krankheit lediglich als »Naturprozess« erforschen würde, täte der Idealismus Krankheiten als »abnorm« ab oder er verwerte sie in seinen Systemen »erbaulich und geistreich«, aber letztlich »wirklichkeitsfremd«.[29]

Auch Martin Werner sieht das Phänomen der Sinnwidrigkeit in Theologie und Kirche weitgehend nicht ernstgenommen. Er schreibt 1962: »Mit allzu vielen Versuchen, das Sinnproblem zu bagatellisieren, zu verharmlosen, mit illusionären, bedürfnisreligiösen Trostauskünften zu umgehen, erregt die heutige Kirchenreligion weithin gerade bei ernsthaft denkenden Menschen berechtigte Empörung und züchtet selber einen atheistischen Nihilismus.«[30] Diese prägnanten, sicher auch scharf zugespitzten Formulierungen gegen die »Kirchenreligion« zeigen klar Martin Werners liberal-theologisches Profil. Und er formulierte dies wohlgemerkt 1962, also fast 30 Jahre bevor Henning Luther in seinem berühmt gewordenen Vortrag »Die Lügen der Tröster« auf eben jenes Problem hinwies.[31]

Hier möchte ich eine weitere Verbindungslinie zu Ulrich Neuenschwander ziehen. Dieser hatte im Jahr 1953 seine programmatische Schrift »Die neue liberale Theologie« veröffentlicht. Mit dieser Schrift wollte er an die Liberale Theologie des 19. und frühen 20. Jahrhunderts anknüpfen, sie zugleich aber modifizieren. Und ein wesentlicher Punkt dieser Neuausrichtung, das hat Wolfgang Pfüller vor Kurzem noch einmal klar herausgearbei-

---

[29] KARL JASPERS, Philosophie, Bd. 1 (s. Anm. 15), S. 199; zit. bei: M. WERNER, Der religiöse Gehalt der Existenzphilosophie (s. Anm. 13), S. 11.

[30] M. WERNER, Der protestantische Weg des Glaubens, Bd. 2 (s. Anm. 21), S. 92 f.

[31] Henning Luther formulierte in seinem posthum veröffentlichten Vortrag von 1991 u.a.: »Seelsorge, die Trost vermitteln will durch die Behauptung von Sinn und Bestärkung von Lebensgewißheit, ist immer in der Gefahr, der Fassadenwelt aufzusitzen. Das ›Dahinter‹ einer trostlosen Welt, die um den Verstand bringt und in die Verzweiflung treibt, bleibt ausgespart und verdrängt.« (HENNING LUTHER, Die Lügen der Tröster. Das Beunruhigende des Glaubens als Herausforderung für die Seelsorge, in: PrTh 33 [1998], S. [163–176] 164)

tet,³² war die »Kategorie der Abgründigkeit«.³³ Habe im alten Liberalismus noch ein deutlich optimistisches Bild von Welt, Mensch, Geschichte und Gott vorgeherrscht, so sieht sich Neuenschwander hier zu einem radikalen Umdenken genötigt: Die Natur sei wie auch die Geschichte vielfach zwiespältig und rätselhaft, der Mensch habe sich ebenfalls nicht als nur gut, sondern auch als Unmensch erwiesen, und schließlich betrifft die Kategorie der Abgründigkeit auch Gott selbst; Neuenschwander spricht von einem verborgenen Gott, »dessen Sinn niemand ganz erkennt«.³⁴

2.3 Welt, Existenz und Transzendenz

Karl Jaspers war also im Unterschied zu Martin Heidegger der Auffassung, man könne »von ›Existenz‹ nicht reden, ohne auf ›Transzendenz‹ zu verweisen«.³⁵ Werner begreift die Existenzphilosophie Jaspers' daher als eine Fortentwicklung derjenigen Heideggers, der noch meinte, auf den Gottesglauben radikal verzichten zu können.³⁶

Bleiben wir zunächst beim Verhältnis von Existenz und Transzendenz, dem als Drittes noch die Welt hinzugefügt werden muss.³⁷ Die Welt, worunter auch der Mensch als Organismus zählt, ist dabei das, was etwa von den

---

³² WOLFGANG PFÜLLER, »Die neue liberale Theologie« Ulrich Neuenschwanders und ihre Perspektiven, in: W. Zager (Hg.), Auf dem Weg zu einer neuen liberalen Theologie (s. Anm. 1), S. 13–27; vgl. hier insbesondere S. 18–21.

³³ U. NEUENSCHWANDER, Die neue liberale Theologie (s. Anm. 20), S. 56; vgl. dazu auch DERS., Alte und neue liberale Theologie, in: ders., Zwischen Gott und dem Nichts. Beiträge zum christlichen Existenzverständnis unserer Zeit, Stuttgart / Bern 1981, S. (80–93) 85–91.

³⁴ U. NEUENSCHWANDER, Die neue liberale Theologie (s. Anm. 20), S. 67.

³⁵ M. WERNER, Der religiöse Gehalt der Existenzphilosophie (s. Anm. 13), S. 4.

³⁶ Ulrich Neuenschwander hebt allerdings mit Recht hervor, dass Heidegger zwar den »konventionellen Gottesglauben verwirft«, jedoch etwa gegenüber Jean-Paul Sartre kein »Atheist im klassischen Sinne« ist (ULRICH NEUENSCHWANDER, Der moderne Atheismus, in: ders. / Werner Zager, Gott denken angesichts des Atheismus, Neukirchen-Vluyn 2001, S. [1–64] 60).

³⁷ Vgl. ULRICH NEUENSCHWANDER, Denker des Glaubens, Bd. 2: Emanuel Hirsch – Emil Brunner – Paul Tillich – Pierre Teilhard de Chardin – Karl Jaspers (GTB 87), Gütersloh ¹1974, ²1979, ³1985, S. 123.

Wissenschaften objektiv-gegenständlich erfasst werden kann.[38] Die *Existenz* des Menschen geht allerdings darüber hinaus, denn über sie kann nach Auffassung der Existenzphilosophie »keine Wissenschaft als solche zwingend wissbare objektive Tatsache[n]«[39] aufweisen. Das transzendierende Denken beschäftigt sich dagegen mit dem über die raumzeitliche Welt Hinausgehenden: die Existenz und damit zugleich immer auch die Transzendenz.

Die Wissenschaften, so stimmen Werner und Jaspers überein, müssen die Grenzen dessen, was sie zu leisten imstande sind, akzeptieren: Eine »Gesamtseinserkenntnis«,[40] oder wie man heute vielleicht sagen würde, eine »theory of everything«, liegt außerhalb ihrer Möglichkeiten. Andererseits betont Werner im Anschluss an Jaspers, kann das transzendierende Denken immer nur fragmentarisch und vorläufig sein. Denn im Unterschied zu den Wissenschaften ist im Hinblick auf die Existenz und die Transzendenz kein *Erkennen* möglich, denn über die Grenze des Erkennens hinaus kann nur noch *gedacht* werden. »Transzendierende Gedanken« als Ergebnisse dieses Denkens über Existenz und Transzendenz können also auch keine letztgültigen Aussagen sein. Es kann hier lediglich Vorletztes formuliert werden.[41]

Hier deutet sich an, weshalb Jaspers eine große Aversion gegen absolute Wahrheitsansprüche, insbesondere bezogen auf die Transzendenz, hatte. Dass gerade die Offenbarungsreligionen meinen, mit ihren »Offenbarungswahrheiten ein *nicht überprüfbares Erkenntnismonopol* gegenüber anderen Menschen in Anspruch nehmen zu können«,[42] war für Jaspers schon allein erkenntnistheoretisch ein Unding.

Zur Frage des adäquaten Verständnisses des Jaspers'schen Transzendenzbegriffes hat sich ein interessanter brieflicher Austausch zwischen Karl Jaspers und Ulrich Neuenschwander erhalten, dem eine Debatte zwischen dem atheistischen Pädagogen und Philosophen Ernst Haenssler und Neuenschwander vorausgegangen war. In einem Brief vom 12. Oktober 1951 bittet Neuenschwander Jaspers um die Klärung zweier Fragen. Zum einen waren er und Haenssler sich darüber uneins, ob Jaspers' Transzendenzbegriff

---

[38] Vgl. dazu auch K. JASPERS, Der philosophische Glaube (s. Anm. 8), S. 46.

[39] M. WERNER, Der religiöse Gehalt der Existenzphilosophie (s. Anm. 13), S. 5.

[40] MARTIN WERNER, Der protestantische Weg des Glaubens, Bd. 1: Der Protestantismus als geschichtliches Problem, Bern 1955, S. 68.

[41] Vgl. a.a.O., S. 91 f.

[42] KURT SALAMUN, Karl Jaspers, Würzburg ²2006, S. 104.

einen »lediglich noetischen [sc. so Haenssler] oder auch ontologischen Charakter« [sc. so Neuenschwander] habe, zum anderen, ob die Transzendenz, die Jaspers auch Gott nennen kann, »eine positive Beziehung zum biblischen Gott« habe, wie Neuenschwander im Gegensatz zu Haenssler der Überzeugung war.[43] In seiner Antwort fühlte sich Jaspers in beiden Fragen von Neuenschwander verstanden und wies die Auffassung Haensslers entschieden zurück. Jaspers positioniert sich hier also klar gegen eine atheistische Interpretation seines Denkens und zeigt sich einmal mehr offen gegenüber einem philosophisch-theologischen Diskurs. Er beschließt seinen Brief sogar mit einer expliziten Würdigung der pastoralen Aufgabe (Neuenschwander war zu dieser Zeit Gemeindepfarrer): »Es ist eine grosse Verantwortung zu philosophieren und Philosophie mitzuteilen. Ich bin aber beruhigt zu wissen, dass die Kirchen da sind und dass Männer wie Sie nach Kräften dafür sorgen, dass in aller Wahrhaftigkeit nicht verloren geht, was wir im Philosophieren allein nicht zu halten vermöchten.«[44]

2.4 Philosophisches Denken statt abgeschlossener Systeme

An die Stelle abgeschlossener *Systeme* tritt bei Jaspers der *Prozess* des philosophischen *Denkens* und *Fragens*. In seiner »Einführung in die Philosophie« heißt es: »[D]as Suchen der Wahrheit, nicht der Besitz der Wahrheit ist das Wesen der Philosophie, mag sie es noch so oft verraten im Dogmatismus, das heißt in einem in Sätzen ausgesprochenen, endgültigen, vollständigen und lehrhaften Wissen.«[45] Und auch in Bezug auf den Glauben hebt Jaspers das Prozesshafte hervor: »Der philosophische Glaube [...] gewinnt keine Ruhe in einem Bestand. Er bleibt das Wagnis radikaler Offenheit. [Er] muß sich zur Erscheinung bringen in der Weise des Denkens und Begründens. [...] Das Allgemeine des wahren Glaubens ist aber nicht als allgemeingültiger Inhalt zu entwerfen, [...] sondern allein geschichtlich durch zeitliche Bewegung zu vergewissern.«[46]

---

[43] ULRICH NEUENSCHWANDER, Brief an Karl Jaspers vom 12. Oktober 1951 (DLA, A: Jaspers).

[44] KARL JASPERS, Brief an Ulrich Neuenschwander vom 19. Oktober 1951 (Durchschlag), (DLA, A: Jaspers).

[45] KARL JASPERS, Einführung in die Philosophie. Zwölf Radiovorträge, Zürich 1950, S. 14.

[46] K. JASPERS, Der philosophische Glaube (s. Anm. 8), S. 16.

Darin treffen sich die System-Kritik des Philosophen und die Dogmenkritik Martin Werners. Der eine wie der andere hält es für unmöglich, die Existenz des Menschen oder die Transzendenz, die alles umgreift, in einer feststehenden Lehre ›vom Menschen‹ oder ›von Gott‹ zu beschreiben. In gleicher Weise könnten auch Sozial- und Geschichtswissenschaften, Medizin und Psychologie zwar ihren Beitrag zur wissenschaftlichen Erforschung des Menschen leisten, nie aber eine allgemeine Lehre *vom* Menschen ausbilden und diesen somit objektivieren. Die »Existenz«, so weiß sich Werner mit Jaspers einig, »wird nicht als Tatbestand wissenschaftlich objektiv feststellbar, sondern kann nur in Selbstbestimmung gewiss werden für den, der sie verwirklicht«.[47]

Eine solche Verobjektivierung, wie sie vielfach in der Philosophiegeschichte wie auch in der Dogmen- und Theologiegeschichte begegne, hält Werner nicht nur für unangemessen, sondern auch für ein Anzeichen des Unglaubens. Die Transzendenz wie die in ihr gründende Existenz ist dem Menschen zwar zugänglich, sie bleibt aber stets unverfügbar. Martin Werner spannt hier einen Bogen zwischen zwei Extremen: Während die Positivisten die Transzendenz entweder leugnen oder sie als vollkommen unerkennbar (Agnostizismus) beiseitelassen, gebe die Religion allzu oft dem »Anreiz zur Vergegenständlichung« nach, was von den Dogmatisierungen etwa in der Gotteslehre reiche bis hin zur Vergötzung und damit der völligen Vergegenständlichung des Transzendenten.[48]

Damit wendet sich Werner freilich implizit gegen die Dialektische Theologie seiner Tage, die sich (angesichts der von ihr ebenfalls empfundenen theologischen Krise) um eine Wiederbelebung der kirchlichen Dogmen mühte und deren Hauptvertreter Karl Barth (1886–1968) zu Werners entschiedenen Gegnern zählte. Dabei sah Werner Jaspers nicht in der Rolle des Mitstreiters einer Liberalen Theologie, sondern, wie er ihm 1948 schreibt, in derjenigen des kritischen Mahners, der die in einer »religiösen Gegenwartskrise« befindliche Theologie zur »Sachlichkeit aufruf[t]«, damit sie darüber »Rechenschaft« abgibt, »wie sie ihre Sache in der geistigen Lage der Gegenwart führt«.[49] Allerdings wurde Werner in dieser Hoffnung weitge-

---

[47] M. WERNER, Der religiöse Gehalt der Existenzphilosophie (s. Anm. 13), S. 6.

[48] A.a.O., S. 8.

[49] MARTIN WERNER, Brief an Karl Jaspers vom 4. Juli 1948 (DLA, A: Jaspers; zit. nach: B. WEIDMANN, Einleitung des Herausgebers [s. Anm. 7], S. LXXII).

hend enttäuscht, fielen doch die Reaktionen auf die Jaspers'sche Philosophie seitens Theologie und Kirche verhalten bis dezidiert ablehnend aus.

Auch Karl Jaspers ist der Überzeugung, dass die »überlieferten Religionen [heute] für immer mehr Menschen unglaubwürdig geworden sind«, was einmal ihren exklusiven Wahrheitsanspruch, aber auch »fast alle Dogmen« angeht.[50] Zugleich sieht er das Christentum in einer tiefen Glaubwürdigkeitskrise begriffen. Nicht zuletzt eingedenk des weitgehenden Versagens der Kirchen im Dritten Reich scheint ihm innerhalb der Kirche ein »faktisch unchristliche[s] Leben« geführt zu werden, sodass die »Massen« das Vertrauen zur Institution Kirche verloren haben. Jaspers hofft auf eine Verwandlung der Kirche im Sinne einer »Wiederherstellung der biblischen Religion«.[51]

Auch Ulrich Neuenschwander schließt sich hier an Jaspers an, wenn er in einer 1966/67 gehaltenen Vorlesung sagt: »Gewiss können wir kein System von Gott machen und ihn so fassen. Wir sind uns dessen bewusst, dass menschliche Rede vom Überweltlichen nur eine gebrochene, indirekte sein kann, dass wir also grundsätzlich über Gott, soweit wir ihn zur Sprache zu bringen versuchen, in Chiffren reden, wie es Karl Jaspers nennt [...].«[52]

2.5 Von der existenziellen Grenzsituation zum Glauben

Wir haben gesehen, dass nach Jaspers dem Menschen durch existenzielle Grenzsituationen ein Zugang zu seiner Existenz und auch zur Transzendenz ermöglicht wird. Allerdings wäre es zu kurz gegriffen, nähme man an, der Mensch würde *zwangsläufig* durch jede Grenzsituation seines Lebens zu einem solchen Zustand gelangen, der ihn seine Existenz als sinnvoll erfahren lässt. Zunächst einmal befindet sich der Mensch ja in einer tiefen Sinnkrise, es ist ein »ratloses Fragen«, ein »Suchen Gottes« und ein »Hadern mit Gott«.[53]

---

[50] K. JASPERS, Vom Ursprung und Ziel der Geschichte (s. Anm. 26), S. 126; zit. bei: M. WERNER, Der protestantische Weg des Glaubens, Bd. 2 (s. Anm. 21), S. 3.

[51] K. JASPERS, Vom Ursprung und Ziel der Geschichte (s. Anm. 26), S. 210; zit. bei: M. WERNER, Der protestantische Weg des Glaubens, Bd. 2 (s. Anm. 21), S. 3.

[52] ULRICH NEUENSCHWANDER, Der heutige Mensch und die Frage nach Gott, in: ders. / W. Zager, Gott denken angesichts des Atheismus (s. Anm. 36), S. (181–281) 187.

[53] M. WERNER, Der religiöse Gehalt der Existenzphilosophie (s. Anm. 13), S. 11.

Der Weg, der aus dieser Sinnkrise herausführt, ist herausfordernd. Die erste Reaktion des Menschen auf die Grenzsituation ist also der *Trotz*: Er klagt Gott an, stellt seine Güte oder seine Existenz überhaupt in Frage. In ihm vollzieht sich ein »Kampf zwischen Glaube und Unglaube«.[54] Zu einer gelingenden Erfahrung wird die Grenzsituation aber nur dann, wenn der Mensch über diesen Trotz hinausgelangt und so (wieder) zu einem »sinnhaften Menschsein«[55] kommt, was für Jaspers und Werner gleichbedeutend mit der glaubenden Existenz ist.

Grundsätzlich besteht der Weg des Glaubens darin, den Trotz zu überwinden und zu einer Haltung der »unbedingten Hingabe« zu finden. An diesem Punkt kann man allerdings den Eindruck gewinnen, dass die Vorstellungen von Karl Jaspers und Martin Werner auseinandergehen. So wird der Weg des Glaubens vom Trotz hin zur Hingabe beim Philosophen stärker als aktive Tätigkeit des Menschen beschrieben, beim Theologen vor allem als durch die Gnade Gottes gewährtes Geschenk. Hingabe heißt für Jaspers »in die Grenzsituationen offenen Auges eintreten«.[56] »Der Sprung aus der Angst zur *Ruhe* ist der ungeheuerste, den der Mensch tun kann.«[57] Dass dieser Sprung in den Glauben und die Annahme der Existenz gelingt, ist zwar auch bei Jaspers nicht ohne das Wirken der Transzendenz möglich. Er scheint jedoch dem Menschen ein großes Maß an Eigenleistung zuzutrauen, und

---

[54] Ebd. – Dieser Ausdruck, der ursprünglich aus dem »West-östlichen Divan« von Johann Wolfgang von Goethe stammt und in dem dieser »das eigentliche, einzige und tiefste Thema der Welt- und Menschengeschichte« ausgedrückt sah, hat eine große Wirkung entfaltet (JOHANN WOLFGANG VON GOETHE, West-östlicher Divan, Bd. 2: Noten und Abhandlungen, hg. u. bearb. v. Ernst Grumach [Werke Goethes, hg. v. d. Deutschen Akademie der Wissenschaften zu Berlin], Berlin 1952, S. 123; vgl. dazu RAPHAEL ZAGER, Das Geschichtsdenken Augustins. Zur Rezeption des Alten Testaments in De ciuitate dei XV–XVIII [BHTh 204], Tübingen 2023, S. 16 mit Anm. 3).

[55] M. WERNER, Der religiöse Gehalt der Existenzphilosophie (s. Anm. 13), S. 12.

[56] KARL JASPERS, Philosophie, Bd. 2: Existenzerhellung [1932], in: ders., Philosophie, Berlin / Göttingen / Heidelberg ²1948, S. (293–672) 469; zit. bei: M. WERNER, Der religiöse Gehalt der Existenzphilosophie (s. Anm. 13), S. 12.

[57] KARL JASPERS, Philosophie, Bd. 3: Metaphysik [1932], in: ders., Philosophie, Berlin / Göttingen / Heidelberg ²1948, S. (673–879) 877; zit. bei: M. WERNER, Der religiöse Gehalt der Existenzphilosophie (s. Anm. 13), S. 12.

darüber hinaus beschreibt er diese Situation als Erfahrung einer »radikalen Unmittelbarkeit zur Gottheit«.[58]

Während beispielsweise bei Rudolf Bultmann der angefochtene Mensch nur durch den Glauben an das Kerygma (*sola fide*), also die Verkündigung des heilvollen Handelns Gottes im Christusgeschehen, in seine eigentliche Existenz geführt werden kann, geht es Jaspers um eine unmittelbare Begegnung des Menschen mit der Transzendenz.[59] Gerade den in der Reformation stark gemachten Grundsatz, dass der Mensch allein durch die Gnade Gottes (*sola gratia*) gerechtfertigt würde, hält Jaspers für eine Absurdität, die er auch der Theologie Bultmanns vorwirft.[60] Für Jaspers besteht der vom Menschen geforderte »ungeheure Sprung« nicht darin, irgendwelche Glaubensinhalte anzunehmen. Vielmehr bedeutet der Sprung, dass der Mensch seine Existenz selbst annimmt – mit allen ihren Sinnwidrigkeiten und umgriffen von der Transzendenz.

Martin Werner versteht den Glauben als eine dem Menschen geschenkte Möglichkeit, »mitten in einer rätselvollen, sinnzwiespältigen Welt«[61] das eigene Leben sinnvoll zu gestalten. Die »unbedingte Hingabe« ist daher auch nicht fatalistisch misszuverstehen, als habe der Mensch lediglich alles als gegeben und unveränderbar zu akzeptieren. Vielmehr muss der Glaubende bei Werner die Spannung zwischen Sinnwidrigem und Sinnvollem in der Welt aushalten,[62] indem er aus Ressourcen schöpft, die Werner insbesondere in den Schriften des Alten und Neuen Testaments erkennt. So sieht Werner die »Offenbarung Gottes als Seinsgrund und Sinngrund«, durch die die »menschliche Existenz in der Haltung des Glaubens« zur

---

[58] KARL JASPERS, Erwiderung auf Rudolf Bultmanns Antwort, in: ders. / Rudolf Bultmann, Die Frage der Entmythologisierung, München 1954, S. (75–117) 83; vgl. zur Kontroverse zwischen Bultmann und Jaspers: WERNER ZAGER, Zwischen Kerygma und Mythos. Karl Jaspers' und Rudolf Bultmanns Beitrag zur Debatte über die Entmythologisierung der Bibel, in: ders., Entwicklungslinien im liberalen Protestantismus. Von Kant über Strauß, Schweitzer und Bultmann bis zur Gegenwart, Leipzig 2017, S. (199–226) 215–224.

[59] Vgl. M. WERNER, Der protestantische Weg des Glaubens, Bd. 2 (s. Anm. 21), S. 20; vgl. dazu W. ZAGER, Zwischen Kerygma und Mythos (s. Anm. 58), S. 218.

[60] Vgl. dazu auch ULRICH NEUENSCHWANDER, Glaube. Eine Besinnung über Wesen und Begriff des Glaubens, Bern 1957, S. 231.

[61] M. U. BALSIGER, Undogmatisch glauben (s. Anm. 2), S. 284.

[62] Vgl. a.a.O., S. 283 f.

»Sinnerfüllung« gelangt, insbesondere in den biblischen Schriften gegeben.[63] Auf seine Weise löst Werner also die Forderung von Karl Jaspers ein, die »ewige Wahrheit der biblischen Religion«[64] neu zur Geltung zu bringen. Dabei stoßen wir allerdings auf den größten Konflikt zwischen Martin Werner und Karl Jaspers: das Problem der Offenbarung.

Ulrich Neuenschwander hat den Gedanken der »unbedingten Hingabe« weitergeführt und spricht vom »ehrfürchtigen Sich-Beugen vor dem Unverstandenen«.[65] In zweierlei Hinsicht resigniert der angefochtene Mensch (Hiob, Jeremia[66]), erfährt er das »Geheimnis Gottes« und die Sinnwidrigkeit seiner Existenz. Zum einen führt sie uns Menschen an die »Grenzen unserer Erkenntnis«, zum anderen in eine Haltung der Demut und der Bescheidung. Neuenschwander betont, die verbreitete moderne Haltung, dass man »ein Recht auf Glück« oder gar »ein Recht auf alles hat, was man begehrt«, werde gerade in existenziellen Grenzsituationen als Irrtum entlarvt. So müsse »ehrlicher Glaube« immer auch das Element der Resignation enthalten, das dazu führt, sich in Ehrfurcht und Bescheidenheit dem »Unverstandenen« zu beugen und die Existenz in der Welt trotz ihrer Sinnwidrigkeit zu bejahen.[67]

Überhaupt ist Neuenschwanders Glaubensbegriff deutlich von der Existenzphilosophie Karl Jaspers' bestimmt. Dies zeigt sich schon daran, wie er den Glauben definiert: »*Glaube ist die Seinsweise der von Gott ergriffenen, zu*

---

[63] Die »Systematische Darstellung« seiner Theologie unterteilt Werner in die beiden Hauptabschnitte: »Die Offenbarung Gottes als Seinsgrund und Sinngrund« und »Die Sinnerfüllung der menschlichen Existenz in der Haltung des Glaubens« (M. WERNER, Der protestantische Weg des Glaubens, Bd. 2 [s. Anm. 21], S. IX f.).

[64] K. JASPERS, Der philosophische Glaube (s. Anm. 8), S. 83.

[65] U. NEUENSCHWANDER, Der heutige Mensch und die Frage nach Gott (s. Anm. 52), S. 266.

[66] Das Wort Jeremias an Baruch (Jer 45,2–5) wurde sowohl für Dietrich Bonhoeffer als auch für Karl Jaspers und Martin Werner zu einem wichtigen biblischen Beleg dafür, wie sich ein glaubender Mensch in die Sinnwidersprüchlichkeit seiner eigenen Existenz und die Verborgenheit Gottes fügen kann (vgl. dazu M. WERNER, Der protestantische Weg des Glaubens, Bd. 2 [s. Anm. 21], S. 193, mit Bezug auf K. JASPERS, Einführung in die Philosophie [s. Anm. 45], S. 38 f.; DIETRICH BONHOEFFER, Widerstand und Ergebung, München ⁹1959, S. 154. 202).

[67] U. NEUENSCHWANDER, Der heutige Mensch und die Frage nach Gott (s. Anm. 52), S. 266.

ihm hin geöffneten, auf ihn hin ausgerichteten Existenz.«[68] Vom Grundaxiom eines existenzphilosophischen Zugangs abgesehen, werden bei Neuenschwander aber auch Differenzen zu Jaspers deutlich. So akzentuiert der Berner Theologe gegenüber Jaspers, dass die Existenz des Glaubenden nicht nur das »eigentliche Selbstsein« ist, das vom Umgreifenden umgeben ist. Vielmehr sei die Existenz des Glaubenden eine »besondere Weise dieses Selbstseins«, insofern sie nämlich »positiv auf Gott hin ausgerichtet«, von Gott ergriffen und auf Gott hin offen ist.[69] Den Jaspers'schen Satz, nach dem »Existenz [...] nur in Bezug auf Transzendenz oder gar nicht«[70] ist, will Neuenschwander also präzisieren: Gibt es doch auch einen *negativen* Bezug zur Transzendenz, die etwa im Trotz zum Ausdruck kommt. Dieser führt aber gerade nicht in die eigentliche Existenz, sondern verfehlt sie. Erst durch die Entscheidung des Glaubens oder das Verharren im Unglauben würde der Bezug zur Transzendenz bestimmt: als Offenheit zu Gott oder als Trotz.[71]

2.6 Glaube und Vernunft

Es fällt auf, dass Jaspers die Tätigkeit, in der sich der Mensch auf seine Existenz und seine Transzendenz bezieht, als »transzendierendes *Denken*« bezeichnet und damit Glauben und Denken bzw. Wissen in einen engen Zusammenhang bringt. »Der philosophische Glaube« ist nach Jaspers »im Bunde mit dem Wissen. [...] Er will wissen, was wißbar ist.«[72] Immanuel Kant, an den sich Jaspers in vielerlei Hinsicht anschließt, hat bekanntlich das Verhältnis zwischen Wissen und Glauben anders bestimmt: »Ich mußte also das *Wissen* aufheben, um zum *Glauben* Platz zu bekommen [...].«[73] Sicher

---

[68] U. NEUENSCHWANDER, Glaube (s. Anm. 60), S. 15.

[69] A.a.O., S. 15 f.; vgl. S. 15–18.

[70] K. JASPERS, Philosophie, Bd. 3 (s. Anm. 57), S. 679.

[71] U. NEUENSCHWANDER, Glaube (s. Anm. 60), S. 15 f.; vgl. S. 16.

[72] K. JASPERS, Der philosophische Glaube (s. Anm. 8), S. 13.

[73] IMMANUEL KANT, Kritik der reinen Vernunft, 2., erw. Aufl., Riga 1787 (EA: 1781), in: ders., Werke in sechs Bänden, hg. v. Wilhelm Weischedel, Bd. 2, Darmstadt ⁵1983, Vorrede zur zweiten Auflage, S. 33. Es gilt hier allerdings die von Kant und Jaspers jeweils unterschiedlich verwendete erkenntnistheoretische Terminologie zu beachten; vgl. dazu ERICH GRUNERT, Der Einfluß Kants auf Karl Jaspers. Zugang zur Transzendenz bei Kant und Karl Jaspers, in: FZPhTh 3 (1956), S. (21–28) 22.

liegt einer der Gründe dafür, weshalb Jaspers von Vertretern der Liberalen Theologie so geschätzt wurde, darin, dass er Wissen und Denken dem Glauben positiv zuordnet. Vehement stellt sich der Philosoph gegen Forderungen der Religion, auch das Irrationale glauben zu müssen. Selbst Rudolf Bultmann war ja bekanntlich der Auffassung, dass hinter das Kerygma, also hinter den verkündigten Christus, nicht zurückgefragt werden dürfe.[74] Für Jaspers dagegen gilt die Devise: »Nichts darf es geben, das nicht befragt würde, kein Geheimnis darf gegen Forschung geschützt sein, nichts sich abwehrend verschleiern.«[75]

Dazu passend pocht Martin Werner unter Bezugnahme auf Jaspers auf den logischen Grundsatz, der unter dem Namen »Ockhams Rasiermesser« bekannt ist. In diesem für alle Wissenschaften geltenden Prinzip geht es im Grunde darum, die für die Plausibilität der eigenen Theorie notwendigen Vorannahmen so gering wie möglich zu halten. Werners Vorwurf ist nun, dass innerhalb der Theologie oftmals viel zu schnell eine Annahme zu einer solchen Vorannahme erhoben wird, die dann nicht mehr hinterfragt werden darf. Werner wörtlich: »Ein nachprüfbares, dogmatistisches Vorurteil gibt man als eine vor allem Beweisen und Widerlegen gegebene Voraussetzung aus.«[76] Gegenüber diesen nicht hinterfragbaren Vorannahmen gilt das Prinzip ›Vogel friss oder stirb‹: Entweder man nimmt es glaubend an oder man bewegt sich außerhalb des Glaubens.

Martin Werner erhebt insgesamt einen hohen Anspruch an die Rationalität des Glaubens, was in den Prolegomena seines Hauptwerks, in denen er sich u.a. dem Verhältnis von Logik und Theologie zuwendet, deutlich wird. Werner stellt klar heraus, dass wie für alle Wissenschaft so auch für die Theologie der Satz der Widerspruchsfreiheit zu gelten habe. Man könne

---

[74] Vgl. RUDOLF BULTMANN, Neues Testament und Mythologie. Das Problem der Entmythologisierung der neutestamentlichen Verkündigung. Nachdr. der 1941 erschienenen Fassung (BEvTh 96), hg. v. Eberhard Jüngel, München 1985, S. 61; DERS., Das Verhältnis der urchristlichen Christusbotschaft zum historischen Jesus (1960), in: ders., Exegetica. Aufsätze zur Erforschung des Neuen Testaments, ausgew., eingel. u. hg. v. Erich Dinkler, Tübingen 1967, S. (445–469) 450. 468 f.

[75] K. JASPERS, Der philosophische Glaube (s. Anm. 8), S. 13.

[76] M. WERNER, Der protestantische Weg des Glaubens, Bd. 1 (s. Anm. 40), S. 38, unter Bezugnahme auf KARL JASPERS, Philosophische Logik, Bd. I: Von der Wahrheit, München 1947, S. 563 ff.

nämlich gar nicht mehr über Glaubensaussagen urteilen, ließe man zu, dass von den jeweiligen Aussagen auch ihre Verneinung gelten könne.[77]

Deutlich merkt man hier eine Abwehr gegen das Formulieren paradoxer Glaubenssätze, die – u.a. inspiriert durch das Denken Sören Kierkegaards[78] – etwa für Theologien des 20. Jahrhunderts eine wichtige Rolle spielten. Ganz konkret wirft Martin Werner der Dialektischen Theologie vor, die »Kierkegaardsche Methodik« zu missbrauchen, um »problematische Dogmen altkirchlicher Tradition« zu rechtfertigen.[79] Bestes Beispiel dafür ist etwa die Zwei-Naturen-Lehre, die dem Glaubenden das Paradox zu glauben auferlegt, Jesus Christus sei zugleich Mensch und Gott. Auch Jaspers, für dessen Existenzphilosophie das Denken Kierkegaards von grundlegender Bedeutung ist, war der Auffassung, der dänische Philosoph würde sowohl innerhalb der Philosophie als auch in der Theologie dazu herangezogen, um dialektische Paradoxien aufzustellen, die letztlich aber widervernünftig sind.[80] Zwar ist die Dialektik auch für Jaspers eine wesentliche Denkstruktur innerhalb seines philosophischen Glaubens, jedoch ist für ihn Dialektik streng mit dem logischen, vernünftigen Denken verbunden: »Dialektik heißt der logische Gang durch Antithesen zur Lösung von Synthesen.«[81]

Jaspers lehnt also, wie Ulrich Neuenschwander betont, »Kierkegaards Glauben an das Absurde unter Brechung des Verstandes« ab.[82] Kierkegaard habe klar gesehen, dass »das Dogma vom Gottmenschen die Brechung des Verstandes« fordert. Es wäre »das absolute Absurdum«, den Satz zu glauben, dass der Mensch Jesus zugleich Gott gewesen sei. Indem Kierkegaard den Glauben an das Absurde zur notwendigen Bedingung christlichen Glaubens macht, gehe er »den entscheidenden Schritt zum Neuprotestantismus« nicht, der nämlich »durch die Kritik der Aufklärung am altkirchlichen Dog-

---

[77] Vgl. M. WERNER, Der protestantische Weg des Glaubens, Bd. 1 (s. Anm. 40), S. 22, unter Bezugnahme auf KARL JASPERS, Die Idee der Universität, Berlin 1946, S. 21.

[78] Vgl. U. NEUENSCHWANDER, Denker des Glaubens, Bd. 2 (s. Anm. 37), S. 83–86.

[79] Vgl. M. WERNER, Der protestantische Weg des Glaubens, Bd. 1 (s. Anm. 40), S. 25.

[80] Vgl. K. JASPERS, Vernunft und Existenz (s. Anm. 23), S. 36.

[81] K. JASPERS, Der philosophische Glaube (s. Anm. 8), S. 21.

[82] U. NEUENSCHWANDER, Denker des Glaubens, Bd. 2 (s. Anm. 37), S. 218.

ma führt«.[83] Ulrich Neuenschwander führt die Kritik von Jaspers an Kierkegaard weiter und ordnet im gleichen Zug Jaspers dem durch die Kritik der Aufklärung gegangenen protestantischen Glauben zu. Neuenschwander rechnet zum »kritisch-neuprotestantischen Kreis«, der sich »eindeutig« vom »Kreis der dialektischen Theologie« abgrenzt, auch Paul Tillich und Fritz Buri. Beide haben es innerhalb ihrer systematisch-theologischen Entwürfe unternommen, eine »›Theologie der Existenz‹ aufzubauen«, deren jeweiliges Glaubensverständnis eng verbunden ist mit der Existenzphilosophie von Karl Jaspers.[84]

Es ist dabei festzuhalten, dass weder Jaspers noch Werner oder Neuenschwander in ihrer positiven Zuordnung der Werte der Aufklärung zum protestantischen Glauben einem naiven Fortschrittsglauben unterliegen oder die menschliche Vernunft überschätzt haben. Im Gegenteil betonen sie ja immer wieder die Fragmentarität und Fehlbarkeit menschlichen Denkens – gerade angesichts der Transzendenz. Ulrich Neuenschwander schließt sich der Auffassung von Karl Jaspers an, »dass der Glaube zwar nicht Wissen ist und nicht im Wissen aufgeht, dass er aber nicht gegen das Wissen, sondern im Bunde mit ihm steht«. Da das wissenschaftliche Denken das »mythische Weltbild« »überholt« habe (man denke an Bultmanns Programm der Entmythologisierung!), könne das »unkritisch-metaphysische [...] und dogmatische Denken«, das diesem mythischen Weltbild verhaftet bleibt, »dem heutigen Menschen nicht hilfreich« sein, »sondern ihm nur den Weg zum Glauben verbauen«.[85]

2.7 Vernunft, Freiheit und Toleranz

Über solche logischen Grundsätze hinaus hat die Vernunft bei Karl Jaspers einen kaum zu überschätzenden Stellenwert. Für ihn ist die menschliche Existenz untrennbar verbunden mit der Vernunft,[86] die sowohl die Toleranz als auch die Liberalität als weitere Ideale der Aufklärung miteinschließt.

---

[83] U. Neuenschwander, Glaube (s. Anm. 60), S. 164 f.

[84] A.a.O., S. 190. – Es fällt auf, dass Neuenschwander in dieser Reihe nicht den Entwurf seines Lehrers Martin Werner nennt, dessen Glaubensverständnis ja ebenfalls von der Jaspers'schen Existenzphilosophie bestimmt ist.

[85] U. Neuenschwander, Der heutige Mensch und die Frage nach Gott (s. Anm. 52), S. 216.

[86] Vgl. K. Jaspers, Vernunft und Existenz (s. Anm. 23), S. 60.

Ulrich Neuenschwander erkennt deshalb bei Karl Jaspers einen »vertieften aufklärerischen Geist«.[87] Es ist bezeichnend für Jaspers, dass er Vernunft, Toleranz und Liberalität so hochhält und für die Verwirklichung der eigenen Existenz als unabdingbar beurteilt, wohingegen er innerhalb der Geschichte der Kirche in weiten Teilen ihr Gegenteil am Werke sieht: Widervernunft statt Vernunft, Intoleranz statt Toleranz, Autorität statt Liberalität und Freiheit des Einzelnen. Die Kirche habe sich immer wieder eine unterhinterfragbare Autorität in Glaubensfragen angemaßt, von ihren Gläubigen Gehorsam gegenüber selbst absurden und widervernünftigen Lehren verlangt und sich gegenüber Andersdenkenden intolerant gezeigt.[88]

Jaspers hatte als liberaler Denker, Demokrat und Ehemann einer Frau jüdischen Glaubens unter dem Terrorregime der Nationalsozialisten besonders zu leiden: Er wurde zwangspensioniert und mit einem Publikationsverbot belegt.[89] Für ihn war die Freiheit also schon von seinen eigenen biographischen Erfahrungen her ein hohes Gut. Auch innerhalb seiner Existenzphilosophie kommt dem Freiheitsbegriff eine zentrale Bedeutung zu. Wir hatten gesehen, dass sich nach Jaspers der Mensch in Grenzsituationen seines Lebens und ermöglicht durch die Transzendenz seiner eigenen Existenz bewusst wird. Diesen Vollzug kann Jaspers auch Glaube nennen: »Glaube heißt das Bewußtsein der Existenz in bezug von Transzendenz.«[90]

Der Mensch wird sich aber nicht bloß kognitiv der eigenen Existenz bewusst, sondern durch diesen Vorgang kommt er dazu, seine eigene Existenz zu *entwerfen*. Der Glaube, so könnte man sagen, führt immer auch in die Entscheidung und damit letztlich auch ins Handeln. Jaspers sagt: »Des Menschen Wesen und Situation ist, nach Sinn fragen und sinnhaft handeln zu müssen: ihm bleibt nur die Wahl, aber er kann nicht überhaupt nicht wählen.«[91] Der seiner Existenz bewusst gewordene Mensch ist in der Lage und

---

[87] U. NEUENSCHWANDER, Denker des Glaubens, Bd. 2 (s. Anm. 37), S. 128.

[88] Vgl. MARTIN WERNER, Existenzphilosophie und Christentum bei Karl Jaspers, in: Karl Jaspers zum siebzigsten Geburtstag (SThU 23,1/2 [1953]), S. (21–40) 36 f., mit Bezug auf K. JASPERS, Philosophische Logik, Bd. I (s. Anm. 76), S. 823.

[89] Vgl. K. SALAMUN, Karl Jaspers (s. Anm. 42), S. 18.

[90] K. JASPERS, Der philosophische Glaube (s. Anm. 8), S. 28.

[91] K. JASPERS, Philosophie, Bd. 2 (s. Anm. 56), S. 325.

zugleich in der Pflicht, in Freiheit über den »Sinn seines Menschseins«[92] zu entscheiden. Diese Entscheidung kann und darf ihm niemand abnehmen, wie ja auch die Erfahrung von Transzendenz immer eine je eigene ist. Der Glaube, wie ihn Karl Jaspers beschreibt, ist also untrennbar mit der Freiheit des einzelnen Menschen verbunden. Auch hier wird deutlich, warum Jaspers gerade für die Liberale Theologie anschlussfähig geworden ist.

Martin Werner schließt sich an Jaspers an, wenn er es als »Akt des Glaubens« beschreibt, wie der Mensch aus der »Haltung der Freiheit« heraus in die »allumfassende und allbegründende Ehrfurcht« übergeht.[93] Diese Ehrfurcht wiederum sei eine zweifache: Einmal handelt es sich um die Ehrfurcht gegenüber Gott in der (neu) bewusst gewordenen geschöpflichen Existenz. Hier gewinnt der Einzelne eine neue Gewissheit und zugleich ein »Wissen von Gott«. Dieses Wissen ist allerdings ein »fragmentarisches Wissen«, das in der Freiheit der je eigenen Existenz gewonnen wurde und daher nicht verabsolutiert werden darf. Das Erheben eines Absolutheitsanspruchs ist damit von vornherein ausgeschlossen. Schließlich löst dieses gewonnene »Wissen von Gott« auch das Sinnproblem nicht, der Glaubende findet also zu einer Gottesfurcht, die den Zweifel weiterhin zulässt, etwa im Hinblick auf die Theodizeefrage.[94] Wir finden im so beschriebenen Glauben die Charakteristika wieder, die auch für Jaspers' »philosophischen Glauben« zentral sind: Freiheit, Toleranz und Vernunft.

Beim zweiten Aspekt der von Martin Werner beschriebenen Ehrfurcht ist deutlich der Einfluss Albert Schweitzers und seines Gedankens der »Ehrfurcht vor dem Leben« erkennbar. Denn die Ehrfurcht vor Gott besteht für Martin Werner nicht nur in der Selbsterkenntnis als Anerkennung der eigenen Geschöpflichkeit und Fehlbarkeit. Es geht viel weiter um »die Anerkennung der Schöpfung als Wunder, eine Anerkennung, in der nun *rein um dieses Wunders willen das Sein alles Seienden grundsätzlich und bewußt bejaht und dem Nichtsein vorgezogen wird*«. Die Entscheidung des Glaubens zur Ehrfurcht vor Gott führt zugleich hinein in die Ehrfurcht vor dem Leben. »Als Entscheidung des Glaubens wird sie zur Gesinnung, das heißt: sie verbindet sich mit dem Bewußtsein, daß wir aus ihr heraus zu leben und zu handeln

---

[92] M. WERNER, Existenzphilosophie und Christentum bei Karl Jaspers (s. Anm. 88), S. 24.

[93] K. Jaspers, Philosophische Logik, Bd. I (s. Anm. 76), S. 773; DERS., Der philosophische Glaube (s. Anm. 8), S. 68.

[94] M. WERNER, Der protestantische Weg des Glaubens, Bd. 2 (s. Anm. 21), S. 264.

haben.« Mit anderen Worten gesagt: Ehrfurcht vor Gott heißt zugleich Ehrfurcht vor dem Leben. Gottesliebe ist ohne die Liebe zu allen Mitgeschöpfen nicht denkbar.[95]

2.8 Auseinandersetzung mit dem Offenbarungsglauben

Die größten Abweichungen zwischen Martin Werner und Karl Jaspers kreisen um das Thema der Offenbarung. Einig waren sich beide in ihrer Kritik an Karl Barth, in dessen Wort-Gottes-Theologie sie letztlich ein supranaturalistisches Offenbarungsverständnis zugrunde gelegt sahen. Während allerdings Karl Jaspers der Gedanke einer Offenbarung Gottes immer fraglicher wurde und er ihn für seinen eigenen Glauben schließlich ganz aufgeben musste,[96] spielt er für die Theologie Martin Werners eine zentrale Rolle.

Im Wesentlichen unterscheidet Werner zwei Formen der Offenbarung, die aufeinander aufbauen und sich gegenseitig ergänzen: Gott kann sich als Seinsgrund und als Sinngrund offenbaren. Die grundlegende Erfahrung ist dabei diejenige, dass der Mensch sich nicht selbst verdankt, sondern dass ihm »sein Seinkönnen [...] irgendwie vorausliegt«.[97] Ihm wird also der »geheimnisvoll schöpferische Grund alles Seins«[98] bewusst, womit sich ihm Gott als Seinsgrund offenbart. Auch Karl Jaspers konnte einen Bezug zwischen der Schöpfungsthematik und der Unverfügbarkeit menschlicher Existenz herstellen. So drückt sich für ihn im »Symbol des Schöpfungsgedankens« ein »Urgeheimnis« aus: »Könnten wir begreifen, woher wir sind, so würden wir aufhören, Mensch zu sein.«[99]

---

[95] A.a.O., S. 265.

[96] Vgl. etwa KARL JASPERS, Die Chiffern der Transzendenz. Mit zwei Nachworten, hg. v. Anton Hügli u. Hans Saner, Basel 2011, S. 20.

[97] M. WERNER, Der protestantische Weg des Glaubens, Bd. 2 (s. Anm. 21), S. 55.

[98] PAUL MARTI, Das Leben Martin Werners, in: Weg und Werk Martin Werners. Studien und Erinnerungen, hg. v. Francesco Sciuto, Bern / Stuttgart 1968, S. (139–160) 156.

[99] K. JASPERS, Vernunft und Existenz, Groningen 1935, S. 45; zit. bei: M. WERNER, Der protestantische Weg des Glaubens, Bd. 2 (s. Anm. 21), S. 71. 103.

Wesentlich unterscheidet sich Werners Offenbarungsbegriff gegenüber demjenigen der Dialektischen Theologie Karl Barths darin, dass er keinen Exklusivitätsanspruch für die Offenbarung Gottes in Jesus Christus erhebt. Ist doch Werner davon überzeugt, dass sich der Geist Gottes in Jesus zwar in besonderer Weise offenbart habe, dies aber keineswegs seine einzige Manifestation darstellt.[100] Mit dieser tendenziell universalen Offenbarungsvorstellung trifft sich Werner einmal mehr mit Karl Jaspers, der an den Beginn seines philosophiegeschichtlichen Werkes »Die großen Philosophen« (1957) die vier aus seiner Sicht »maßgebenden Menschen« gestellt hatte: Sokrates, Buddha, Konfuzius und Jesus.[101] Jesus begegnet hier nicht als exklusiver Offenbarungsträger, sondern als einer von vier maßgeblichen philosophischen Denkern und Menschen. Jaspers schreibt an anderer Stelle, und Martin Werner folgt ihm darin: »Die Christusreligion enthält die Wahrheit, daß Gott durch Menschen zum Menschen spricht, aber Gott spricht durch viele Menschen, in der Bibel durch die Reihe der Propheten, in der als letzter Jesus steht; kein Mensch kann Gott sein; Gott spricht durch keinen Menschen ausschließend, durch jeden auch noch vieldeutig.«[102]

Jaspers und Werner wenden sich also nicht nur vom Exklusivitätsanspruch der Offenbarung in Christus ab. Im Jaspers'schen Ausspruch »kein Mensch kann Gott sein« zeigt sich, dass Jaspers es auch ablehnte, dem Menschen Jesus von Nazareth ein göttliches Wesen im Sinne der altkirchlichen Dogmen zuzusprechen. Von einer anderen Grundüberlegung her, nämlich von seiner wenig rezipierten Theorie der Engelchristologie,[103] kommt Martin

---

[100] Vgl. M. WERNER, Der protestantische Weg des Glaubens, Bd. 2 (s. Anm. 21), S. 234 f. 251–254, s. dazu B. WEIDMANN, Einleitung des Herausgebers (s. Anm. 7), S. LXXII.

[101] Später wurde dieser erste Teil in einem separaten Band publiziert: KARL JASPERS, Die maßgebenden Menschen: Sokrates, Buddha, Konfuzius, Jesus, München 1964; s. zur positiven Rezeption dieser Konzeption durch Martin Werner: Der protestantische Weg des Glaubens, Bd. 2 (s. Anm. 21), S. 253.

[102] K. JASPERS, Der philosophische Glaube (s. Anm. 8), S. 80; zit. bei: M. WERNER, Der protestantische Weg des Glaubens, Bd. 2 (s. Anm. 21), S. 234 f.

[103] Martin Werner vertrat die Auffassung, Jesus habe zwar einen messianischen Anspruch für seine Person erhoben, allerdings begriff er unter dem »Messias-Menschensohn [...] ein höheres *Engelwesen*, das durch Gott zu außerordentlichem Wirken zur Herbeiführung des neuen Aeons *erwählt* sei« (M. U. BALSIGER, Martin Werner – unbekannter Theologe [s. Anm. 2], S. 3; vgl. 3–5).

Werner zu einem ähnlichen Ergebnis. An Aussagen Jesu sowie den Passionstexten des Neuen Testaments weist Werner nicht nur Jesu »unbedingte Unterordnung unter Gott« nach; er wirft auch der Kirche vor, mit ihrer »Lehre vom Gottmenschen« den Glauben an eine »Absurdität« zu verlangen. Wenn doch Jesus das israelitisch-jüdische Glaubensbekenntnis zu dem *einen* Gott, das Schma Jisrael (Dtn 6,4), gesprochen hat, könne er unmöglich »sich selbst als Gott und Herrn neben Gott, den *alleinigen* Herrn in dieses Bekenntnis hineingedacht« haben.[104] Sowohl Jaspers als auch Werner haben gesehen, dass der von ihnen abgelehnte exklusive Offenbarungsanspruch im Christentum eng zusammenhängt mit der Lehre von der Gottheit Jesu, die gerade in der christozentrischen Dialektischen Theologie zum Tragen kam.

Die Bewertung der Offenbarung durch Karl Jaspers ändert sich jedoch im Lauf der Zeit ziemlich eindeutig, was sich in seiner Schrift »Der philosophische Glaube angesichts der Offenbarung« aus dem Jahr 1962 zeigt. Nachdem sich Jaspers gegenüber früheren Aussagen dagegen verwahrt, den Begriff der Offenbarung weiterhin für das Philosophieren fruchtbar zu machen, bekennt er ganz offen: »Wahrhaftigkeit fordert das Eingeständnis, daß ich nicht an Offenbarung glaube.«[105] Martin Werner war enttäuscht über diese harte Abkehr und hielt selbst weiterhin an seinem Offenbarungsbegriff fest, wonach die Offenbarung Gottes als Seinsgrund und Sinngrund vom Glaubenden ergriffen und er durch sie geführt wird.[106]

3. Resümee und Ausblick

Nach diesem Durchgang durch zentrale Themen des Denkens von Karl Jaspers und ihrer Rezeption durch die liberalen Theologen Martin Werner und Ulrich Neuenschwander möchte ich zum Schluss einige Einsichten zusammenfassen, die aus meiner Sicht auch für unser gegenwärtiges theologisches und philosophisches Denken von Bedeutung sind.

---

[104] M. WERNER, Der protestantische Weg des Glaubens, Bd. 2 (s. Anm. 21), S. 429; vgl. dazu auch DERS., Existenzphilosophie und Christentum bei Karl Jaspers (s. Anm. 88), S. 36 f.

[105] K. JASPERS, Der philosophische Glaube angesichts der Offenbarung (s. Anm. 7), S. 175.

[106] Vgl. P. MARTI, Das Leben Martin Werners (s. Anm. 98), S. 156; s. dazu B. WEIDMANN, Einleitung des Herausgebers (s. Anm. 7), S. LXXIII.

1. Die intensive Auseinandersetzung der liberalen Theologen Werner und Neuenschwander mit einem zeitgenössischen Philosophen wie Jaspers ist allein schon darin wegweisend, dass sie überhaupt stattfindet. Will eine Theologie heute ernstgenommen werden und nimmt sie selbst ihre hermeneutische Aufgabe ernst, tut sie gut daran, sich mit den Wirklichkeitswahrnehmungen, Zugängen und Fragestellungen anderer Wissenschaften und dabei gerade auch der gegenwärtigen Philosophie(n) auseinanderzusetzen und konstruktiv zu diesen Diskursen beizutragen.

2. Jaspers, Werner und Neuenschwander haben gleichermaßen auf das Sinnwidrige in der Welt hingewiesen, das jede Theologie und Philosophie radikal herausfordert. Auch heute stehen wir vor existenziellen Bedrohungen wie etwa dem dramatisch voranschreitenden Klimawandel oder dem weltweit erstarkenden Nationalismus (Putin, Trump, Xi Jinping u.a.). Zudem erfahren wir im persönlichen Umfeld immer wieder zutiefst Sinnwidriges. Angesichts dessen halte ich es für eine bedenkliche Entwicklung, wenn etwa in der kirchlichen Praxis in inflationärer Weise von der Liebe Gottes bzw. vom ›lieben Gott‹ geredet wird – ohne all diese Sinnwidrigkeiten und damit die reale Existenz der Menschen ernst zu nehmen.[107]

3. Der Satz von Karl Jaspers, von menschlicher Existenz könne »nur in Bezug auf Transzendenz«[108] geredet werden, stellt Kirche und Theologie in einer säkularer werdenden Gesellschaft vor die Herausforderung, diesen für eine gelingende menschliche Existenz notwendigen Bezug zur Transzendenz nicht nur gegenwartsgemäß zu kommunizieren, sondern diesen Transzendenzbezug auch erfahrbar zu machen bzw. den offenen Austausch über eigene Transzendenzerfahrungen zu ermöglichen und zu fördern.

4. Karl Jaspers hat die Philosophie und auch den philosophischen Glauben als einen *Prozess* des Denkens und Fragens beschrieben und sich gegen dogmatische Systeme gewehrt. Liberale Theologen wie Martin Werner haben diesen Grundimpuls aufgenommen: So nannte Werner sein Hauptwerk weder ›Dogmatik‹ noch ›Glaubenslehre‹, sondern »Der protestantische Weg des Glaubens«. Es leuchtet auch heute ein, den Glauben mit der Metapher des Weges als einen *Prozess* des Fragens, Denkens, Zweifelns und der Hingabe an Gott zu begreifen, der sich in der je eigenen Existenz vollzieht.

---

[107] Damit schließe ich mich der Kritik an, die Gabriele und Peter Scherle jüngst geäußert haben (GABRIELE SCHERLE / PETER SCHERLE, Um zu richten. Der ›liebe Gott‹ ist tot, in: FAZ vom 27.4.2022, S. 11).

[108] K. JASPERS, Philosophie, Bd. 3 (s. Anm. 57), S. 679.

5. Die Vorstellung von Jaspers und in seiner Folge auch von Werner und Neuenschwander ist, dass der Mensch durch Grenzsituationen seines Lebens hindurch seine eigene Existenz als sinnhaft erfahren und sich in seinem Denken und Handeln neu in der Welt orientieren kann. Dieser Prozess gelingt nur durch das Wirken der Transzendenz, und er geschieht zugleich in Freiheit. Auch heute brechen religiöse Fragen nach Sinn in den Grenzsituationen der je eigenen Existenz auf: Geburt, Krankheit oder Tod.[109] Hier sind wir, ob als Pfarrpersonen oder auch als Mitchristen gefordert, Menschen aufmerksam zuzuhören und sie dabei zu unterstützen, (neue) Orientierung im christlichen Glauben zu gewinnen – und zwar in einer glaubwürdigen Art und Weise.

6. Jaspers, Werner und Neuenschwander haben immer wieder darauf gedrungen, dass philosophische und theologische Aussagen vernünftig, also u.a. widerspruchsfrei sein und mit möglichst wenigen Vorannahmen (Hypothesen) auskommen müssen. Heute sind wir in vielen Gesellschaften der Welt damit konfrontiert, dass immer größere Bevölkerungsanteile Verschwörungstheorien anhängen und ›alternativen Fakten‹ Glauben schenken, die besser zu ihren verqueren Weltbildern passen. Eine verantwortliche Theologie sollte sich nicht zuletzt deswegen um ein rationales, widerspruchsfreies und der Wahrhaftigkeit verpflichtetes Denken und Reden bemühen.

7. Mit der Vernunft sind in der Philosophie von Jaspers Freiheit und Toleranz untrennbar verbunden. Wer in Freiheit glauben darf, was er selbst als sinnhaft erfahren hat, muss sich keinen Glaubenssätzen unterordnen, die der Vernunft widersprechen. Zugleich wird all seine im Glauben gewonnene Einsicht in bleibender Spannung stehen zu der Sinnwidrigkeit, die in der Welt weiterhin begegnet. Da solche in der eigenen Existenz gewonnenen Einsichten über das Transzendente nicht verabsolutiert werden können, führt ein Glauben aus Freiheit zugleich in eine Haltung der Toleranz gegenüber anderen Auffassungen über das Transzendente. Diese Toleranz findet allerdings da ihre Grenze, wo andere Auffassungen selbst intolerant sind.[110]

---

[109] Vgl. RAPHAEL ZAGER, Glaubenserfahrung in Worte fassen. Wie finden wir eine neue religiöse Sprache?, in: Christsein im Alltag. Impulse des liberalen Christentums, hg. v. Raphael Zager u. Werner Zager (Veröffentlichungen des Bundes für Freies Christentum, Bd. 6), Leipzig 2023, S. (71–86) 78–81.

[110] Das Toleranzparadoxon, das Karl Popper 1945 in seinem Werk »The Open Society and Its Enemies« ausgeführt hat, findet sich auch bei Karl Jaspers: »Toleranz

8. Bei allen Differenzen zwischen Karl Jaspers und den liberalen Theologen Werner und Neuenschwander hinsichtlich des Gedankens der Offenbarung gibt es auch Konsense, die noch heute anschlussfähig sind. Ich denke hier insbesondere an das bei allen drei Denkern erkennbar werdende Konzept einer universalen Offenbarung,[111] dass Gott (oder die Transzendenz oder das ›Umgreifende‹) sich unterschiedlichen Menschen zu unterschiedlichen Zeiten erfahrbar macht und es sich daher jeder Religion verbietet, einen Absolutheitsanspruch zu erheben.

---

darf nicht bestehen gegenüber der Intoleranz, wenn diese nicht als ungefährliche, private Verschrobenheit gleichgültig behandelt werden darf. Es darf keine Freiheit geben zur Zerstörung der Freiheit.« (K. JASPERS, Vom Ursprung und Ziel der Geschichte [s. Anm. 26], S. 156 [vgl. zu Toleranzthematik auch a.a.O., S. 206 f.]; darauf rekurriert M. WERNER, Der protestantische Weg des Glaubens, Bd. 2 [s. Anm. 21], S. 506)

[111] Vgl. WERNER ZAGER, Konzeptionen einer universalen Offenbarung innerhalb der liberalen Theologie, in: ders. (Hg.), Universale Offenbarung? Der eine Gott und die vielen Religionen, Leipzig 2013, S. (9–27) 26 f.

Esther R. Suter

KARL JASPERS UND DIE LIBERALE THEOLOGIE (II)
Zur Rezeption seiner Existenzphilosophie durch Fritz Buri

Fritz Buri (1907-1995) hat sowohl Albert Schweitzer als auch Karl Jaspers als seine theologischen und philosophischen Lehrer bezeichnet. Zu Beginn seiner theologischen Karriere orientierte er sich insbesondere an der Theologie von Schweitzer und indirekt auch an Martin Werner. Dieser bestärkte ihn in seiner Annäherung an Schweitzer, und Buri verfasste seine Dissertation über Schweitzers These von der ausgebliebenen Parusie und der einsetzenden Enteschatologisierung mit dem Titel: »Die Bedeutung der neutestamentlichen Eschatologie für die neuere protestantische Theologie. Ein Versuch zur Klärung des Problems der Eschatologie und zu einem neuen Verständnis ihres eigentlichen Anliegens « (Zürich / Leipzig 1935).

Er machte es sich von da an zur Aufgabe, theologische Ansätze bei Schweitzer systematisch durch- und weiterzudenken und auszuarbeiten, da Schweitzer als Arzt in Afrika dazu nicht mehr die Möglichkeit sah. Dieser bezeichnet Buri in einem Brief vom 17./18. Juli 1955 als seinen »Jünger«, der sein Denken »der neuen Zeit in einer ihrer Denkweisen nahe bringen will«.[1] Buri bestätigt, dass er der Wahrheit von Schweitzers Botschaft dem ihrem Wesen entsprechenden Ausdruck verleihen möchte: »Als Ausdruck existenzieller Wahrheit [...] ist sie [sc. seine Lehre] ein Appell an Existenz, die sich durch diesen Appell in die Entscheidung gestellt sieht, ihm zu

---

[1] ALBERT SCHWEITZER, Brief an Fritz Buri vom 17./18.7.1955, in: Albert Schweitzer – Fritz Buri, Existenzphilosophie und Christentum. Briefe 1935–1964, eingel., kommentiert u. hg. v. Andreas Urs Sommer, München 2000, S. (149–153) 153.

folgen oder sich ihm zu versagen. Aufgabe der wahren ›Jünger‹ Albert Schweitzers ist es, der Wahrheit seiner Botschaft den ihrem Wesen entsprechenden Ausdruck zu verleihen und ihr in der Welt damit diejenige revolutionierende Wirkung zu ermöglichen, die sie im Leben dieses Menschen gefunden hat und deren unsere Welt bedarf, wenn sie eine Zukunft haben soll.«[2]

1. Freies Christentum und Jaspers

Durch Martin Werner wurde Buri mit der Liberalen Theologie der sogenannten »Berner Schule« vertraut. Er trat dem Verein für freies Christentum bei. Mit Werner teilte er die Kritik am Dogma der Gottessohnschaft Jesu, das sie wie auch die Mehrheit der Vertreter des freien Christentums ablehnten. In der Schweiz war in der zweiten Hälfte des 19. Jahrhunderts die Religionsfreiheit in der Bundesverfassung verankert und damit auch die Bekenntnisfreiheit eingeführt worden. Der 1866 gegründete Verein für freies Christentum der Bernischen Landeskirche ermöglichte Buri als einem gefragten Redner schon sehr früh Reisen zu internationalen Kongressen der Internationalen Vereinigung für freies Christentum und religiösen Fortschritt (der heutigen IARF – International Association for Religious Freedom) noch vor dem Zweiten Weltkrieg. Angeregt durch Werner und dessen Interesse an Jaspers begann Buri früh Werke von Jaspers zu lesen, wie zum Beispiel »Die geistige Situation der Zeit« (1931). Durch Werner erfuhr er außerdem von der Ostasienmission, von fernöstlicher Philosophie wie Konfuzianismus und Buddhismus, und er begann, diese Spuren zu verfolgen.

Hinsichtlich des Themas der Tagung würde die Eingangsfrage bei Buri weniger lauten: »Passen Glauben und Denken zusammen?«, als vielmehr: »*Wie* passen Glauben und Denken zusammen?«. Es ist für ihn die Auseinandersetzung um Theologie und Philosophie, die er bei Schweitzer schon vorfindet wie die zwei Seiten ein und derselben Medaille oder als der Versuch, dasselbe in zwei unterschiedlichen Denkweisen auszudrücken.

2. Ehrfurcht vor dem Leben – Schweitzer und Jaspers

Als Paradebeispiel, wie Buri theologische Aussagen von Schweitzer umsetzt bzw. anhand von Jaspers weiterführt, kann die bekannte Formel »Ehrfurcht

---

[2] FRITZ BURI, Die Universalität des ethischen Denkens Albert Schweitzers und die künftige Gestalt seiner revolutionären Kraft, in: ZEE 5 (1961), S. (1–5) 5.

vor dem Leben« dienen: »Ich bin Leben, das leben will, inmitten von Leben, das leben will.«[3] Gerade an diesem ethischen Leitsatz Schweitzers stiegen bei Buri Fragen auf. In seinem Vortrag »Albert Schweitzer und Karl Jaspers« vor der Basler Studentenschaft vom 29. Juni 1950 konfrontiert Buri Schweitzers Position des Denkens aus dem Willen zum Leben mit Jaspers' Position der Erkenntnis aus der Existenz, um in beiden Parallelen festzustellen.

Buri beschreibt die erkenntnistheoretische Unklarheit im Verhältnis von Denken und Lebenswillen bzw. dem Willen zum Leben und dem Denken aus dem Willen zum Leben bei Schweitzer und fragt sich: Tritt »das Denken als etwas vom Lebenswillen Verschiedenes an diesen heran«, macht es ihn zu seinem Gegenstand? Oder, wie Schweitzer auch ausführt, wird »der universale Wille zum Leben« mit sich selber versöhnt durch ein bestimmtes Verhalten des Denkens aus dem Willen zum Leben? Dann »würde das Denken aus dem Willen zum Leben zum universalen Willen zum Leben gehören, indem dieser im denkend gewordenen Lebenswillen des Einzelnen mit sich selber versöhnt wird. [...] Der universale Wille zum Leben wird im Denkendwerden des individuellen Lebenstriebes seiner selbst bewußt.«[4]

Schweitzer selbst hatte die Wichtigkeit des Denkens für seine eigene Weltanschauung betont: »Von mir weiß ich, daß ich durch Denken religiös und christlich blieb«.[5] Er hat sich gegen Gedankenlosigkeit ausgesprochen und außerdem den Menschen zu einem sittlichen Handeln im Sinne der Ehrfurcht vor dem Leben verpflichtet, das er als denknotwendig voraussetzt. Dabei hat er auf die Grenzen des Denkens verwiesen: »Es [sc. das Denken] endigt notgedrungen auch vor dem Rätsel der ›Selbstentzweiung‹ des Willens zum Leben in dem ›grausamen Schauspiel‹ des Kampfes aller gegen alle, das es zu keinem eindeutigen weltanschaulichen Abschluss kommen lässt – es vielmehr nötigt, seine Ethik ohne einen solchen durchzuhalten, um so ein Licht in der Dunkelheit darzustellen und die Hingabe an Leben mit Resignation des Erkennens zu verbinden.«[6]

---

[3] FRITZ BURI, Albert Schweitzer und Karl Jaspers. Vortrag, gehalten am 29. Juni 1950 vor der Basler Studentenschaft (Schriften zur Zeit. Kulturschriftenreihe des Artemis-Verlages, H. 20), Zürich 1950, S. 9. 12.

[4] S. a.a.O., S. 12.

[5] FRITZ BURI, »Ehrfurcht vor dem Leben«, in: ders., Verantwortung übernehmen. Ein Lesebuch, hg. v. Günther Hauff, Bern / Tübingen 1987, S. (102–108) 103.

[6] A.a.O., S. 104.

In seiner Festansprache »Albert Schweitzers Wahrheit in Anfechtung und Bewährung« an der Technischen Universität Berlin vom 15. und 18. Januar 1960[7] verweist Buri auf die Bedeutung des Verstehens ›von Wille zu Wille‹ bei Schweitzer, dem sich »in der darin gemeinten persönlichen Anteilnahme an allem Leben« als »dessen innerstes Wesen der Wille zum Leben« offenbart.[8] »[A]us der denkend erlebten Willensgemeinschaft mit allem Willen zum Leben erwächst ihm die Verpflichtung zur Ehrfurcht vor dem Leben als höchste ethische Wahrheit«.[9] Die »Wahrheit seiner Ethik als Wahrheit in Bewährung« erkennt Buri in der in Schweitzers früherem Werk »Zwischen Wasser und Urwald«[10] (1921) entfalteten Idee der »Bruderschaft der vom Schmerz Gezeichneten«,[11] die er in seinem Spital und dessen weltumspannenden Freundeskreis verwirklicht habe. Buri datiert also »die Unbedingtheit der erfahrenen Verantwortung« vor das Ogowe-Erlebnis und die dort von Schweitzer zuteil gewordene Eingebung der »Ehrfurcht vor dem Leben«.[12]

3. Existenz und Verantwortung

Buri möchte das von ihm bejahte Anliegen von Schweitzers ethischer Weltanschauung der Ehrfurcht vor dem Leben im Sinne von Jaspers' Existenzerhellung zur Geltung bringen. Schweitzer und Jaspers sind laut Buri darin einig, dass das Erkennen aus dem Willen zum Leben bzw. aus der Existenz je etwas anderes sei als Welterkennen.

So hat Schweitzer zwischen Welterkennen und einem Denken aus dem Willen zum Leben unterschieden: Ethik könne sich nicht auf Welterkennen

---

[7] Vortrag anlässlich der Feier des 85. Geburtstags von Albert Schweitzer, die vom Senat der Stadt Berlin und von der Deutschen Kulturgemeinschaft Urania veranstaltet wurde: FRITZ BURI, Albert Schweitzers Wahrheit in Anfechtung und Bewährung (Schriften zur Zeit. Kulturschriftenreihe des Artemis-Verlages, H. 23), Zürich / Stuttgart 1960.

[8] A.a.O., S. 39.

[9] Ebd.

[10] ALBERT SCHWEITZER, Zwischen Wasser und Urwald. Erlebnisse und Beobachtungen eines Arztes im Urwalde Äquatorialafrikas, Bern 1921.

[11] Vgl. F. BURI, »Ehrfurcht vor dem Leben« (s. Anm. 5), S. 105.

[12] Siehe F. BURI, Albert Schweitzers Wahrheit in Anfechtung und Bewährung (s. Anm. 7), S. 39.

begründen. Ginge es Schweitzer allein darum, »grundsätzlich unvollendete Weltanschauung« von einer geschlossenen abzuheben, während im Übrigen sein Denken aus dem Willen zum Leben dem Welterkennen entspräche, dann würde Schweitzers Denken lediglich einen kleinen Ausschnitt aus der Welt zum Gegenstand haben, nämlich das Leben. Auf Welterkennen lasse sich aber weder eine ethische noch überhaupt eine Weltanschauung gründen. Buri kritisiert, dass Schweitzer hier nur nach ethischen und nicht auch nach erkenntnistheoretischen Kriterien urteilt.[13]

Für Jaspers hingegen stellen Weltanschauungen wegen ihrer erkenntnismäßigen Problematik unhaltbare Gebilde dar. »Sie erwecken den Eindruck, eine Erkenntnis vom letzten Wesen und Sinn der Welt in Form gegenständlichen Wissens zu bieten«,[14] argumentiert Buri. Sie stellen in Wahrheit »Symbole des Selbstverständnisses der Existenz« dar und wollen daher als Chiffren von Existenz gedeutet sein und seien so gesehen unentbehrlich.[15] Aus diesem Grund, um den Ansatz von Schweitzer zu stützen, interpretiert Buri dessen Verständnis von »ethischer Weltanschauung« nun existenzphilosophisch. Das existenzphilosophische Verständnis von Existenz meint eine »Seinsmöglichkeit«.[16] Jaspers versteht darunter ein Sein, »das sich immer erst zu entscheiden hat, was es sein kann«, was also nicht einfach da ist und gegenständlich erfasst werden kann.[17] »Existenz ist kein Gegenstand der wissenschaftlichen Weltorientierung, sondern bleibt unfassbar und kann weder sich selber noch andern rational bewiesen werden«.[18] Existenz ist ein Sein, das darum »›weiß‹, daß es hier in aller Bedingtheit auf es selber ankommt und daß es unbedingt dafür verantwortlich ist«.[19] »Ich kann mich selber in meiner jeweiligen Situation, in der ich mich vorfinde, und darin auch alle anderen Wesen, die dazu gehören, nur übernehmen«,[20] im »Wissen um diese Möglichkeit, sich verlieren oder sich gewinnen

---

[13] Vgl. F. BURI, Albert Schweitzer und Karl Jaspers (s. Anm. 3), S. 14.

[14] A.a.O., S. 15.

[15] S. ebd.

[16] Ebd.

[17] S. ebd.

[18] A.a.O., S. 15 f.

[19] A.a.O., S. 15.

[20] A.a.O., S. 16.

zu können«.[21] »Kein allgemeines, zum voraus feststehendes Prinzip nimmt mir die Verantwortung für die Art, wie ich mich entscheide, ab.«[22] Daraus zieht Buri die Schlussfolgerung und fragt: »Ist nicht die von uns aufgewiesene Unklarheit, daß nämlich dieses Denken [sc. aus dem Willen zum Leben] bei Schweitzer sowohl zum Denken als auch zum Leben gehört und doch weder im einen noch im andern recht Platz hat, ein Hinweis darauf, daß es sich hier um *eine neue, besondere Seinsmöglichkeit* handelt?«[23]

Diese neue Seinsmöglichkeit bringt Buri mit Jaspers' Existenzverständnis zusammen:

»Wie Jaspers Existenz von Dasein, Bewußtsein überhaupt und Idee unterscheidet, so ist auch für Schweitzer Denken aus dem Willen zum Leben weder einfach Leben, noch auch bloß formales Denken, noch auch sich in der Idee rundende Spekulation, sondern Denken, das sich als Wille zum Leben erhellt und dabei innewird, daß es eben etwas anderes ist als Leben, – daß es schuldig wird, wo es sich bloß als Leben verstehen will, und sich gewinnt, wo es sich als Teil des in sich gespaltenen universalen Willens zum Leben erfaßt, und zwar nicht nur theoretisch, sondern sich in seinem ganzen konkreten Verhalten dadurch bestimmen lassend. [...] Trotz seiner Behauptung, es handle sich in der Ehrfurcht vor dem Leben um ein allgemeingültiges, rationales ethisches Prinzip, beweist Schweitzer es auch nicht einfach, sondern appelliert an den Mitvollzug aus eigenem Denken aus dem Lebenswillen, aus eigener Existenz heraus.«[24]

Im Vergleich von Schweitzer mit Jaspers ergibt sich für Buri, dass er selbst »Ehrfurcht vor dem Leben« nicht mehr als »denknotwendiges Prinzip« auffassen kann, aus dem sich Weltanschauung begründen lässt, sondern lediglich als eine »Chiffre für Existenz«, in der die besondere Sinnmöglichkeit der Existenz *für mich* zum Ausdruck gebracht werden kann. Mit der Jaspers'schen Formel, d.h. »als Chiffer für existenzerhellendes Denken« verstanden, will Buri der ethischen Weltanschauung Schweitzers »eine legitime Funktion« zusprechen und ihn selbst als einen »existentiellen Denker« erweisen.[25]

---

[21] A.a.O., S. 15.

[22] A.a.O., S. 16.

[23] Ebd. (kursiv durch E.S.).

[24] A.a.O., S. 16 f.

[25] Vgl. a.a.O., S. 17 f.

Von der mit Jaspers existenzphilosophisch interpretierten ethischen Weltanschauung Schweitzers aus will Buri weiter die Existenzphilosophie Jaspers' genauer anschauen und diese Deutung nun für Jaspers' Verständnis von Existenzphilosophie fruchtbar machen. So meint er deren Problematik, die er in ihrer reflexiven Schwebe erkannte, überwinden zu können.[26]

4. Theologie der Existenz

1948 folgte Jaspers dem Ruf als Professor nach Basel, und im gleichen Jahr zog Buri von Bern nach Basel, wo er als Pfarrer der Kirchgemeinde zu St. Alban gewählt wurde. Buri entdeckte bei Jaspers eine liberale Theologie, die die Gottessohnschaft Jesu ablehnt – und gerade an diesem Punkt wird Buri bald eine veränderte Position vertreten. Vor seinem Stellenantritt in Basel nahm er die Einladung als Gastprofessor der International Unitarian Summer School wahr, am Harris Manchester College in Oxford, wo er sich während zweier Monate intensiv mit der Lebensweise und Tradition der Unitarier auseinandersetzte und seine eigene theologische Position grundsätzlich überdachte. Konnte Buri 1947 in »Christus gestern und heute«[27] noch eine radikale Absage an das Dogma der Menschwerdung Gottes in Christus vertreten, beginnt er in seiner neuen Gemeinde St. Alban gleich mit einer Predigtreihe zur Auslegung des Credos. Dies hat sicher auch seinen Grund in der polarisierten kirchlichen Situation zwischen den sogenannten Freisinnigen und Positiven. Letztere, vor allem Anhänger der Dialektischen Theologie, wollten seine Wahl verhindern. Mit der öffentlichen Auseinandersetzung über das Verständnis von Bekenntnis in Predigten und Artikeln bzw. Vorträgen greift Buri die Argumente von beiden Seiten auf. Unter dem Einfluss von Jaspers und dessen Existenzphilosophie wollte er, unter der heftigen Kritik der Barthianer an der Liberalen Theologie, einen neuen Zugang zur eigenen kirchlichen Tradition gewinnen, indem er sie mit Hilfe dieses existenzphilosophischen Zugangs neu interpretierte.

Buri interpretiert eigenständig Jaspers' Ansatz von Existenz und entfaltet daraus seinen Existenzbegriff zu einer »Theologie der Existenz« (1954). Darin geht es ihm um Klärung christlicher Existenz, auch im Gegenüber zu sogenannten atheistischen (u.a. Friedrich Nietzsche, Jean-Paul Sartre) und anderen philosophischen Existenzverständnissen (Martin Heidegger, Sören

---

[26] Vgl. a.a.O., S. 18–29.

[27] FRITZ BURI, Christus gestern und heute. Vorlesung, gehalten am 20. und 22.5.1947 an der Hus-Fakultät in Prag, in: SThU 5/6 (1948).

Kierkegaard), und um eine Antwort auf die Verlusterklärung von Individualität und Persönlichkeit vonseiten des Neuprotestantismus bzw. um eine Lösung des Problems. Mit seinem existenzphilosophischen Ansatz versucht er, auch in Kritik zu bestehenden liberalen Strömungen (Schweitzer und Werner), eine neue Sichtweise herauszuarbeiten. Dabei ist von ihm eine weitere religiöse Vertiefung des Liberalismus intendiert. Er definiert fünf »Momente« für das Wesen von Existenz, »von Kierkegaard her und in Übereinstimmung mit bedeutenden Ausprägungen heutiger Existenzphilosophie«[28]:

(1) Existenz meint ein Selbstsein, welches nicht objektivierbar und nicht wissenschaftlich-allgemeingültig auszuweisen ist. Die Wirklichkeit erschließt sich nur in einem nichtobjektivierbaren Innewerden meiner selbst, durch das ich erst werde, was ich bin.

(2) Existenz erfährt sich in ihrem Selbstsein auf Transzendenz bezogen (nur in diesem Verständnis wendet Buri den Begriff Existenz oder Selbstverständnis an), als »den zu glaubenden Ursprung ihrer selbst und des Seins überhaupt« (Lehre von Sein und Wesen Gottes und der Schöpfung).

(3) Der Transzendenzbezug als ein Sich-geschenkt-Bekommen in Freiheit und Verantwortung wird der Existenz auch als Möglichkeit bewusst, das eigentliche Sein verfehlen zu können. Selbstverwirklichung ist Gnade (Lehre von Sünde, Rechtfertigung und Prädestination).

(4) Ausgehend vom Mythos als Symbol des Selbstverständnisses der Existenz wird Existenz mit Christologie in Verbindung gebracht (»Christus« verstanden als einer der wenigen mythologischen Archetypen, so Florian Schuller).

(5) Das Bekenntnis zur eigenen Geschichtlichkeit der Existenz ist nicht als natürlicher Vorgang zu verstehen, sondern als die »Übernahme der Bedingtheit all ihrer Verwirklichungen in unbedingter, aber nur für sie gültiger und deshalb nicht zu verallgemeinernder Weise«. Dadurch wird eine »Gemeinschaft selbstseiender Existenzen« ermöglicht; in ihr »erscheint das ewige Reich der Wahrheit in der Zeit«.[29] Dieser Existenzbegriff wird für Buri

---

[28] Siehe zum Folgenden FRITZ BURI, Theologie der Existenz, Bern / Stuttgart 1954, S. 9 f.

[29] Florian Schuller deutet diese Gemeinschaft mit »den Lehren von Wort und Sakrament, Kirche und eschatologischer Vollendung«; vgl. FLORIAN SCHULLER, Die Gnade der Verantwortung. Wert und Problematik der Theologie Fritz Buris, Rom 1984, S. 108 f.; s. auch FRITZ BURI, Die Frage des kirchlichen Bekenntnisses, Basel 1939; DERS., Basler Bekenntnis heute, Zollikon 1959.

grundlegend für das Verständnis und die Beantwortung von Grundfragen christlicher Theologie.[30]

Buri bezeichnete seine »Theologie der Existenz« als »vorläufige Rechenschaftsablage« im Blick auf seine geplante Dogmatik.[31] Der kritische Einwand seines Kollegen Heinrich Ott fiel für ihn auf bereiteten Boden: Der Versuch, den Begriff der Existenz »in formaler und inhaltlicher Analogie zu der Begrifflichkeit christlicher Theologie zu setzen«, verlaufe »zumeist mit einer gewissen Monotonie, nach dem Schema einer Gegenüberstellung von ›Vergegenständlichung‹ und ›Existenz‹« und lasse »die verschiedenen Lehrmeinungen als mögliche Symbole indifferent nebeneinander bestehen«.[32]

Im Vorwort von »Zur Theologie der Verantwortung« (einer Sammlung von Buris Schriften) erklärt der Herausgeber Günther Hauff, dass Buri mit seinem Werk »Theologie der Existenz« sowohl Anliegen von Karl Jaspers wie auch von Karl Barth aufzunehmen und zu vermitteln begann. So legte Buri eine »Theologie der Existenz« vor, mit der er in den folgenden Jahren eine existenzielle Christozentrik verband.

Imelda Abbt erklärt es so: Buri greift das Anliegen des Dogmas auf, »um seine Wahrheit in der Theologie wieder zum Leuchten zu bringen. In diesem Anliegen steht er Karl Barth vielleicht näher, als es zunächst scheinen könnte. Die Lösung sucht er aber nicht in einer Art Repristinationstheologie, sondern in einem konsequenten Durchdenken des existenziellen Ansatzes.«[33] Diese neue (von ihm vertretene) Liberale Theologie sollte der Suche und den Fragen des modernen Menschen gerecht werden. Auf jeden Fall war Buri überzeugt davon, dass sie einer Antwort auf die Probleme von Menschen aus seiner Zeit näher steht als die Orthodoxie, die weiterhin die Märchen eines toten Liberalismus bediene.

Nach dem Urteil von Andreas Urs Sommer will Buri mit den Mitteln der Jaspers'schen Existenzphilosophie eine Umdeutung von Schweitzers ethi-

---

[30] Fritz Buri, Theologie der Existenz, Bern / Stuttgart 1954, S. 9.

[31] Fritz Buri, Dogmatik als Selbstverständnis des christlichen Glaubens, Bern / Tübingen 1956 / 1962 / 1978.

[32] F. Schuller, Die Gnade der Verantwortung (s. Anm. 29), S. 109. Publiziert ist aus der umfangreichen Dissertation der Teil »Ethische Theologie des Transzendenzbezugs« (125 S.), Pontificia Universitas Gregoriana, Rom 1984.

[33] Imelda Abbt, Tradition – Christus – Existenz. Das Christus-Verständnis Fritz Buris (ThF 61), Hamburg-Bergstedt 1977, S. 51.

scher Weltanschauung vornehmen, »um christliche Theologie (als nicht bloß historisch-philologische Disziplin) wieder wissenschaftsfähig zu machen«.[34]

5. Jaspers' Position zum Verhältnis von Philosophie und Theologie

Wie hat Jaspers reagiert? Buris Wunsch, Theologie und Philosophie einander näher zu bringen und deren gegenseitige Bedingtheit aufzuweisen, entspricht zwar in gewisser Weise auch einem Anliegen Jaspers', als einem Kenner der biblischen Tradition und gleichzeitig Kritiker der Institution Kirche mit ihrem Dogma der Gottmenschheit Christi. Laut Hans Saner, dem ehemaligen Assistenten von Karl Jaspers, habe dieser mit großem Interesse Buris Arbeiten verfolgt, wobei er vermutete, Buri könne seinen Standpunkt der Ablehnung des Dogmas nicht durchhalten. Letzteres führte zwar nicht zum Abbruch ihrer Beziehung, aber zu einer bleibenden Distanz darin.

Eine Auseinandersetzung mit Saner erfolgte im Zusammenhang der ersten Tagung der neu gegründeten Fritz Buri-Gesellschaft (1996–2008). In seinem Vortrag hat Saner zur philosophischen Begegnung von Buri und Jaspers gesprochen und ist dabei zu folgendem Resultat gelangt:

»Aus seiner langjährigen Beschäftigung mit Jaspers hätte Buri vermutlich das Fazit gezogen: Jaspers' Philosophie der Existenz ist in ihren erkenntnistheoretischen Grundlagen, in ihrer Logik, insbesondere in ihrem Verhältnis von Existenz und Transzendenz und in ihrem Chiffre-Gedanken für die Entfaltung einer Theologie unserer Zeit zwar hilfreich – indes man muss den richtigen Gebrauch von ihr machen, und wenn man den macht, so entdeckt man einen neuen Zugang zum biblischen Denken insgesamt. Man muss dazu freilich den Autor besser verstehen, als er sich selber verstanden hat. Der Schlüssel zu diesem besseren Verständnis ist ein anderes Grundverhältnis von Wirklichkeit und Chiffre, das eine gegenständlichere Auslegung der Chiffren ermöglicht, ohne die nicht allein dem religiösen Denken zuviel weggenommen und zu wenig gegeben wird, sondern auch dem ethischen Handeln.

Jaspers hätte vielleicht gesagt: Worin man immer dieser Theologie der Existenz beipflichten mag – an den entscheidenden Stellen überspringt sie ja doch die Grenzen einer kritischen Reflexion, löst sich aus der Beschei-

---

[34] ANDREAS URS SOMMER, Einleitung. Albert Schweitzer und Fritz Buri in Freundschaft und Widerstreit, in: Albert Schweitzer – Fritz Buri, Existenzphilosophie und Christentum (s. Anm. 1), S. (13–67) 22.

dung im Negativen und verfehlt das, worum es eigentlich geht: die Transzendenz in keiner Weise zu verleiblichen und so die religiöse Gewalt an der Wurzel aufzuheben.«[35]

Es bleibt eine weiterhin offene Frage, inwieweit sich Theologie und Philosophie einander annähern und sich verstehen können. Auf der Tagung mündete die Diskussion in die Frage: »›Ist das gegenseitige Sichanerkennen möglich? ... Ist es möglich, dass der philosophisch Glaubende, zwar mit dem Schmerze, im Offenbarungsgläubigen nicht eigentlich den Schicksalsgefährten in der für ihn undurchdringlichen Situation des Menschen zu gewinnen, doch mit gleicher Achtung ihm begegnet in der Bereitschaft zum immer erneuerten Hören seiner Erfahrungen und zum Bunde für alle menschlichen Aufgaben in dieser Welt?‹« Jaspers' Antwort könnte lauten: »›Jede Geschichtlichkeit kann die andere in ihrem existentiellen Ernst lieben und sich ihr in einem Übergreifenden verbunden wissen.‹«[36]

6. Atombombe als Testfall für den Glauben

Jaspers hielt 1956 einen Vortrag im Rundfunk, den er zu einem Buch von über 500 Seiten ausarbeitete: 1958 erschien »Die Atombombe und die Zukunft des Menschen. Politisches Bewusstsein in unserer Zeit« und rief eine gewaltige Resonanz hervor. In seiner Rezension in der Sonntags-Beilage der National-Zeitung Basel am 10. August 1958[37] beschreibt Buri das Buch als mehrfach unbequem. Die ganze Philosophie von Jaspers käme darin zum Tragen, wobei die Atombombe als Beispiel für die Grenzen des Denkens, Grenzsituationen und Scheitern diene. Vor allem gebe es für Jaspers keinen objektiven Standpunkt, von dem aus sich das Problem der Anwendung oder Nichtanwendung der Atombombe und die Frage nach unserer davon abhängigen Zukunft allgemeingültig beantworten ließe. Es dürfe nach Jaspers sogar kein Rezept geben. Die Ungewissheit der Zukunft bleibe, müsse bleiben. Es bleibt also offen, wie sich das menschliche Wesen in Zukunft entwickelt,

---

[35] HANS SANER, Einmütigkeit und Differenz. Zur philosophischen Begegnung von Fritz Buri und Karl Jaspers (Referat vom 2.11.1996, Basel), in: Internationale Fritz Buri-Gesellschaft für Denken und Glauben im Welthorizont, Bulletin 1, 1998, S. (23–41) 40 f.

[36] GÜNTHER HAUFF, Tagungsbericht 1996, in: Internationale Fritz Buri-Gesellschaft für Denken und Glauben im Welthorizont, Bulletin 1 (s. Anm. 37), S. (63–67) 67.

[37] FRITZ BURI, Karl Jaspers zur Atombombenfrage [K. Jaspers, Die Atomfrage und die Zukunft der Menschen], National Zeitung Basel, No. 363, 10.8.1958; DERS., Die Atomfrage – eine Frage des Glaubens, in: SThU 28 (1958), S. 133–139.

und seine Entwicklung müsse offen bleiben, sie sei nicht berechenbar. Jedoch, auch hierfür steht Jaspers: Anstelle eines objektiven Standpunkts zählt die Entscheidung des Einzelnen: Entweder komme es zur endgültigen Zerstörung des Menschenwesens durch die Atombombe, oder es komme zur endgültigen Zerstörung des Menschenwesens (entsprechend der politischen Weltlage Ende der 1950er-Jahre) durch den Totalitarismus. Obwohl wir, im Gegensatz zum damaligen Zeitpunkt nicht mehr vom selben Blockdenken ausgehen müssen, trotz aller heutigen auch zunehmenden Polarisierungen, könnten wir heute vielleicht anfügen: durch den Klimawandel? Die Bedrohung durch Atomwaffen und/oder durch einen (zufälligen oder bewusst herbeigeführten) Super-GAU eines Atomkraftwerks ist weiterhin vorhanden, und das Problem der endgültigen Bewältigung atomaren Mülls, das schon Schweitzer hervorhob, ist nicht gelöst. Bietet Jaspers einen Ausweg an? Die Aufgabe des Menschen in der Ungewissheit des Ganzen und seiner Zukunft bestehe darin, mit dem Wissen innerhalb der ihm gegebenen Perspektiven die (obige) Wahl zu treffen.

Nach Buri lautet das Fazit für Jaspers: Untergang oder Wandlung des Menschen, Untergang oder totale Umkehr des Menschen. Eine innere Wandlung lässt sich nicht machen oder herstellen. Eine Wandlung des Einzelnen in seinem Denken und Leben aus dem Bewusstsein eines letzten Verantwortlichseins vor seinem transzendenten Ursprung, um es mit den Worten eines philosophischen Glaubens auszudrücken, ist nur in dem Maße möglich, als wir selber in dieser ständigen Wandlung begriffen sind. Nur so dürfen wir auch auf eine Verwirklichung des Menschen im Menschen hoffen. In diesem ›philosophischen Glauben‹ berufe sich Jaspers – wie Buri bemerkt – auf die alten Propheten Israels und plädiere für ein neues Verstehen der Symbolwelt des biblischen Glaubens: »Glaubt ihr nicht, so bleibt ihr nicht« (Jes 7,9). Buri setzt wie Jaspers auf die Neuwerdung des Menschen. Für ihn ist es ein Beispiel dafür, wie Philosophie und Theologie einander bedingen und brauchen und (nur) auf diese Weise etwas zu erreichen vermögen. Die ausstehende Entscheidung falle in der Haltung des gläubigen Wagnisses und des Vertrauens. So stellt Buri auch in seinem Vortrag zur Feier des 85. Geburtstags von Albert Schweitzer in Berlin »Albert Schweitzers Wahrheit in Anfechtung und Bewährung«[38] das Atomproblem als eine Frage und Entscheidung des Glaubens dar: Zerstörung der Menschheit oder Wandlung, Umkehr des Menschen.

---

[38] Vgl. F. BURI, Albert Schweitzers Wahrheit in Anfechtung und Bewährung (s. Anm. 7), S. 46 f.

Bernd Weidmann

JASPERS UND BULTMANN
Zur Vorgeschichte einer Polemik

Im 1955 verfassten Nachwort zu seiner 1931 erschienenen *Philosophie* hat Karl Jaspers ein längeres Kapitel über Polemik geschrieben.[1] Drei Motive waren dafür ausschlaggebend. Zunächst hatte er das Bedürfnis, die zum Teil scharfe Kritik an dem Werk und dem darin entwickelten Verständnis von Philosophie als unphilosophisch oder rein polemisch zurückzuweisen. Darüber hinaus interessierte ihn aber auch die grundsätzliche Frage, ob Polemik nicht zum Wesen jeder Philosophie gehöre. »Philosophie sucht nicht nur Kommunikation in Einstimmung, nicht nur Diskussion auf dem Boden einer umgreifenden Solidarität, sondern die Infragestellung in der Wurzel ihres Wesens durch grundsätzlich andere Philosophie oder durch Unphilosophie. Ich habe von früh an den Drang gehabt, dem geistigen Feinde zu begegnen, wenn er sich nur rückhaltlos äußert.«[2] Schon was Jaspers »liebender Kampf« nannte, die Kommunikation zwischen Philosophierenden, die einander rückhaltlos kritisieren können, da sie durch eine existenzielle Solidarität miteinander verbunden sind, hat ein polemisches Moment.[3] Gewinnt es die Oberhand, kommt ein »liebender Kampf« entweder gar nicht erst zustande oder läuft bald aus dem Ruder. Genau das war Jaspers passiert, als er Rudolf Bultmann 1953 in einem Vortrag auf dem Kongress der freisin-

---

[1] Vgl. KARL JASPERS, Nachwort (1955) zu meiner »Philosophie« (1931), in: ders., Philosophie, Bd. 1: Philosophische Weltorientierung (Karl Jaspers Gesamtausgabe [KJG] I/7.1), hg. v. Oliver Immel, Basel 2022, S. (13–46) 25–39.

[2] A.a.O., S. 25.

[3] Vgl. KARL JASPERS, Philosophie, Bd. 2: Existenzerhellung (KJG I/7.2), hg. v. Oliver Immel, Basel 2022, S. 64–66. 209–212.

nigen Theologen der Schweiz frontal angegriffen hatte,[4] und darüber wollte er sich nun noch einmal klar werden. »Da ich bisher nur in einem Falle den Versuch einer Polemik mit einem Zeitgenossen auf Grund philosophischer Einsicht gewagt habe (mit *Bultmann*), so möchte ich wenigstens einige Prinzipien solcher Polemik formulieren. Das ist leicht, während die Ausführung ungemein schwer erscheint.«[5] Diese Rechenschaft war das eigentliche Motiv für das Kapitel über Polemik.

Dass es überhaupt zu einer Polemik kam, war von der Sache her nicht unbedingt zu erwarten gewesen. Eher im Gegenteil. Die Chancen für eine gelingende Auseinandersetzung standen gut. Jaspers ging wie Bultmann von einem Menschen aus, der in seiner Existenz nach Gott fragt und Gott in seinem Glauben begegnet. Gemeinsam war ihnen auch die Beurteilung der hermeneutischen Situation, in der sie, jeder auf seine Weise, nach Kräften zu wirken suchten. In den modernen Gesellschaften des Westens sind immer weniger Menschen bereit, auf Gottes Zuwendung zu vertrauen, da ihnen das christliche Heilsgeschehen von Kreuz und Auferstehung, Gericht und Gnade nichts mehr zu sagen vermag. Auch wenn sie noch an den überlieferten Formen und Inhalten des Glaubens festhalten, haben sie die innere Bindung mehrheitlich verloren, ganz zu schweigen von der wachsenden

---

[4] Vgl. KARL JASPERS, Wahrheit und Unheil der Bultmannschen Entmythologisierung, in: ders., Schriften zum philosophischen Glauben (KJG I/12), hg. v. Bernd Weidmann, Basel 2022, S. 123–160. Der Vortrag fand am 27. April 1953 in Basel statt und war durch Fritz Buri »veranlasst« (FRITZ BURI, Karl Jaspers – ein Lehrer der Kirche, in: ders., Zur Theologie der Verantwortung, hg. v. Günther Hauff, Bern / Stuttgart 1971, S. [62–70] 63). Es lässt sich wohl nicht mehr ermitteln, wie das abgesprochene Thema genau lautete, die publizierte Korrespondenz (vgl. Briefwechsel FRITZ BURI / KARL JASPERS 1949 bis 1963, hg. v. Hans Saner, in: Internationale Fritz Buri-Gesellschaft für Denken und Glauben im Welthorizont [Hg.], Bulletin 1 [1998], S. 46–62) enthält dazu leider nichts. Allerdings fällt auf, dass Buri den Vortrag in einem Grußwort ohne Bultmanns Namen ankündigte: Jaspers werde über das Thema »Wahrheit und Unheil der Entmythologisierung« sprechen (FRITZ BURI, Karl Jaspers zum 70. Geburtstag am 23. Februar 1953, in: SThU 23 [1953], Nr. 1/2, S. [1 f.] 2). So lautet auch der Titel eines Nachlasskonvoluts, in dem Jaspers Notizen zu Bultmann und dem Bultmann-Vortrag gesammelt hat: Wahrheit und Unheil der Entmythologisierung. Frage der Erneuerung der biblischen Religion, Deutsches Literaturarchiv Marbach am Neckar (DLA), A: Jaspers, 06.195. Das könnte ein Indiz dafür sein, dass Jaspers die polemische Zuspitzung auf die Person Bultmanns in letzter Minute vornahm.

[5] K. JASPERS, Nachwort (s. Anm. 1), S. 34 f.

Zahl derer, die den Glauben an Gott nie besessen haben. Auf diese Herausforderung zu reagieren, sahen beide, Jaspers wie Bultmann, als ihre Aufgabe an. Zwar gingen die Meinungen, wie das zu geschehen habe, weit auseinander. Während Bultmann ein apologetisches Interesse hatte und das christliche Heilsgeschehen durch Entmythologisierung so zu reformulieren suchte, dass es dem modernen Menschen (wieder) verständlich wird, verfolgte Jaspers eine kritische Absicht. Er hielt das christliche Heilsgeschehen, sofern es mit dem Anspruch der Objektivität und Exklusivität verkündigt wird, für nicht (mehr) vermittelbar. Es erschien ihm absurd, weshalb er auf die Überwindung des christlichen Wahrheits- und Ausschließlichkeitsanspruchs drängte. Doch diese Differenz in der Sache sollte einer offenen Verständigung nicht im Wege stehen, zumal dann nicht, wenn man sie mit Jaspers als »liebenden Kampf« begriff, dessen erklärtes Ziel es ist, Positionen zu klären, ohne sie zu harmonisieren.

Zur Polemik wurde diese Kontroverse erst dadurch, dass Jaspers die Orientierung an der Sache aufgab und zum Angriff auf die Person überging. Gegen Ende seines Vortrags stellte er die Frage, ob Bultmann liberal oder orthodox sei,[6] und kam zu einer vernichtenden Antwort. Bultmann sei ein Orthodoxer der schlimmsten Sorte, da er seine Orthodoxie im Gewand aufgeklärter Liberalität verhülle, um weiterhin an der Objektivität und Exklusivität des christlichen Heilsgeschehens festhalten zu können, was Jaspers schließlich dazu veranlasste, Bultmanns geistige Persönlichkeit ins Visier zu nehmen.[7]

Der Angriff, vor allem seine Schärfe, kam für Bultmann so überraschend, dass er kaum darauf antworten konnte.[8] Viele Zeitgenossen, darunter ehemalige Marburger, die Bultmann als Schüler oder Kollegen kennengelernt hatten, aber auch Jaspers schätzten, reagierten ähnlich bestürzt und teilten Jaspers ihre Irritation mit. »Sie wissen«, schrieb etwa Hannah Arendt, »ich habe bei Bultmann vieles gelernt und verdanke ihm manches, was ich

---

[6] Vgl. K. JASPERS, Wahrheit und Unheil der Bultmannschen Entmythologisierung (s. Anm. 4), S. 155 f.

[7] A.a.O., S. 158–160.

[8] Vgl. RUDOLF BULTMANN, Zur Frage der Entmythologisierung. Antwort an Karl Jaspers, in: K. Jaspers, Schriften zum philosophischen Glauben (s. Anm. 4), S. (161–171) 161; RUDOLF BULTMANN an Karl Jaspers, 15. Juni 1953, in: Karl Jaspers, Korrespondenzen Philosophie, hg. v. Dominic Kaegi u. Reiner Wiehl (†), Göttingen 2016, S. 239.

nicht vergessen möchte. Mir scheint auch, daß Sie ihm als Person nicht ganz gerecht werden; vielleicht habe ich Vorurteile, weil ich ihn einfach gerne mag. Mir scheint seine Redlichkeit, die Sie erwähnen, besser gegründet, und andererseits die objektiven Schwierigkeiten, vor denen er steht, eben nicht nur als Vertreter einer Religion oder eines Glaubens, sondern einer Institution, die so brüchig ist wie alle Institutionen, größer und für ihn schlimmer.«[9] Auch Karl Löwith zeigte Verständnis für Bultmann, obwohl er mit ihm in der Sache keineswegs übereinstimmte: »Wie man mit Bultmanns Theologie noch predigen kann, ist mir freilich ein Rätsel, aber dass ein Christ den Rest, oder wie B[ultmann] selbst sagen würde: den Kern, des Glaubens festhält, scheint mir absolut nötig und braucht nicht im Sinne der Intoleranz zur ›Orthodoxie‹ zu führen.«[10]

Im Folgenden knüpfe ich an Löwiths Kritik an und vertrete die These, dass Jaspers mit der Frage, ob Bultmann liberal oder orthodox sei, auf ein tieferliegendes Problem zielt, dieses aber verfehlt. Im Zentrum seiner Polemik steht die heikle Frage nach der Wahrhaftigkeit im Glauben. Jaspers verdächtigte Bultmann, existenziell ungedeckte Glaubensaussagen zu machen, sobald er vom christlichen Heilsgeschehen sprach. Das deutete er im weiteren Verlauf der Debatte an, als er an die erste, für ihn enttäuschende Begegnung am 6. Februar 1930 in Heidelberg erinnerte,[11] um dann im eingangs genannten Kapitel über Polemik einen systematischen Punkt daraus zu machen. »Bei dem Versuch der in die Ursprünge dringenden philosophischen Kritik wird, wo solche Kritik an die Grenze des fast zwingend Überzeugenden (die sie doch nie erreichen kann) zu gelangen scheint, ein Einwand möglich, der mit einem Schlage den gesamten kritischen Versuch zu annullieren scheint. Er gilt eigentlich nur den Zeitgenossen gegenüber, nur potentiell gegenüber den Toten. Er lautet: es sei unmöglich, vom Gegner zu verlangen,

---

[9] HANNAH ARENDT an Karl Jaspers, 13. Juli 1953, in: dies. / Karl Jaspers, Briefwechsel 1926–1969, hg. v. Lotte Köhler u. Hans Saner, München / Zürich 1985, S. 257.

[10] KARL LÖWITH an Karl Jaspers, 2. Oktober 1953, in: K. Jaspers, Korrespondenzen Philosophie (s. Anm. 8), S. 522.

[11] Vgl. KARL JASPERS, Erwiderung auf Rudolf Bultmanns Antwort, in: ders., Schriften zum philosophischen Glauben (s. Anm. 4), S. (172–203) 199. Jaspers datierte die Begegnung irrtümlicherweise in die »zwanziger Jahre« (ebd.). Dass es die erste war, geht aus einem Brief Bultmanns hervor: Er freue sich sehr, Jaspers »persönlich kennen zu lernen« (RUDOLF BULTMANN an Karl Jaspers, 5. Februar 1930, in: K. Jaspers, Korrespondenzen Philosophie [s. Anm. 8], S. 232).

er solle sein eigenes Wesen verleugnen, ihm eine Einsicht zuzumuten, die die ihm eigentümliche Produktivität lähmen müßte. *Goethe* hat gesagt, was gegen die Bedingungen des eigenen Daseins sei, dürfe man nicht einlassen.«[12] Auf Bultmann bezogen lautete der Einwand, man könne von ihm nicht verlangen, das christliche Heilsgeschehen von Kreuz und Auferstehung zur Disposition zu stellen, da er aus tiefstem Herzen daran glaube und aus diesem Glauben lebe und denke. Jaspers widersprach diesem Einwand mit dem Hinweis auf das philosophische Ethos der Wahrhaftigkeit, dem zufolge der Philosophierende »jede mögliche Einsicht« begehrt und deshalb »die äußerste Kritik« sucht: »Er will nichts verborgen lassen, will nichts verschließen, will sichtbar werden in rückhaltloser Offenheit, möchte im Feuer der Kritik gleichsam einschmelzen, um wiederzuerstehen als er selbst.«[13] Da Bultmann seine Bereitschaft, von der Philosophie zu lernen, bereits bewiesen und ausdrücklich bekundet hatte,[14] glaubte Jaspers ihn dazu auffordern zu dürfen, sich das philosophische Ethos der Wahrhaftigkeit ganz zu eigen zu machen.

Wie weit darf man den Glauben eines anderen hinterfragen? Kann man gar verlangen, ihn zur Disposition zu stellen? Jaspers hat nie einen Zweifel daran gelassen, dass ein solches Ansinnen nur dann legitim ist, wenn es einer Verständigung über den eigenen Glauben entspringt. Aus seinem Nachlass wissen wir inzwischen um die existenzielle Dynamik, die ihn ab 1937 erfasste, als er, wegen seiner Ehe mit einer Jüdin vorzeitig in den Ruhestand versetzt, seine gesellschaftliche Stellung und die rückhaltlose Unterstützung der Familie verlor. Private Aufzeichnungen, vor allem aber die 1942/43 entstandenen, zu Lebzeiten nicht publizierten, erst 2019 vollständig edierten *Grundsätze des Philosophierens* dokumentieren eine weitgehende Öffnung zur biblischen Religion und dem Gott der jüdischen Propheten.[15] Sie zeigen aber auch, wie intensiv Jaspers die Verständigung über den

---

[12] K. JASPERS, Nachwort (s. Anm. 1), S. 39.

[13] Ebd.

[14] Vgl. R. BULTMANN, Zur Frage der Entmythologisierung (s. Anm. 8), S. 162.

[15] KARL JASPERS, Grundsätze des Philosophierens. Einführung in philosophisches Leben (KJG II/1), hg. v. Bernd Weidmann, Basel 2019. Vor dieser Edition ist lediglich eine stark gekürzte Fassung des ersten Teils, »Philosophische Glaubensgehalte«, in amerikanischer Übersetzung publiziert worden. Vgl. KARL JASPERS, Principles for Philosophizing: Introduction to Philosophical Life, 1942/43, in: Helmut Wautischer

eigenen Glauben in der Auseinandersetzung mit Bultmann führte, nachdem er im April 1942 dessen Schrift *Offenbarung und Heilsgeschehen* erhalten hatte.[16] Ich habe diese Vorgeschichte der Polemik im Rahmen der Karl-Jaspers-Gesamtausgabe rekonstruiert[17] und werde sie hier in den wesentlichen Punkten noch einmal zusammenfassen. Das soll mit Blick auf einen konkreten Glaubensvollzug, das Beten, geschehen, um den von Jaspers geäußerten Verdacht, Bultmanns Glaubensaussagen seien existenziell ungedeckt, auf seine Stichhaltigkeit zu prüfen. Bultmann hat das Beten vor allem in seinen Predigten thematisiert, von denen einige 1956, die meisten aber erst posthum erschienen sind.[18] Jaspers konnte sie zum Zeitpunkt seiner Polemik also nicht kennen, hätte sie aber wohl auch nicht weiter beachtet. Die einzige Predigt, die er von Bultmann je gehört hat, fand er so langweilig,[19] dass

---

/ Alan M. Olson / Gregory J. Walters (Hg.), Philosophical Faith and the Future of Humanity, Dordrecht / Heidelberg / London / New York 2012, S. 11–34.

[16] RUDOLF BULTMANN, Offenbarung und Heilsgeschehen (BEvTh 7), München 1941. Jaspers hatte die Schrift von Oskar Hammelsbeck geschenkt bekommen. »Vor allem der 2. Aufsatz zur Frage der Entmythologisierung geht ja um die Dinge, die wir miteinander im Oktober besprachen. Es ist hier ein heftiger Kampf um die Fragestellung Bultmanns entbrannt, bei der ich gegen eine falsche Orthodoxie auf der Seite Bultmanns stehe, nicht weil ich ihm in seinen Antworten zustimme, wohl aber in seiner Fragestellung, die ausgestanden werden muß, wenn die Theologie ein echtes Verhältnis zur Philosophie wiedergewinnen soll.« (OSKAR HAMMELSBECK an Karl Jaspers, 17. April 1942, in: Briefwechsel Karl Jaspers – Oskar Hammelsbeck 1919–1969, hg. u. erl. v. Hermann Horn, Frankfurt a.M. / Bern / New York 1986, S. 44)

[17] BERND WEIDMANN, Einleitung des Herausgebers, in: K. Jaspers, Grundsätze des Philosophierens (s. Anm. 15), S. XV–XL; BERND WEIDMANN, Einleitung des Herausgebers, in: K. Jaspers, Schriften zum philosophischen Glauben (s. Anm. 4), S. XVII–LVI.

[18] RUDOLF BULTMANN, Marburger Predigten, Tübingen 1956, ²1968; DERS., Das verkündigte Wort. Predigten – Andachten – Ansprachen 1906–1941, in Zusammenarbeit mit Martin Evang ausgew., eingel. u. hg. v. Erich Gräßer, Tübingen 1984; DERS., Aus Zeit wird Ewigkeit. Trauerpredigten, eingel. u. hg. v. Werner Zager, Leipzig 2018.

[19] Bei seinem Besuch in Heidelberg Anfang Februar 1930 hielt Bultmann eine Predigt in der Peterskirche, über deren »orthodoxen, konventionellen Inhalt« Jaspers »erstaunt« war (K. JASPERS, Erwiderung auf Rudolf Bultmanns Antwort [s. Anm. 11], S. 199).

sie seine Vorurteile gegenüber der Entmythologisierung nur bestätigte. Doch es sind gerade Bultmanns Predigten, die seinen Glauben erschließen.[20]

1. Die Frage des Betens

Jaspers kannte Bultmann, der aus Wiefelstede bei Oldenburg stammte und eineinhalb Jahre jünger war als er, seit der Schulzeit. Beide besuchten sie das Oldenburger Gymnasium, das Jaspers 1901, Bultmann 1903 absolvierte. Schon damals empfand Jaspers eine Neigung für den Mitschüler zwei Klassen unter ihm, traute sich aber nicht, zu ihm in Kontakt zu treten.[21] Zu einer ersten persönlichen Begegnung kam es knapp drei Jahrzehnte später, am 6. Februar 1930 in Heidelberg, als Bultmann dort einen Vortrag hielt. Eingeladen hatte die Fachschaft der Theologischen Fakultät, Thema war »Der Glaube an Jesus Christus im Neuen Testament«.[22]

---

[20] Vgl. FRANZ PEERLINCK, Rudolf Bultmann als Prediger. Verkündigung als Vollzug seiner Theologie. Kerygma und Mythos als Problem der Predigt (ThF 50), Hamburg-Bergstedt 1970; EBERHARD HAUSCHILDT, Rudolf Bultmanns Predigten. Existentiale Interpretation und lutherisches Erbe, mit einem neuen Verzeichnis der Veröffentlichungen Bultmanns (MThSt 26), Marburg 1989; DERS., Predigten, in: Christof Landmesser (Hg.), Bultmann Handbuch, Tübingen 2017, S. 199–205.

[21] K. JASPERS, Erwiderung auf Rudolf Bultmanns Antwort (s. Anm. 11), S. 199.

[22] Vgl. die Ankündigungen im *Heidelberger Tageblatt*, Nr. 30, 5. Februar 1930, S. 7, und in den *Heidelberger Neuesten Nachrichten*, Nr. 30, 5. Februar 1930, S. 3, sowie WERNER ZAGER, Zwischen Kerygma und Mythos. Karl Jaspers' und Rudolf Bultmanns Beitrag zur Debatte über die Entmythologisierung der Bibel, in: ders., Entwicklungslinien im liberalen Protestantismus. Von Kant über Strauß, Schweitzer und Bultmann bis zur Gegenwart, Leipzig 2017, S. (199–226) 205 f., Anm. 23. Der Vortrag sollte im Hörsaal 13 des Alten Kollegienhauses stattfinden, musste aber wegen des enormen Andrangs in den größeren Hörsaal 7 verlegt werden. Ein »Vertreter der Theologiestudierenden« eröffnete die Veranstaltung mit einer Begrüßung Bultmanns (vgl. den Nachbericht im *Heidelberger Tageblatt*, Nr. 32, 7. Februar 1930, S. 7). Bei dem anschließenden Vortrag handelte es sich um den Text, den BULTMANN wenige Jahre später unter dem Titel »Die Christologie des Neuen Testaments« veröffentlichte (Glauben und Verstehen. Gesammelte Aufsätze, [Bd. 1], Tübingen 1933, S. 245–267). Das belegt der ausführliche, im Vergleich zum *Heidelberger Tageblatt* doppelt so lange Nachbericht, der am 8. Februar in den *Heidelberger Neuesten Nachrichten* erschienen ist (als Anhang abgedruckt in K. JASPERS, Schriften zum philosophischen Glauben [s. Anm. 4], S. 251 f.).

Um Bultmann persönlich kennenzulernen, lud Jaspers ihn zu sich nach Hause ein. Bei dieser Gelegenheit konfrontierte er ihn unvermittelt mit Fragen zu seinem Glauben, die Bultmann ausweichend beantwortet haben muss – verständlicherweise, wenn man sich die Situation vor Augen führt. Jaspers war mit Bultmann nicht vertraut, er kannte ihn nur aus seinen Veröffentlichungen, und da fragte er bei der ersten persönlichen Begegnung gleich nach Dingen, die sonst wohl nur unter engen Freunden und auch da wohl nur in einer günstigen Stunde zur Sprache kommen. Doch auf die Umstände nahm Jaspers keine Rücksicht. Kommunikation muss »rücksichtslos«[23] sein, wenn sie existenziell werden soll, da spielen Takt und Konvention keine Rolle mehr. Von dieser Rücksichtslosigkeit gibt noch die Erinnerung aus einem Abstand von mehr als zwei Jahrzehnten einen Eindruck. »Als Sie [...] die Freundlichkeit hatten, mich zu besuchen, da legte ich Ihnen einige Fragen vor.«[24] Jemandem Fragen vorlegen – die Formulierung weckt die Assoziation eines Verhörs, dem man sich nur durch Aussageverweigerung entziehen kann. Eine Notiz aus dem Nachlass legt nahe, dass es so ähnlich auch gewesen sein muss. Sie gibt zugleich einen Hinweis, wonach Jaspers gefragt hatte. »*Bultmann*: an den Grenzen entzieht er sich, sodass man fragt: warum spricht er überhaupt (ausser als Forscher inbezug auf das Chr[istentum] in der Welt)? // z.B. *Gebet*: man hat nicht zu fragen, wie ein anderer betet«.[25] Unter allen Fragen, die Jaspers sonst noch geäußert haben mochte, war das sicherlich die persönlichste, und es dürfte kein Zufall sein, dass er gerade sie als Beispiel anführte.

Wie war die Frage motiviert? Ein naheliegendes Motiv ist zunächst das naive, um nicht zu sagen kindliche Interesse des Außenstehenden. Jaspers hatte keine Erfahrung mit dem Beten. Obwohl getauft und konfirmiert, war er in einer weltanschaulich säkularen Familie aufgewachsen. »Unsere Eltern erzogen uns ohne Kirche. Niemand lehrte uns beten. Von Gott war nicht die Rede.«[26] Das änderte sich, als Jaspers nach dem Tode Max Webers die Philosophie zu seinem Lebensberuf machte und sein gleichnamiges Haupt-

---

[23] Vgl. KARL JASPERS, Psychologie der Weltanschauungen (KJG I/6), hg. v. Oliver Immel, Basel 2019, S. 127; DERS., Philosophie, Bd. 2 (s. Anm. 3), S. 202.

[24] K. JASPERS, Erwiderung auf Rudolf Bultmanns Antwort (s. Anm. 11), S. 199.

[25] K. JASPERS, Wahrheit und Unheil der Entmythologisierung (s. Anm. 4), Nr. 5.1: [Lose Blätter].

[26] KARL JASPERS, Elternhaus und Kindheit, in: ders., Schicksal und Wille. Autobiographische Schriften, hg. v. Hans Saner, München 1967, S. (39–108) 84.

werk zu schreiben begann. In allen drei Bänden, besonders im dritten über Metaphysik, ging es um Gott oder, philosophisch angemessener, um Transzendenz,[27] und auch das Beten war darin mehrfach Gegenstand, das allerdings auf ambivalente Weise. Als »Analogie«[28] der philosophischen Kontemplation konnte Jaspers es nicht ignorieren, als religiöses Handeln provozierte es seine Abgrenzung: »Der Kampf gegen das *religiöse Handeln* ist ein innerer: ich kann nicht beten, entweder weil ich den realen Sinn des Betens nicht wollen kann, insoweit er Magie ist; oder weil ich eine Täuschung sehe; oder weil mir ausbleibt, ohne was das Beten Täuschung wäre; oder weil ich die Kontemplation absoluten Bewußtseins als den universellen, alles durchdringenden Aufschwung mangels jeder Spezifität, jeder Gebärde, jeder zeitlichen Lokalisierbarkeit, jeder absichtlich wiederholbaren Form nicht Beten nennen darf. Aber das Beten ist eine mögliche Wirklichkeit, deren Mangel ich mir nicht siegesbewußt, sondern schmerzvoll bewußt bin.«[29] Aus der ganzen Äußerung, besonders aber aus dem letzten Satz spricht die innere Betroffenheit eines Menschen, der gern beten würde, es mit seiner intellektuellen Redlichkeit aber nicht vereinbaren kann. Als Philosoph redet er *von* Gott, aber nicht *zu* Gott. »Gebet ist eine in die Verborgenheit einbrechende Zudringlichkeit, die der Mensch in höchster Einsamkeit und Not wagen mag, die als tägliche Gewohnheit und geformte Sitte eine fragwürdige Fixierung ist, der sich Philosophie versagt.«[30] Wie aber betet jemand, der die gleiche intellektuelle Redlichkeit besitzt, aber bekennender Christ ist und an die Objektivität und Exklusivität des christlichen Heilsgeschehens glaubt?

Für Jaspers war das keine rhetorische Frage. Er meinte es ernst und fragte in eigener Sache, wie er Bultmann noch nach Jahren versicherte: »Ich wollte mich – unerhört indiscret, wie ich grade dann sein kann, wenn ich ein Vertrauen habe und nach Aufschluss begehre – vergewissern, wie ein mir unzweifelhaft als redlich und bedingungslos wissenschaftlich geltender Mensch zum christlichen Glauben stehe. Meine eigene Unruhe inbezug auf die Bibel findet zumeist keine Freude an den Theologen. Bei Ihnen hoffte ich durch Scheinangriffe – wie man doch auch sprechen kann mit sich selbst –

---

[27] Was »in mythischer Ausdrucksweise« Gott heiße, heiße »in philosophischer Sprache« Transzendenz (K. JASPERS, Philosophie, Bd. 2 [s. Anm. 3], S. 11).

[28] A.a.O., S. 274; vgl. auch S. 279.

[29] K. JASPERS, Philosophie, Bd. 1 (s. Anm. 1), S. 302.

[30] KARL JASPERS, Philosophie, Bd. 3: Metaphysik (KJG I/7.3), hg. v. Oliver Immel, Basel 2022, S. 113.

als auf indirektem Wege provocierte Worte zu hören, die mir ein Zeiger sein könnten auf Ihre christliche Seele, zu nutz und frommen der eigenen.«[31] Eine andere Frage ist freilich, ob Jaspers den richtigen Weg gewählt hat, um den begehrten Aufschluss zu erhalten. Dass Bultmann von seiner Zudringlichkeit überrumpelt sein würde, war vorauszusehen. Frontales Angehen bewirkt instinktive Abwehr. Um über das Beten ins Gespräch zu kommen, wäre es besser gewesen, von den eigenen Zweifeln zu sprechen, notfalls unter Berufung auf Röm 8,26. Jaspers konnte zwar nicht wissen, dass Bultmann darüber schon einmal gepredigt hatte,[32] aber er konnte erwarten, dass er darüber etwas zu sagen haben würde.

Doch auch Bultmann hätte anders reagieren können. Für seine abweisende Antwort gab es einen guten Grund, den er Jaspers allerdings nicht nannte. Bultmann lebte aus der Gewissheit, dass »unsere Existenz in Gott gegründet, d.h. außerhalb Gottes nicht vorhanden ist«,[33] und deshalb durch ein Darüberreden notwendigerweise verfehlt werden muss. Das gilt in besonderer Weise für das Beten. »Beten heißt mit Gott allein sein«,[34] um sich ihm ganz zu öffnen. Wer das kann, ist nicht mehr bei sich selbst. In seiner Angst und Verzweiflung spricht er nur noch »mit unaussprechlichem Seufzen« (Röm 8,26), das sich nicht in vernünftige Rede übersetzen lässt und daher auch nicht mitteilbar ist, von Gott aber verstanden wird. Gerade darin liegt die befreiende Kraft des Gebets, und das hätte Bultmann gegenüber Jaspers klarstellen können. Er hätte dazu nur wiederholen müssen, was er in seiner Predigt ausgeführt hatte: »[I]ch kann nicht sagen, wie es zugehen müsse, daß der Mensch, der sich schweigend beugt, von diesem Geist erfüllt wird, der ihm unaussprechliche Seufzer auf die Lippen legt. Und ich kann nicht schildern, auf wie verschiedenen Wegen Menschen zu solchem Erlebnis geführt werden können. Nur das vermag ich zu sagen, daß solches Erlebnis des inneren Sterbens, des Gerichtes, der Beschämung von dem, der es in sich aufnimmt, als Befreiung und Begnadigung empfunden werden

---

[31] KARL JASPERS an Rudolf Bultmann, 3. Januar 1939, in: K. Jaspers, Korrespondenzen Philosophie (s. Anm. 8), S. 234.

[32] RUDOLF BULTMANN, Predigt über Röm 8,26–27 vom 5. Juni 1921, in: ders., Das verkündigte Wort (s. Anm. 18), S. 182–189.

[33] RUDOLF BULTMANN, Welchen Sinn hat es, von Gott zu reden?, in: ders., Glauben und Verstehen, [Bd. 1] (s. Anm. 22), S. (26–37) 36.

[34] R. BULTMANN, Predigt über Röm 8,26–27 (s. Anm. 32), S. 185.

kann.«³⁵ Vielleicht wäre Jaspers von dieser Antwort nicht befriedigt gewesen. Sie hätte aber der Auftakt zu einer existenziellen Kommunikation über den Glauben sein können. Bultmann bedauerte später immerhin, dass hier durch sein Ausweichen eine Möglichkeit versäumt worden war.³⁶

Es kam die NS-Zeit, und mit ihr änderte sich für Jaspers vieles. Die Amtsenthebung 1937 machte den Anfang, die Reichspogromnacht 1938 verschärfte die Situation. Von nun an war das Ehepaar Jaspers als sogenannte »Mischehe« zunehmender Schikanierung ausgesetzt. Die Frage einer Emigration kam auf, zuletzt, als die Deportationen begannen, die Frage einer gemeinsamen Selbsttötung. Jaspers führte in diesen Jahren ein Tagebuch. Für unseren Zusammenhang ist es insofern relevant, als es einen veränderten Gottesbezug erkennen lässt. Fest entschlossen, sich einer Deportation durch den Freitod zu entziehen, konnte Jaspers doch nicht umhin, die Legitimität eines solchen Schritts zu erwägen. Indem er seine Überlegungen am Willen Gottes ausrichtete,³⁷ wurde ihm die restlose Abhängigkeit seiner Existenz bewusst. »Es bleibt dem Menschen nichts als sein Gott. Das ist ein Weltnihilismus, der kaum zu leben ist, aber wenn er wirklich und wahr ist, den tiefsten Schritt zur Transzendenz vielleicht vollziehen kann. Aber so schwer und so fragwürdig!«³⁸ Auch das ist noch Rede *von* Gott, nicht *zu* Gott, doch sie legt nahe, dass Jaspers in der Not das Beten gelernt hat. Im Tagebuch ist es kein Gegenstand, wohl aber in den unmittelbar darauf entstandenen *Grundsätzen des Philosophierens*.

In diesem aus zehn Teilen bestehenden Werk ist der veränderte Gottesbezug mit Händen zu greifen. Gleich der erste Teil über »Philosophische

---

[35] A.a.O., S. 187 f.

[36] »Ich habe oft bedauert und bedaure es heute doppelt, daß wir uns nicht öfter persönlich begegnet sind; – ob Sie ähnlich empfinden, muß mir freilich zweifelhaft sein, da ich nach unserer einzigen flüchtigen Begegnung annehme, daß Sie meiner Arbeit mit einigem Mißtrauen gegenüberstehen.« (RUDOLF BULTMANN an Karl Jaspers, 31. Dezember 1938, in: K. Jaspers, Korrespondenzen Philosophie [s. Anm. 8], S. 234)

[37] Vgl. KARL JASPERS, Tagebuch 1939–1942, in: ders., Schicksal und Wille (s. Anm. 26), S. (143–163) 147 (Eintrag vom 11. Februar 1939), 157 (Eintrag vom 11. März 1940), 160 (Eintrag vom 2. Mai 1942), 161 (Eintrag vom 28. August 1942).

[38] A.a.O., S. 153 (Eintrag vom 17. März 1939).

Glaubensgehalte« thematisiert fünf bekenntnisanaloge Glaubenssätze,[39] die das Verhältnis von Gott, Mensch und Welt bestimmen: »Gott ist«, »Es gibt die unbedingte Forderung im Dasein«, »Der Mensch ist endlich und unvollendbar«, »Der Mensch kann in Führung durch Gott leben«, »Die Realität in der Welt hat ein verschwindendes Dasein zwischen Gott und Existenz«.[40] Das Beten hat hier einen ganz anderen Stellenwert als in der *Philosophie*. Die dort geäußerten Vorbehalte sind überwunden und weichen einer fast schon selbstverständlich klingenden Vertrautheit: »Im Gebet liegt von alters her das Suchen nach der Führung Gottes.«[41] Dieser neue Ton war möglich geworden, weil Jaspers zu jener Zeit verstärkt die Bibel las, in der menschliche Not auf einzigartige Weise vor Gott gebracht ist. Nicht von ungefähr fand er sich und seine Situation in einem Psalmwort wieder. »Wenn vor dem Äussersten sich in uns regt, was in einem ›Gott hilf mir‹ Ausdruck sucht, so bedeutet dieser Ruf nicht Bitte um Hilfe von aussen, sondern um Hilfe durch die Kraft der Klarheit des Selbstseins.«[42] Im Gebet wurde der metaphysische Bezug von Existenz auf Transzendenz zu einer »Begegnung mit dem persönlichen Gott«.[43] Jaspers hat Ende der 1930er-, Anfang der 1940er-Jahre im Gebet eine Bindung erfahren, an die spekulatives Denken nicht heranreicht. Schon die Tatsache, dass er das Beten nicht mehr bei den religiösen Handlungen verbuchte, wie er das noch in der *Philosophie* getan hatte,[44] belegt das hinlänglich. Bei der Darstellung der philosophischen Glaubenssätze erörtert, gehörte es nun zum inneren Handeln des Philosophierens, und zwar so, dass es das Philosophieren von Grund auf verwandelte. Existenz als

---

[39] Gegenüber einem Schüler hat Jaspers die *Grundsätze des Philosophierens* als das »Analogon eines Glaubensbekenntnisses« bezeichnet (KARL JASPERS an Johannes Kampffmeyer, 19. August 1942, in: K. Jaspers, Korrespondenzen Philosophie [s. Anm. 8], S. 407). Zur Frage nach dem Bekenntnischarakter der Philosophie vgl. DERS., Grundsätze des Philosophierens (s. Anm. 15), S. 20–21; DERS., Von der Wahrheit, München ²1958, S. 651–653.

[40] K. JASPERS, Grundsätze des Philosophierens (s. Anm. 15), S. 25–82.

[41] A.a.O., S. 60.

[42] A.a.O., S. 71, mit Bezug auf Ps 69,2. Jaspers war von diesem Psalm wohl auch deshalb angesprochen, weil er darin seine gesellschaftliche und familiäre Situation reflektiert fand: »Ich bin fremd geworden meinen Brüdern und unbekannt den Kindern meiner Mutter« (Ps 69,9).

[43] K. JASPERS, Grundsätze des Philosophierens (s. Anm. 15), S. 71.

[44] Vgl. K. JASPERS, Philosophie, Bd. 2 (s. Anm. 3), S. 269–272.

mögliches Selbstsein wird nicht mehr durch transzendierendes Denken »erworben«,[45] sondern im bittenden Gebet »empfangen«.[46] Als »Hingabe an Gott« durchbricht das Gebet die Selbstbezüglichkeit der Existenz, indem noch »dieses Selbstsein selber hingegeben« wird.[47] Das ist besonders im Gebetsruf »Gott hilf mir« greifbar. Wer so bittet, handelt selbstbezüglich, denn es geht ihm um das eigene Sein. Indem er aber so bittet, gibt er das eigene Sein zugleich aus der Hand, um es Gott anzuvertrauen. Dessen Hilfe wird im Beten selbst erfahren als Befreiung von einer Last.

Doch Jaspers berief sich nicht nur auf das Alte, sondern auch auf das Neue Testament. »In der Welt wollen die Mächte uns beherrschen, die uns zu Boden werfen: die Furcht vor der Zukunft, die angstvolle Bindung an den gegenwärtigen Besitz, die Sorge um alles, was für den Blick in den Bereich der Möglichkeit tritt. Demgegenüber kann der Mensch, in Gott geborgen, angesichts des Todes ein Vertrauen gewinnen, das noch im Äussersten, Undeutbaren, Sinnfremdesten doch in Ruhe sterben lässt. Die Grundhaltung in der Führung durch Gott wird dann am Ende aller Bewegung, aller Unruhe, alles unendlichen Mühens: ›*Dein Wille geschehe.*‹«[48] Die Vorbehalte gegenüber dem christlichen Heilsgeschehen hinderten Jaspers nicht, die Ergebung in Gottes Willen mit den Worten des Vaterunsers auszudrücken. Wie der Kontext der Äußerung nahelegt, dürfte er dabei besonders an Jesu Gebet in Gethsemane gedacht haben, in dem die Ergebung in Gottes Willen eine existenzielle Dimension erhält. »Mein Vater, ist's möglich, so gehe dieser Kelch an mir vorüber; doch nicht, wie ich will, sondern wie du willst!«[49] War hier nicht eine vergleichbare Situation dargestellt? Da bittet einer, von der Möglichkeit des Todes bedroht, im Stich gelassen von seinen Nächsten, einsam vor Gott um sein Leben – und ist doch bereit, sich dem Willen Gottes zu unterwerfen. In Jesu Worten kommt mehr zum Ausdruck als ein tugendhaftes Sichfügen in das Unvermeidliche, wie es von Sokrates überliefert ist: »Ist das der Wille der Götter, so mag es dabei sein Bewenden haben.«[50] Jesus ergibt sich nicht einem transzendent verhängten Schicksal, er beugt sich

---

[45] A.a.O., S. 279.

[46] K. Jaspers, Grundsätze des Philosophierens (s. Anm. 15), S. 75.

[47] Ebd.

[48] A.a.O., S. 71, mit Bezug auf Mt 6,10.

[49] Mt 26,39. Mit den Worten des Vaterunsers: Mt 26,42; Lk 22,42.

[50] Platon, Kriton 43d (Übersetzung nach Otto Apelt).

dem Heilswillen Gottes und nimmt auf diese Weise das christliche Heilsgeschehen von Kreuz und Auferstehung vorweg. Im Gebet ist beides erschlossen, das Kreuz in der Selbsthingabe, die Auferstehung im Sein bei Gott. So zumindest hat es Bultmann verstanden, der in seinen Predigten das Gethsemane-Gebet mehrfach aufgegriffen hat.[51]

Unter diesen Predigten sticht eine schon deshalb hervor, weil sie just in der Zeit, als auch die *Grundsätze des Philosophierens* entstanden sind, die Einsamkeit vor Gott im Gebet zum Thema macht. Gehalten am 30. Mai 1943, dem Sonntag Rogate, zeigt sie am existenziellen Handeln des Betens, inwiefern Jesu Kreuz und Auferstehung in das Leben des Gläubigen hineinwirken, also ein Geschehen darstellen, das den Gläubigen in seiner konkreten Existenz hier und jetzt erfasst. Teilhabe an Jesu Kreuz und Auferstehung bedeutet, »daß wir uns in die letzte Einsamkeit vor Gott begeben«, aber von dort »in unser Leben zurückkehren« als Menschen, »die nicht mehr zu dieser Welt gehören«.[52] Ist das nicht eine Erfahrung, auf die auch Jaspers anspielte, als er die Ergebung in Gottes Willen mit dem »Ende aller Bewegung, aller Unruhe, alles unendlichen Mühens«[53] verknüpfte? Nicht mehr fragen zu müssen, ob der Freitod mit Gottes Willen vereinbar ist - nicht mehr fürchten zu müssen, den rechten Zeitpunkt zu verfehlen - nicht mehr in Todesangst leben zu müssen. Doch Jaspers hat die Einsamkeit vor Gott nicht an Jesus, sondern an Jeremia festgemacht.

2. Einsamkeit vor Gott: Jeremia

Als Jaspers Ende der 1930er-Jahre vermehrt zur Bibel griff, in der er seit seiner Schulzeit nicht mehr gelesen hatte, suchte er Stärkung besonders im Alten Testament. Neben den Psalmen empfing er den größten Zuspruch von den Propheten. »Nachmittags studiere ich die alten Propheten, tief ergriffen, daß mir neu aufgeht, was ich längst wußte. Von Moses bis Deuterojesajas ist ein einziger großer Zug, eine unübertreffbare Wirklichkeit. Wie liebe ich China, und wie liebe ich die Griechen, aber hier ist etwas, vor dessen Ein-

---

[51] Vgl. RUDOLF BULTMANN, Predigt über 2Kor 4,6–11 vom 12. April 1909, in: ders., Das verkündigte Wort (s. Anm. 18), S. (35–44) 38; DERS., Predigt über Lk 17,7–10 vom 10. Mai 1942, in: ders., Marburger Predigten (s. Anm. 18), S. (148–158) 156; DERS., Predigt über Joh 16,22–33 vom 30. Mai 1943, in: a.a.O., S. (169–179) 178.

[52] A.a.O., S. 175.

[53] K. JASPERS, Grundsätze des Philosophierens (s. Anm. 15), S. 71.

fachheit und elementarer Wahrheit nichts standhält. Das andere alles bleibt schön, bleibt auch wahr, - aber es bleibt da etwas verschlossen.«[54] In ihrer besonderen Stellung zwischen Gott und den Menschen machten die Propheten Erfahrungen, für die Jaspers erst jetzt, da er in eine vergleichbare Situation geraten war, Verständnis entwickelte. »Die Lektüre hat uns jetzt zu Jesaias geführt. Abends lesen wir jeweils kleine Abschnitte. Unvergleichlich grossartig! Wie wenig begriffen wir, als wir jung waren! Jene ›glücklichen‹ Zeiten waren auch recht dürftig. Man hatte so viel vergessen, was Menschen in der Geschichte schon erfahren hatten und was jederzeit wirklich bleibt, damals nur verschleiert war.«[55]

Unter den Propheten fand Jaspers seine eigene Situation am klarsten bei Jeremia widergespiegelt. Zwar sagte er von allen: »Es bleibt einzig, wie diese Männer im Untergang von Volk und Staat, in der Auswegslosigkeit die Haltung fanden, die bis heute nachwirkt in der Formung unseres abendländischen Menschseins.«[56] Doch das Schicksal Jeremias sprach ihn noch einmal besonders an: »Jeremias war mir immer gross, weil er beim Verlust von *allem* in der Welt aus der Gottesgewissheit zu leben vermochte und nichts mehr verlangte, wo er doch so leidenschaftlich liebte und in dieser Welt

---

[54] KARL JASPERS an Maria Salditt, 14. November 1939, Abschrift Salditt, DLA, A: Jaspers. Wie aus einem weiteren, nur wenige Wochen später verfassten Brief an Salditt hervorgeht, las Jaspers neben den biblischen Texten eine Gesamtdarstellung von PAUL VOLZ (Prophetengestalten des Alten Testaments. Sendung und Botschaft der alttestamentlichen Gotteszeugen, Stuttgart 1938): »Ein schlichtes, im Stil schulmeisterliches, auch wohl etwas predigerhaftes Buch – doch, wie wir beide meinten, im Inhalt großartig. Und lieber und wieder noch einmal lesen wir die Propheten selbst.« (KARL JASPERS an Maria Salditt, 10. Januar 1940, Abschrift Salditt, DLA, A: Jaspers) Später kam noch eine Gesamtdarstellung von BERNHARD DUHM (Israels Propheten, Tübingen 1916) hinzu: »Es ist nicht so begeisternd wie Volz, aber m.E. ganz vorzüglich und eine neue Anregung zu auswählender Bibellektüre. Wenn man schon einiges weiss, ist es im Vergleich zugleich eine Auffrischung des schon wieder Halbvergessenen. [...] Ausserdem lehrt das Buch den Entwicklungsgang (was Volz weniger tat, da er – *gegen* die Forschung – Moses als ersten Propheten anschaulich für wirklich hält nicht blos als irgendeine grosse Persönlichkeit, sondern in bestimmten, aufzählbaren Gedanken und Leistungen), man sieht, wie die Juden Schritt für Schritt eine Verwandlung durchmachen, die Gegensätze und Polaritäten in sich schliessen und garnicht auf *einen* Nenner zu bringen sind.« (KARL JASPERS an Erna Dugend, 20. April 1941, DLA, A: Jaspers)

[55] KARL JASPERS an Erna Dugend, 7. Januar 1940, a.a.O.

[56] KARL JASPERS an Erna Dugend, 20. April 1941, a.a.O.

Wirklichkeit gewollt hatte.«[57] Jaspers griff hier das Bild auf, das die ältere Forschung von Jeremia gezeichnet hatte. Danach war er der menschlichste, aber auch der gehorsamste unter den Propheten.[58] Der menschlichste, weil er in seinem Beruf Anerkennung begehrte von Gott und dem Volk, zwischen denen er aus Liebe zu vermitteln suchte. Der gehorsamste, weil er seinen Dienst fortsetzte, obwohl ihm beides dauerhaft versagt wurde, bis er die Vergeblichkeit seines Wirkens einsah und am Wirken Gottes genug hatte.

Ganz ähnlich hat Jaspers sein eigenes Schicksal gesehen. War nicht auch ihm jede Wirkung in der Welt genommen, seitdem man ihn entlassen hatte? Die Zahl der Besucher ging spürbar zurück, auch seine Verleger distanzierten sich, von der familiären Enttäuschung ganz zu schweigen. Und wurde nicht auch ihm zugemutet, diese Verlassenheit anzunehmen und eine Wahrheit auszusprechen, die allem widersprach, wofür er bisher gelebt hatte: dass es keine Geborgenheit in der Welt, keine Ewigkeit in der Zeit, keine Unsterblichkeit gibt? Jaspers musste erkennen, dass es Wahrheit gibt, die der Mensch nicht wissen will, Wahrheit, gegen die er sich wehrt, da sie seine Freiheit radikal in Frage stellt, und die er doch anerkennen muss, weil sie Wahrheit ist. Dieser Erfahrung einen Ausdruck gegeben zu haben, machte für ihn die einzigartige Bedeutung Jeremias aus: »Wenn ich Geringes mit Grossem vergleiche: ich habe immer Verständnis gehabt für Jeremias und die anderen Propheten, die sich wehrten, wenn Gott ihnen offenbarte und forderte, die Wahrheit zu verkündigen. Es klingt verwunderlich, aber es ist so: wer sich um Wahrheit bemüht, kommt dahin, wo er sich gegen Wahrheit wehrt, die er doch ergreifen muss.«[59] Nicht erst Jesus, schon Jeremia hatte erfahren, was es heißt, den eigenen Willen vor dem Willen Gottes zu beugen.

Jaspers machte das besonders an einer Stelle des Jeremia-Buches fest, dem Wort an Baruch mit der prophetischen Gerichtsverkündigung über das Volk Israel. Baruch, der Schüler und Schreiber Jeremias, litt unter der sozialen Ausgrenzung, die das Prophetenamt mit sich brachte, und hatte Jeremia sein Leid geklagt. Daraufhin entgegnete ihm Jeremia: »So spricht Jahwe: Fürwahr, was ich aufgebaut habe, reiße ich nieder, und was ich eingepflanzt habe, reiße ich aus, und da verlangst du für dich so Großes? Verlange das nicht! Denn ich bringe nunmehr Unheil über alles Fleisch, ist der Spruch

---

[57] KARL JASPERS an Erna Dugend, 23. Juni 1941, a.a.O.

[58] So vor allem P. VOLZ, Prophetengestalten des Alten Testaments (s. Anm. 54), S. 219–263, aber auch B. DUHM, Israels Propheten (s. Anm. 54), S. 242–284.

[59] KARL JASPERS an Erna Dugend, 28. September 1940, DLA, A: Jaspers.

Jahwes; dir aber will ich dein Leben zur Beute geben an allen Orten, wohin du dich begeben wirst.«[60] Jaspers hat dieses Wort ähnlich verstanden wie zur gleichen Zeit Bonhoeffer: als Absage an den Versuch, »aus sich selbst etwas zu machen«[61] vor Gott und den Menschen. Es nahm ihm die Hoffnung auf Unsterblichkeit, jenes »Kümmern um eigene Seligkeit und Ewigkeit«,[62] das durch die Zeitereignisse so radikal in Frage gestellt wurde, aber es gab ihm Kraft und Zuversicht durch die Gewissheit: »Gott ist.«[63] Der Satz »Dass Gott ist, das ist genug«[64] wurde Jaspers zur Glaubenshaltung, die sein Leben bestimmen sollte und in seinem Werk immer wieder begegnet.[65]

---

[60] Jer 45,4 f., nach der von Jaspers verwendeten Textbibel des Alten und Neuen Testaments, in Verbindung mit zahlreichen Fachgelehrten hg. v. Emil Kautzsch, Tübingen ³1911.

[61] DIETRICH BONHOEFFER an Eberhard Bethge, 21. Juli 1944, in: ders., Widerstand und Ergebung. Briefe und Aufzeichnungen aus der Haft (DBW 8), hg. v. Christian Gremmels, Eberhard Bethge u. Renate Bethge in Zusammenarbeit mit Ilse Tödt, Gütersloh 1998, S. 542. Vgl. zum Kontext HEINRICH OTT, Wirklichkeit und Glaube, Bd. 1: Zum theologischen Erbe Dietrich Bonhoeffers, Zürich 1966, S. 13–17 (Prolog: Jeremia 45).

[62] K. JASPERS, Grundsätze des Philosophierens (s. Anm. 15), S. 26. Der »Verewigungswille« war ein Grundmotiv seines Philosophierens. Vgl. das Kapitel »Scheitern und Verewigen« in: ders., Philosophie, Bd. 3 (s. Anm. 30), S. 193–195.

[63] K. JASPERS, Grundsätze des Philosophierens (s. Anm. 15), S. 26.

[64] Ebd.

[65] Vgl. KARL JASPERS, Der philosophische Glaube, in: ders., Schriften zum philosophischen Glauben (s. Anm. 4), S. (9–107) 101; DERS., Gibt es eine Unsterblichkeit? Wir sind sterblich, wo wir lieblos sind, in: a.a.O., S. (115–120) 117; DERS., Unsterblichkeit, in: a.a.O., S. (223–227) 224; DERS., Die Kraft der Hoffnung, in: a.a.O., S. (229–237) 232; DERS., Allgemeine Psychopathologie, Berlin / Heidelberg / New York ⁸1965, S. 638; DERS., Die Schuldfrage, in: ders., Die Schuldfrage (KJG I/23), hg. v. Dominic Kaegi, Basel 2021, S. (17–97) 97; DERS., Von der Wahrheit (s. Anm. 39), S. 896; DERS., Einführung in die Philosophie, München ¹²1969, S. 38 f.; DERS., Die großen Philosophen, Teilbd. 2 (KJG I/15.2), hg. v. Dirk Fonfara, Basel 2022, S. 853; DERS., Die Atombombe und die Zukunft des Menschen. Politisches Bewußtsein in unserer Zeit, München ⁵1962, S. 492 u. 493; DERS., Der philosophische Glaube angesichts der Offenbarung, in: ders., Der philosophische Glaube angesichts der Offenbarung (KJG I/13), hg. v. Bernd Weidmann, Basel 2016, S. (95–517) 378; DERS., Kleine Schule des philosophischen Denkens, München ³1967, S. 147.

Dass man Jer 45 als Unterwerfung unter Gottes Willen verstehen kann, leuchtet unmittelbar ein.[66] Inwiefern das Kapitel eine Erfahrung zum Ausdruck bringt, die Jaspers im Gebet gemacht hat, wird dagegen nicht auf Anhieb klar, da der Kontext ein ganz anderer ist. Hier wird weder gebetet wie in Ps 69 oder Mt 26 noch vom Beten gesprochen wie in Mt 6, Joh 16 oder Röm 8. Jaspers' Auslegung des Kapitels gibt allerdings einen Hinweis, worin der Zusammenhang mit seiner Gebetserfahrung besteht. »Im Verlust von allem bleibt allein: Gott ist. Wenn ein Leben in der Welt unter geglaubter Führung Gottes das Beste versuchte und doch scheiterte, so bleibt die eine ungeheure Wirklichkeit: Gott ist. Wenn der Mensch ganz und gar auf sich und seine Ziele als auf etwas letztes verzichtet, dann vermag sich ihm diese Wirklichkeit als die einzige Wirklichkeit zu zeigen.«[67] Der Glaubenssatz »Gott ist« behauptet nicht das empirische Dasein Gottes, sondern das Ereignis seiner Offenbarung. Gott zeigt sich dem Menschen als eine Wirklichkeit, und dieses Ereignis hat Jaspers in den *Grundsätzen des Philosophierens* thematisiert.

Im Abschnitt über den Glaubenssatz »Der Mensch kann in Führung durch Gott leben« kam Jaspers auf die Frage der Offenbarung zu sprechen. Offenbarung bedeute »Mitteilung seitens Gottes« und könne in einem engeren oder weiteren Sinn begriffen werden: »Offenbarung im *engeren* Sinne heisst historisch bestimmte Objektivität von Gottes Tun und Gottes Wort; sie erhebt den Anspruch, direkt und allgemeingiltig für alle die ausschliessende Wahrheit schlechthin zu sein. Offenbarung im *weiteren* Sinne heisst jede Weise der Objektivität, in der ein Mensch sich indirekt des Willens Gottes gewiss zu werden glaubt.«[68] Vom engeren Begriff, den er mit der christ-

---

[66] Eine weitergehende Lesart bietet HEINZ KREMERS, Leidensgemeinschaft mit Gott im Alten Testament. Eine Untersuchung der »biographischen« Berichte im Jeremiabuch, in: EvTh 13 (1953), S. 122–140. Sie ist von Dietrich Bonhoeffer inspiriert: »Wenn man völlig darauf verzichtet hat, aus sich selbst etwas zu machen«, um ganz »in der Fülle der Aufgaben, Fragen, Erfolge und Mißerfolge, Erfahrungen und Ratlosigkeiten« zu leben, »dann nimmt man nicht mehr die eigenen Leiden, sondern das Leiden Gottes in der Welt ernst, dann wacht man mit Christus in Gethsemane, und ich denke, das ist Glaube, das ist μετάνοια; und so wird man ein Mensch, ein Christ. (Vgl. Jerem 45!). Wie sollte man bei Erfolgen übermütig oder an Mißerfolgen irre werden, wenn man im diesseitigen Leben Gottes Leiden mitleidet?« (D. BONHOEFFER an E. Bethge, 21. Juli 1944 [s. Anm. 61], S. 542)

[67] K. JASPERS, Grundsätze des Philosophierens (s. Anm. 15), S. 26.

[68] A.a.O., S. 61.

lichen Offenbarung identifizierte, grenzte er sich ab, zum weiteren bekannte er sich, und zwar mit Nachdruck: »Für den Menschen aber, der mit Gott lebt, gibt es auch irgendeine Weise der Offenbarung. Denn Gott bliebe ein Gegenstand blosser Stimmung, wenn er sich nicht offenbarte.«[69] Bedenkt man, dass Jaspers ein Jahrzehnt zuvor noch geschrieben hatte: »Im Philosophieren spricht sich ein Glaube ohne jede Offenbarung aus«,[70] ist dieser Sinneswandel außerordentlich. Er lässt sich nur aus der Gebetserfahrung erklären, jener Erfahrung radikaler Selbsthingabe, die den Menschen öffnet für Gottes personale Selbsterschließung. In der Offenbarung teilt Gott dem Menschen nicht etwas, sondern sich selbst mit. Er vermittelt keine Lehre, wie Jaspers das beim christlichen Glauben in der Verkündigung von Jesu Leben, Tod und Auferstehung gegeben sah, sondern zeigt sich in seiner Wirklichkeit. »Ich bin da«, das, nicht mehr und nicht weniger, ist der ganze Sinn des Glaubenssatzes »Gott ist«, den Jaspers an sich selbst erfahren und bei Jeremia bestätigt gefunden hat. Eine Notiz aus dem Nachlass unterstreicht diesen Zusammenhang eindrucksvoll: »Die *Offenbarung* wird, *ganz ernst* genommen, *objektiv immer ärmer*, bis zum *Verschwinden*, und dabei immer stärker in ihrer existentiellen Wirkung: Jeremias«.[71]

Es ist kein Zufall, dass Jaspers diese Notiz in einer Mappe mit Resten aus seinem Vortrag über »Wahrheit und Unheil der Bultmannschen Entmythologisierung« abgelegt hat. Als er im April 1942 Bultmanns *Offenbarung und Heilsgeschehen* erhielt, verstärkte das seine Identifikation mit Jeremia erheblich. Dass Bultmann Gottes Heilshandeln am Menschen auf das christliche Heilsgeschehen von Kreuz und Auferstehung zuspitzte, empfand er als unzulässige Verengung. »Die Christusreligion enthält die Wahrheit, dass Gott zum Menschen durch Menschen spricht, aber Gott spricht durch viele Menschen, in der Bibel durch die Reihe der Propheten, in der als letzter Jesus steht; Gott spricht durch keinen Menschen absolut, durch jeden auch

---

[69] Ebd.

[70] K. JASPERS, Philosophie, Bd. 1 (s. Anm. 1), S. 3.

[71] KARL JASPERS, Bultmann-Vortrag. Restmappe, DLA, A: Jaspers, 06.209, Nr. 6.3: Biblische Religion / Bild und bildlos. Die Rückseite des Blattes, eine frühe Manuskriptstufe der *Philosophie*, lässt darauf schließen, dass die Formulierung aus der Krisenzeit Ende der 1930er-, Anfang der 1940er-Jahre stammt, aus einer Zeit, in der Papier knapp war.

noch vieldeutig.«⁷² Deshalb konnte Jaspers die im Gebet vollzogene Ergebung in Gottes Willen sowohl mit Jesus als auch mit Jeremia ausdrücken. Seine gleichwohl bestehende Vorliebe für Jeremia ergab sich nicht zuletzt daraus, dass Jeremia sich als Kontrapunkt zum Christusmythos eignete. Zwar habe Bultmann das christliche Heilsgeschehen entmythologisiert, doch sei er dabei nicht konsequent verfahren. Es bleibe, wie Bultmann selbst einräumen musste, ein mythologischer Rest.⁷³ Dadurch werde eine existenzielle Erfahrung, die bei Jeremia noch unverstellt hervortrete, dogmatisch überformt, und dahinter wollte Jaspers gegen Bultmann wieder zurück.

Eine Randbemerkung in seinem Exemplar von Bultmanns *Offenbarung und Heilsgeschehen* vermittelt einen guten Eindruck von dieser Positionierung. Als er darin den Satz las: »Wo ist der Mensch, der ohne Christus [...] sagen würde: ›was kann mich von Gott scheiden: Not oder Bedrängnis, Verfolgung oder Hunger oder Nacktheit oder Gefahr oder Schwert? Nein! in alle dem bin ich Sieger!‹ (Röm. 8,35.37)?«, schrieb er kurzerhand daneben: »z.B.

---

⁷² K. JASPERS, Grundsätze des Philosophierens (s. Anm. 15), S. 518. Vgl. DERS., Der philosophische Glaube (s. Anm. 65), S. 68. Dort ist der Satz »Gott spricht durch keinen Menschen absolut« verändert zu »Gott spricht durch keinen Menschen ausschließend«, eine begriffliche Präzisierung, die auf den Unterschied zwischen Unbedingtheit (Absolutheit) und Ausschließlichkeit zielt: Gott spricht durch Menschen unbedingt (absolut), aber durch keinen ausschließend.

⁷³ Am Ende seines Entmythologisierungsvortrags blickte Bultmann noch einmal auf das skizzierte Programm zurück und fragte selbstkritisch: »*Blieb ein mythologischer Rest?*« (RUDOLF BULTMANN, Neues Testament und Mythologie. Das Problem der Entmythologisierung der neutestamentlichen Verkündigung, in: ders., Offenbarung und Heilsgeschehen [s. Anm. 16], S. [27–69] 68) Die Befürchtung, dass ein mythologischer Rest bleiben könnte, war treibende Kraft des Entmythologisierungsprogramms. Bultmann erwog diese Möglichkeit bereits zu Beginn des zweiten Teils, in dem er die Entmythologisierung des christlichen Heilsgeschehens konkret durchführte (a.a.O., S. 47 f.). An der Frage des mythologischen Rests entzündete sich auch Jaspers' Kritik. »Eine interessante Abhandlung von Bultmann: Über Entmythologisierung des Neuen Testaments. Ein Weg, der, wenn er einmal beschritten wird, m.E. notwendig zur Aufhebung des specifischen Glaubens an Christus führt. Daher wird auch ein Restmythos festgehalten und behauptet, das sei kein Mythos. Als Zeiterscheinung der protest[antischen] Theologie wichtig und anregend, aber, wie ich glaube, auf diesem Weg ist es fruchtlos für die Gestaltung des christlichen Glaubens, ohne dass bei ihm Philosophie erreicht wird.« (K. JASPERS an J. Kampffmeyer, 19. August 1942 [s. Anm. 39], S. 408)

Jeremias«.[74] Diese Randbemerkung ist insofern aufschlussreich, als sie ein Sein bei Gott behauptet, das in anderem Zusammenhang weit weniger ersichtlich ist.

Im bereits erwähnten Abschnitt über Jeremia in den *Grundsätzen des Philosophierens* datierte Jaspers das Wort an Baruch in die Zeit nach der Katastrophe von 587 v.Chr., als Jeremia nach Ägypten verschleppt worden war.[75] Dass dies mit Absicht geschah, gegen die Mehrheitsmeinung der Alttestamentler, belegt ein Brief an die Schwester. »Jeremias Kap. 45 wird (trotz Einwänden) von manchen als eine Äusserung des Jeremias in Ägypten zu Baruch gedeutet – als zuletzt alles zu Ende war.«[76] Damit nicht genug, zitierte Jaspers Jer 45, 4 f., unvollständig. Die Gerichtsverkündigung sowie die konkrete Heilszusage an Baruch, er werde sein Leben wie eine Beute davontragen, ließ er einfach weg[77] – zwangsläufig, wie man ergänzen muss, denn aufgrund der Datierung des Kapitels in die Zeit nach der Katastrophe von 587 v.Chr. machten sie keinen Sinn mehr. Und auch das geschah mit Absicht, wie aus dem genannten Brief an die Schwester hervorgeht. Jaspers störte sich daran, dass christliche Theologen wie der Alttestamentler Bernhard Duhm von der Heilsverkündigung Jeremias einen Bogen zum christlichen Heilsgeschehen schlugen. »Bei Duhm ist mir der dann folgende Schluss (Bezug auf Christus) unwahr und ärgerlich, die Sache selber nicht in ihrer Tiefe erfasst.«[78] Wie auch die scharfe Kritik am Christusglauben im neunten

---

[74] KARL JASPERS, Randbemerkung zu Rudolf Bultmann, Die Frage der natürlichen Offenbarung, in: ders., Offenbarung und Heilsgeschehen (s. Anm. 16), S. (3–26) 23, Karl-Jaspers-Bibliothek Oldenburg, KJ 4836. Vgl. Abb. 3 in: K. JASPERS, Schriften zum philosophischen Glauben (s. Anm. 4), S. 343.

[75] Vgl. K. JASPERS, Grundsätze des Philosophierens (s. Anm. 15), S. 26.

[76] KARL JASPERS an Erna Dugend, 29. Mai 1941, DLA, A: Jaspers. Heute gilt die Datierung von Jer 45 in die Zeit vor 587 v.Chr. als gesichert. Vgl. AXEL GRAUPNER, Jeremia 45 als »Schlußwort« des Jeremiabuches, in: Manfred Oeming / Axel Graupner (Hg.), Altes Testament und christliche Verkündigung. Festschrift für Antonius H. J. Gunneweg zum 65. Geburtstag, Stuttgart / Berlin / Köln / Mainz 1987, S. 287–308.

[77] Vgl. K. JASPERS, Grundsätze des Philosophierens (s. Anm. 15), S. 26. Das gilt übrigens auch für alle späteren Bezugnahmen auf Jer 45,4 f.

[78] K. JASPERS an E. Dugend, 29. Mai 1941 (s. Anm. 76), mit Bezug auf B. DUHM, Israels Propheten (s. Anm. 54), S. 282–284. Zur Heilsweissagung Jeremias im Allgemeinen vgl. GERHARD VON RAD, Theologie des Alten Testaments, Bd. 2: Die Theologie

Teil der *Grundsätze* noch einmal unterstreicht,[79] ignorierte Jaspers die Verheißung an Baruch, um den naheliegenden Bezug auf die christliche Verheißung zu kappen. Dieser Schritt hatte allerdings seinen Preis. Jaspers stellte Jeremia als einen Menschen dar, der ohne jede Verheißung auskommt, und entfernte sich so von jener ursprünglich mit Jeremia verknüpften Gebetserfahrung, in der noch das »Ich bin da« eine Verheißung bedeutete. Was dadurch verloren ging, wird deutlich, wenn wir noch einmal zu Bultmanns Predigt über Joh 16,22-33 vom 30. Mai 1943 zurückkehren und den Faden dort wieder aufnehmen, wo wir ihn fallen gelassen haben.

3. Beten im Namen Jesu

So entschieden Bultmann in dieser Predigt beim christlichen Heilsgeschehen von Kreuz und Auferstehung ansetzte, so sehr war ihm zugleich daran gelegen, es an die eschatologische Existenz Jesu wie der Hörerinnen und Hörer zurückzubinden. Die existenzielle Rede überwog die »restmythologische« bei Weitem. Ausgehend von der Freude der Auferstehung, die der Mensch im Gebet vorwegnimmt, richtete Bultmann den Blick auf das Kreuz des Alltags, von dem sie zunächst und zumeist überschattet wird, um schließlich zu fragen, wie sie als vorweggenommene durch die Zeit bewahrt werden könne. Seine Antwort erinnert an eine Unterscheidung von Jaspers, geht aber zugleich darüber hinaus. Die Freude der Auferstehung wird nicht durch Beten als tägliche Gewohnheit und geformte Sitte bewahrt, sondern durch Beten im Namen Jesu. Bultmann legte Jesu Wort an seine Jünger: »So ihr den Vater etwas bitten werdet in meinem Namen, so wird er es euch geben. Bisher habt ihr nichts gebeten in meinem Namen« (Joh 16,23 f.) folgendermaßen aus: »Gebetet hatten die Jünger schon vor Karfreitag und Ostern viel und oft, aber nicht ›in seinem Namen‹. Sie hatten gebetet: ›Dein Reich komme, unser täglich Brot gib uns heute‹, und alles was damit zusam-

---

der prophetischen Überlieferungen Israels, München 1960, ⁵1968, S. 217–228; zur Heilszusage an Baruch im Besonderen HELGA WEIPPERT, Schöpfung und Heil in Jer 45, in: Schöpfung und Befreiung. Für Claus Westermann zum 80. Geburtstag, hg. v. Rainer Albertz, Friedemann W. Golka u. Jürgen Kegler, Stuttgart 1989, S. 92–103. Den seelsorgerlichen Aspekt dieser Heilszusage thematisiert ARTUR WEISER, Das Gotteswort für Baruch Jer 45 und die sogenannte Baruchbiographie, in: Theologie als Glaubenswagnis. Festschrift für Karl Heim zum 80. Geburtstag, dargebracht von der Evang.-Theol. Fakultät in Tübingen, Hamburg 1954, S. (35–46) 35. 37–40.

[79] Vgl. K. JASPERS, Grundsätze des Philosophierens (s. Anm. 15), S. 471–475.

menhängt. Sie sollen jetzt nichts anderes beten, aber sie sollen anders beten.«[80] Auch Bultmanns Auslegung, auf welche Weise die Jünger denn nun beten sollen, deckt sich mit Jaspers' Gebetserfahrung. »Im Namen Jesu beten, das heißt beten, wie er betete in Gethsemane, indem jede Bitte begleitet ist von dem: ›Doch nicht wie ich will, sondern wie du willst.‹ Solches Beten wird für die zur Selbstverständlichkeit, die [...] in die Einsamkeit vor Gott hineingegangen sind, und ihnen wird diese Einsamkeit selbst zum Gebet. Dies ist das eigentliche Gebet in Jesu Namen: sich mit ihm getrost in der Einsamkeit vor Gottes Auge stellen und sich Gott begegnen lassen.«[81] Da Jaspers in die Einsamkeit vor Gott aber mit Jeremia gegangen ist, drängt sich unwillkürlich die Frage auf: Kann man auch im Namen Jeremias beten?

Die Frage ist nicht abwegig. Jaspers selbst legt sie nahe: »Kultus ist Akt der Gemeinschaft, Gebet ist Tun des Einzelnen in seiner Einsamkeit. Kultus gibt es universell, Gebet wird historisch hier und da sichtbar, so im alten Testament entschieden erst bei Jeremias.«[82] Im Hintergrund dieser Äußerung steht das in der älteren Forschung bestimmende Bild Jeremias als »Vater des freien persönlichen Gebetes«,[83] das aus der radikalen Gegenüberstellung von prophetischer Existenz und priesterlichem Kultus gewonnen wurde. Unter dieser Voraussetzung ist nur jenes Gebet echt, das in eigenen Worten aus innerer Betroffenheit gesprochen wird, während das formelhafte Gebet als leer und äußerlich gilt. Diese schematische, inzwischen längst differenzierte Gegenüberstellung birgt allerdings die Gefahr, den Unterschied zwischen Beten und Denken zu verwischen, eine Gefahr, der auch Jaspers nicht entgangen ist. »Als wirklich persönlich und ursprünglich steht das Gebet an der Grenze des Philosophierens und wird Philosophie im Augenblick, wo jede zweckhafte Beziehung zur Gottheit und der reale Einwirkungswille auf die Gottheit entfallen ist.«[84] Dabei geht die persönliche Anrede Gottes unter der Hand in ein kontemplatives Beschwören der Transzendenz über, was wiederum zur Folge hat, dass die Ergebung in Gottes Willen sich von der existenziellen Erfahrung ablöst und zu einer intellektuellen Operation

---

[80] R. BULTMANN, Predigt über Joh 16,22–33 (s. Anm. 51), S. 178.

[81] Ebd.

[82] K. JASPERS, Grundsätze des Philosophierens (s. Anm. 15), S. 441.

[83] So kritisch G. VON RAD, Theologie des Alten Testaments, Bd. 2 (s. Anm. 78), S. 208.

[84] K. JASPERS, Grundsätze des Philosophierens (s. Anm. 15), S. 442.

wird. In den *Grundsätzen des Philosophierens* deutete Jaspers das nur an, in späteren Schriften führte er es aus. Jeremia nahm dort etwa Spinozas Glaubenshaltung, den amor Dei intellectualis, vorweg[85] oder zählte mit Laotse und Heraklit zu den »frühen Einsamen«[86] in einer aus den Fugen geratenen Welt. Bisweilen ging er gar in einem bloßen Namedropping unter: »Was Laotse im Tao faßte, Sokrates im göttlichen Auftrag und im Wissen, Jeremias im Jahwe, der sich ihm kundgab, was Boethius, Bruno, Spinoza kannten: es war das, was sie unabhängig machte.«[87]

Was bedeuten diese willkürlich anmutenden Vergleiche für die ursprünglich mit Jeremia verknüpfte Gebetserfahrung? Jaspers hat sie gewiss nicht vergessen, aber er hat die darin geschehene Gottesbegegnung auch nicht festhalten wollen. Das Festhalten galt ihm als dogmatisch, wie er ja auch Bultmanns Festhalten am christlichen Heilsgeschehen als dogmatisch kritisierte. Zwar hat er sich in Zeiten größter Not zu Kreuz und Auferstehung bekannt,[88] doch eine das Leben tragende, den Tod überwindende Hoffnung hat er darauf nicht gegründet.

Von Bultmann hätte Jaspers lernen können, dass das Festhalten am christlichen Heilsgeschehen kein ängstliches In-Besitz-Nehmen, sondern gerade umgekehrt ein freies Sichoffenhalten bedeutet: ein »Überwinden des Unglaubens«,[89] dass am Ende der Tod doch das Letzte ist. Auf diesen Unglauben und seine Überwindung spielte Bultmann am Schluss seiner Predigt über Joh 16,22-33 an, als er noch einmal auf die »Freiheit von der Angst in der völligen Hingabe an Gott« zu sprechen kam, um dann zu fragen: »Sind wir so weit? Daß wir doch dahin kämen!«[90] Von unserer Angst müssen wir uns durch das Beten im Namen Jesu immer wieder befreien lassen, um daraus gestärkt in unser Leben zurückzukehren. Je und je wiederholt, nimmt

---

[85] Vgl. K. Jaspers, Die großen Philosophen, Teilbd. 2 (s. Anm. 65), S. 853, 865; ders., Kleine Schule des philosophischen Denkens (s. Anm. 65), S. 147. Vgl. auch ders., Schelling. Größe und Verhängnis, München 1955, S. 325.

[86] K. Jaspers, Die großen Philosophen, Teilbd. 2 (s. Anm. 65), S. 897.

[87] K. Jaspers, Der philosophische Glaube (s. Anm. 65), S. 99.

[88] »Durch das Kreuz geschieht die Vergewisserung des Eigentlichen im Scheitern«, es bedeutet »das Übernehmen des Leidens und Sterbens durch den Menschen derart, dass ihm darin sein Leben, die Auferstehung erwächst« (K. Jaspers, Grundsätze des Philosophierens [s. Anm. 15], S. 472 u. 473).

[89] Rudolf Bultmann, Das Problem der »natürlichen Theologie«, in: ders., Glauben und Verstehen, [Bd. 1] (s. Anm. 22), S. (294–312) 311.

[90] R. Bultmann, Predigt über Joh 16,22-33 (s. Anm. 51), S. 179.

das Beten in kontinuierlich erneuerter Erfahrung die Auferstehung als Sein bei Gott vorweg. Wer das durchhält, bildet im Leben eine Haltung aus, die ihn auch im Tode nicht verzweifeln lässt.

4. Existenziell ungedeckte Glaubensaussagen?

Kommen wir abschließend zu dem von Jaspers geäußerten Verdacht, Bultmann mache existenziell ungedeckte Glaubensaussagen, sobald er vom christlichen Heilsgeschehen spricht. Ist er begründet? Bultmanns Äußerungen über das Beten dürften gezeigt haben, dass er zu Unrecht besteht. Wie Jaspers in den *Grundsätzen des Philosophierens* geht Bultmann in seinen Predigten von existenziellen Erfahrungen aus. Was er dort von Kreuz und Auferstehung sagt, ist konkret erlebtes Heilsgeschehen und stellt keine dogmatische Überformung dar. Allerdings ist noch einmal daran zu erinnern, dass Jaspers diese Predigten nicht kennen konnte und seinen Eindruck aus Bultmanns Aufsätzen gewann. Dass ihn ein Satz wie »Glaube als gehorsame Preisgabe an Gott und als innere Freiheit von der Welt ist nur möglich als Glaube an Christus«[91] vor den Kopf stieß, ist angesichts seiner eigenen Erfahrungen nachvollziehbar. Ein anderer Satz hat ihn regelrecht erzürnt und gab letztlich den Ausschlag für seine Polemik: »[V]om christlichen Glauben aus ist der humanistische Gottesgedanke als Irrtum, als Wahn zu bezeichnen, – sofern er Glaube an Gott sein will.«[92] Jaspers bezog diesen Satz unmittelbar auf sich und sah darin einen Akt herablassender Kommunikationsverweigerung. Bultmann war für ihn existenziell nicht greifbar, und er spürte, dass dies auf eine bewusste Entscheidung zurückging. Es war offensichtlich, dass Bultmann über seinen Glauben nicht sprechen wollte.

Während Jaspers das als Ausdruck von Verschlossenheit, als Mangel an Wahrhaftigkeit deutete, bewogen Bultmann ganz andere Gründe. Dem Menschen, dem es um seine Eigentlichkeit geht, ist es gar nicht möglich, *über* seinen Glauben zu sprechen, er kann nur *aus* ihm sprechen. Darauf hat Bultmanns Biograph Konrad Hammann hingewiesen: »Im Akt des Glaubens ist der Mensch sich selbst entzogen. Denn im Glauben existiert er außerhalb seiner selbst – bei Gott, in Christus. Gerade dort kommt er zu sich selbst,

---

[91] R. BULTMANN, Neues Testament und Mythologie (s. Anm. 73), S. 47.

[92] RUDOLF BULTMANN, Humanismus und Christentum, in: ders., Glauben und Verstehen. Gesammelte Aufsätze, Bd. 2, Tübingen 1952, S. (133–148) 142. Vgl. K. JASPERS, Erwiderung auf Rudolf Bultmanns Antwort (s. Anm. 11), S. 199.

gerade so wird sein eigentliches Sein allererst konstituiert.«[93] Wer über seinen Glauben spricht, macht ihn zum Werk und leistet damit auch dem keinen Dienst, der ihn danach fragt. Solche Fragen, die nicht nur von Jaspers an ihn herangetragen wurden, hat Bultmann stets mit Entschiedenheit zurückgewiesen. »Wie nie einer für den anderen glauben kann, so darf auch nie einer auf den Glauben eines anderen blicken, um sich dadurch die eigene Überwindung des Anstoßes und die eigene Glaubensentscheidung zu ersparen oder auch nur zu erleichtern.«[94] So kategorisch hätte er es allerdings nicht formulieren müssen. Die Unvertretbarkeit existenzieller Entscheidungen schließt keineswegs aus, dass man auf den Glauben eines anderen blickt, um sich zu orientieren. Wer auf das hört, was ein anderer aus seinem Glauben sagt, kann für das Verständnis des eigenen Glaubens durchaus etwas lernen. Hat Jaspers diese Bereitschaft aufgebracht? Damit ist die Frage nach seiner eigenen Wahrhaftigkeit gestellt.

Überblickt man die beiden Jahrzehnte zwischen der ersten persönlichen Begegnung 1930 und der Polemik 1953, kommt man zu dem Schluss, dass über dem Verhältnis zwischen Jaspers und Bultmann von Anfang an ein Schatten lag. Nachdem Jaspers das Gespräch gesucht und Bultmann auf seine zudringlichen Fragen ausweichend geantwortet hatte, war das Schicksal dieser Beziehung eigentlich schon besiegelt. Schon damals war Jaspers mit Bultmann fertig. Wie er später selbst einräumte, schrieb er nach dem missglückten Gespräch einige Sätze auf, die es dann, 1948 in *Der philosophische Glaube* publiziert, zu einiger Berühmtheit brachten: »Zu den Schmerzen meines um Wahrheit bemühten Lebens gehört, daß in der Diskussion mit Theologen es an entscheidenden Punkten aufhört, sie verstummen, sprechen einen unverständlichen Satz, reden von etwas anderem, behaupten etwas bedingungslos, reden freundlich und gut zu, ohne wirklich vergegenwärtigt zu haben, was man vorher gesagt hat, – und haben wohl am Ende kein eigentliches Interesse. Denn einerseits fühlen sie sich in ihrer Wahrheit gewiß, erschreckend gewiß, andererseits scheint es sich für sie

---

[93] Konrad Hammann, Rudolf Bultmann – eine Biographie für die Gegenwart, in: ders., Rudolf Bultmann und seine Zeit. Biographische und theologische Konstellationen, Tübingen 2016, S. (254–272) 268.

[94] Rudolf Bultmann, Theologie und Glaube. Ein Brief, in: Unterwegs 5 (1951), S. (273 f.) 274. Vgl. dazu Konrad Hammann, Rudolf Bultmann. Eine Biographie, Tübingen ³2012, S. 429, Anm. 38.

nicht zu lohnen um uns ihnen verstockt scheinende Menschen.«[95] Jaspers sah in Bultmann nicht den Menschen, sondern nur den Theologen, und zwar so, dass er ihn nicht einmal als einen unter vielen verschiedenen, sondern gleich als einen stellvertretend für alle in den Blick nahm. Bultmann stand exemplarisch für eine ganze Zunft. Hinweise, dass Jaspers auch bei sich selbst nach Gründen für das Scheitern des Gesprächs gesucht hätte, gibt es keine, weder in den Texten noch im Nachlass.

Das dürfte erklären, warum er in der Folge auf Bultmanns Versuche, das Gespräch wieder aufzunehmen, abweisend reagierte. Eine Vortragseinladung nach Marburg, verbunden mit der Hoffnung auf ein persönliches Gespräch, schlug er mit Hinweis auf seine knapp bemessene Zeit und eingeschränkte Gesundheit aus.[96] Bultmanns Äußerung des Bedauerns, dass man sich nicht öfter persönlich begegnet sei,[97] erwiderte er zwar mit der Betonung eigenen Bedauerns,[98] doch als dann 1942, nach Lektüre des Entmythologisierungsvortrags, eine Verständigung in der Sache möglich schien, waren es andere, die initiativ wurden. Seine Schülerin Magdalene Schott, die Teile des Manuskripts der *Grundsätze* abtippte, war die Schwester Eva-Maria Kraffts, einer Schülerin und Mitarbeiterin Bultmanns. Krafft interessierte sich sehr für die Abschrift und berichtete Bultmann von ihrer Lektüre, wie Jaspers im Dezember 1944 von Schott erfuhr. »Sie [sc. Krafft] hatte [...] ihrem früheren Lehrer, Herrn Professor Bultmann, von dem Abschnitt ›Philosophie und Religion‹ aus den ›Philosophischen Grundsätzen‹ schriftlich erzählt. Er schreibt, dass es ihn sehr interessiere[,] und (wörtlich): ›... ich wollte, ich könnte in dieser Zeit einmal mit ihm (d.h. mit Ihnen) sprechen.‹ Ich schreibe Ihnen das, falls Sie etwas veranlassen wollen.«[99] Bereits zwei

---

[95] K. Jaspers, Der philosophische Glaube (s. Anm. 65), S. 54; vgl. ders., Erwiderung auf Rudolf Bultmanns Antwort (s. Anm. 11), S. 199 f.

[96] Vgl. Rudolf Bultmann an Karl Jaspers, 10. Juli 1932, und Karl Jaspers an Rudolf Bultmann, 11. Juli 1932, in: K. Jaspers, Korrespondenzen Philosophie (s. Anm. 8), S. 232 f.

[97] Vgl. o. Anm. 36.

[98] »Gern, sehr gern hätte ich Sie öfters gesprochen und hoffe nach Ihrem so freundlichen Gruss jetzt noch, dass wir uns einmal wieder begegnen.« (K. Jaspers an R. Bultmann, 3. Januar 1939 [s. Anm. 31], S. 235)

[99] Magdalene Schott an Karl Jaspers, 10. Dezember [1944], DLA, A: Jaspers. Kraffts Brief an Bultmann ist in der nachgelassenen Korrespondenz (vgl. Universitätsbibliothek Tübingen, Nachlass Rudolf Bultmann, Mn 2–1184) nicht enthalten.

Jahre zuvor hatte die Marburger Theologin und religiöse Sozialistin Claudia Bader gefragt: »Kommen *Sie* nie nach Marburg? Hier würden sich *viele* freuen!«[100] Bader war es wohl auch, die Jaspers über die beginnende Entmythologisierungsdebatte informierte und das von Hermann Sauter verfasste Gutachten der kurhessischen Bekennenden Kirche zukommen ließ, aus dem er dann in den *Grundsätzen des Philosophierens* zitierte.[101]

An seiner Haltung gegenüber Bultmann änderten diese Initiativen aber nichts. Nur so ist es zu erklären, dass er 1948, als er in »Humanismus und Christentum« den markigen, aber gewiss nicht auf ihn gemünzten Satz vom Wahn las, den Entschluss zu einer Polemik gegen Bultmann fasste. Ich zitiere zum Abschluss einen Brief an Schott, in dem Jaspers seine Motive rückhaltlos offenlegte: »Bultmann schrieb, der Gottesgedanke ohne Christus sei ein Wahn. Wie, dachte ich, als ich das las, was soll das heissen? Darauf gehört eine Antwort, diese gegenwärtige Erscheinung der ungeheuren Anmassung eines Teils der Christen zu kennzeichnen. Ein Sturm müsste losgehen gegen solche nicht nur uns im Philosophieren vernichtende, sondern auch die Juden und alle andern Menschen ausschliessende These. Solch einen Sturm kann ich zwar nicht entfachen, aber einmal bei Gelegenheit sollte ein Wort von mir gesagt sein. Als ich dann Bultmann vor Jahren darauf aufmerksam machte, hatte er vergessen, das geschrieben zu haben. Was, dachte ich, für eine Gemütlichkeit, da hört doch der Spass auf, nun muss ich eines Tages mein Wort dazu sagen. Ich habe es getan unter grösster Respektsbezeugung vor dem Forscher und Historiker Bultmann. Aber ich hoffe, wie man wohl sagt, ein Exempel statuiert zu haben.«[102]

Man muss das nicht kommentieren. Vom existenzphilosophischen Standpunkt aus darf man jedoch irritiert festhalten, dass hier einer spricht, dessen Denken durch seine Erfahrungen radikal in Frage gestellt wurde, der aber das Wagnis, darauf ein Leben zu gründen, nicht eingegangen ist und

---

[100] CLAUDIA BADER an Karl Jaspers, 16./17. Oktober 1942, DLA, A: Jaspers.

[101] Vgl. K. JASPERS, Grundsätze des Philosophierens (s. Anm. 15), S. 448 u. 449. Das Gutachten zirkulierte damals in hektographierter Form und wurde erst nach dem Krieg veröffentlicht. Vgl. HERMANN SAUTER, Für und wider die Entmythologisierung des Neuen Testamentes. Zu Professor Bultmanns Aufsatz »Neues Testament und Mythologie« in Heft 7 der Beiträge zur Ev. Theologie, in: Kerygma und Mythos, Bd. 2: Diskussionen und Stimmen zum Problem der Entmythologisierung, hg. v. Hans-Werner Bartsch, Hamburg-Volksdorf 1952, S. 41–65.

[102] KARL JASPERS an Magdalene Schott, 8. Mai 1953 (Durchschlag), DLA, A: Jaspers.

stattdessen einen anderen, der mutiger – angesichts der innerkirchlichen Reaktionen: ungleich mutiger – war, unter Berufung auf das philosophische Ethos der Wahrhaftigkeit zum »Verstummen«[103] brachte.

---

[103] HANS SANER, Auf der Suche nach einer philosophischen Polemik, in: ders., Erinnern und Vergessen. Essays zur Geschichte des Denkens, Basel 2004, S. (169–182) 170.

Andreas Rössler

Wie viel Wahrheit mag in religiöser Erfahrung stecken?
Zwischen Glaubensgewissheit und Zweifel

1. Die neue deutsche Repräsentativumfrage zu Religiosität und Säkularisierung

Gläubige und dabei kirchenverbundene Christen in Deutschland werden mit der im November 2023 vorgelegten sechsten Kirchenmitgliedschaftsuntersuchung (KMU VI)) der Evangelischen Kirche in Deutschland, die sich diesmal auf die gesamte Bevölkerung (nicht nur auf evangelische Kirchenmitglieder) bezieht, ihre Schwierigkeiten haben.[1] Danach sind nur noch 13 Prozent der Bevölkerung »kirchlich-religiös«. 25 Prozent sind »religiös-distanziert«, 56 Prozent »säkular«, in deren Leben nach eigener Angabe »Religiosität keine Rolle spielt«. Dabei umfasst die Untergruppe der »Säkular-Geschlossenen« 36 Prozent der Bevölkerung. Für sie gilt Religion als »überholt und schädlich«. 6 Prozent sind »alternativ«, und zwar 4 Prozent »esoterisch« und 2 Prozent »hedonistisch-heterodox«. Nur noch 48 Prozent der Bevölkerung glauben an Gott: und zwar glauben nur noch 19 Prozent im spezifisch christlichen Sinn, »dass es einen Gott gibt, der sich in Jesus Christus zu erkennen gegeben hat«, und 29 Prozent glauben eher allgemein, »dass es ein höheres Wesen oder eine geistige Macht gibt«. 33 Prozent denken atheistisch: »Ich glaube nicht, dass es einen Gott, irgendein höheres Wesen oder

---

[1] EVANGELISCHE KIRCHE IN DEUTSCHLAND (Hg.), Wie hältst du's mit der Kirche? Zur Bedeutung der Kirche in der Gesellschaft. Erste Ergebnisse der 6. Kirchenmitgliedschaftsuntersuchung, Leipzig 2023.

eine geistige Macht gibt«, während 20 Prozent sagen: »Ich weiß nicht richtig, was ich glauben soll.«[2]

Man steht doch lieber auf der Seite der Mehrheit und begibt sich nicht gerne in die Diaspora. Aber wenn immerhin anderswo die »Religiösen« zunehmen? Zumindest für freisinnige Christen wird das nur ein schwacher Trost sein, weil diese Religiosität häufig traditionalistisch, ultraorthodox oder fundamentalistisch ausgerichtet ist.

Es zählt die Wahrheitsfrage. Eine Probe aufs Exempel: Was kommt nach dem Tod? Da gilt nicht automatisch das, was augenblicklich die Mehrheit der Deutschen dazu denkt. Sondern entscheidend ist: Was ist angemessen? Was ist plausibel und hilfreich? Also schließlich: »Was ist wahr?«

Die Wahrheit – die begrenzte diesseitige wie die alles umfassende göttliche Wahrheit – gilt unabhängig davon, wie viele sie vertreten, und auch unabhängig davon, wie viele überhaupt nach ihr fragen.

2. Die Frage nach der Wahrheit eigener religiöser Überzeugung

Wovon ich überzeugt bin im Blick auf den Sinn des Lebens, auf das Unbedingte, auf das Ganze des Daseins, auf das »Umgreifende«,[3] auf »die Grundwirklichkeit, die wir das Umgreifende nennen«,[4] das will und muss ich weitergeben, auf alle Fälle durch die Tat, aber wenn irgend möglich auch durch das mir zur Verfügung stehende Wort.

Aber diese Mühe ist nur angebracht, wenn ich von der Wahrheit der Botschaft, die ich vertrete, auch überzeugt sein kann. Besser gesagt: davon, dass meine Botschaft nicht bloß ausgedacht und zusammengebastelt ist, sondern dass da etwas dran ist. Dass sie nicht bloß subjektiv ist, Wunschgedanke, Privatmeinung, Vertröstung, »Fake«, sondern dass sie einen Wahrheitsgehalt hat.

Dann aber gilt: »Seid allezeit bereit zur Verantwortung vor jedermann, der von euch Rechenschaft fordert über die Hoffnung, die in euch ist« (1Petr

---

[2] A.a.O., S. 19–22. 34. – Unter den 19 Prozent der Befragten, die im christlich-kirchlichen Sinn »glauben, dass es einen Gott gibt, der sich in Jesus Christus zu erkennen gegeben hat«, werden sich etliche auch mit den 29 Prozent identifizieren können, die eher allgemein »glauben, dass es ein höheres Wesen oder eine geistige Macht gibt«, und umgekehrt. In solchen Überlappungen findet sich der Sache nach freisinniges, freies Christentum.

[3] Zum »Umgreifenden«: KARL JASPERS, Kleine Schule des philosophischen Denkens, München 1965, S. 37–42. 136.

[4] KARL JASPERS, Chiffren der Transzendenz, München 1970, S. 60.

3,15). Übrigens ist hier mit Recht vorausgesetzt, dass nicht jedermann hinsichtlich unserer Glaubensüberzeugung von uns eine »Rechenschaft« fordert. Den meisten wird es egal sein, was wir glauben und hoffen. Aber manche sind dann doch interessiert und werden neugierig.

Zu dieser Rechenschaft gehört freilich auch, auf *andere* zu hören, was *sie* für eine »Hoffnung« haben, und dabei zu prüfen, ob an ihrer Hoffnung aus unserer Sicht etwas dran sein könnte; jedenfalls zu lernen und sich dann selbstkritisch zu befragen. Und wenn ich selbst nicht *entschieden* Rechenschaft ablegen kann, dann wenigstens *fragend*, indem ich die immer größere Wahrheit immerhin suche und das auch zum Ausdruck bringe.

Merkwürdig ist an der Passage 1Petr 3,15, dass hier nicht von einer Rechenschaft über den »Glauben«, sondern über die »Hoffnung« die Rede ist. Da mag vorausgesetzt sein, dass im Glauben immer der Zweifel mit drin steckt und wir den Glauben letztlich im Modus der Hoffnung haben. Die Glaubensgewissheit ist immer auch, und oft vorrangig, eine Hoffnungsgewissheit.

Jedenfalls muss diese Rechenschaft einladend sein. Was mir wichtig ist, muss ich mit anderen zu teilen bereit sein – ob diese anderen nun meiner Auffassung sein werden oder nicht. Vielleicht erheben sie ja nur Einwände, die dazu helfen, meine Überzeugung zu präzisieren, zu profilieren oder vielleicht zu korrigieren. Dann würden sie mich auf dem Weg ihrer Kritik ein wenig der größeren Wahrheit näherbringen können.

3. Erfahrung

Wie komme ich aber zu meiner eigenen Grundüberzeugung? Einmal durch eigene Erlebnisse, die dann in der Stille verarbeitet werden und im Nachdenken reflektiert, also bedacht und überdacht werden. Davon will und muss ich dann auch *erzählen*. Zum anderen durch Überlieferungen, durch eine Botschaft, die mir beigebracht wurde und mir dann einleuchtet. Mit der ich dann meine eigenen Erfahrungen gemacht habe. Die eigenen Lebenserfahrungen kommen mit der überkommenen Botschaft zusammen, und das führt dann zu der eigenen Grundüberzeugung. Mit Karl Jaspers: »Was als persönliche Gottheit zum abendländischen Menschen spricht, das ist eben nur möglich [...], wenn wir nicht in einem allgemeinen Begriff, sondern in der geschichtlichen Überlieferung den Umgang durch die Chiffer der persönlichen Gottheit mit der Transzendenz gewinnen.«[5]

---

[5] A.a.O., S. 63. – Das etwas holprige Zitat meint: »[...] durch die Chiffer der persönlichen Gottheit den Umgang mit der Transzendenz gewinnen.«

Normalerweise fragen wir: Wie viel Wahrheit mag in einer Botschaft, in einer bestimmten Glaubensposition, in einer Glaubenslehre stecken? Geht diese Botschaft aber auf Erfahrungen zurück, ist darauf zu pochen: Diese Erfahrungen selbst dürfen nicht einfach ausgedacht, erfunden, konstruiert sein.

Unter »Erfahrung« verstehe ich zunächst ein Erlebnis; etwas, das mir widerfährt; eine Begegnung; mir begegnet etwas oder jemand. Zur *Erfahrung* wird das Erlebnis, indem es *gedeutet* wird: Ich muss versuchen, das Erlebte zu verstehen. Ich ordne es in einen Zusammenhang ein. So macht es dann einen Sinn.

Ein gedeutetes Erlebnis, also eine Erfahrung muss nicht immer bloß punktuell sein. Sie kann sich auch über eine längere Zeit hinziehen. Ein Beispiel mag eine Ehe sein, die sich über etliche Jahrzehnte erstreckt. Da gibt es nicht nur unzählige Einzelerfahrungen. Da kann es sich *auch* um *eine* Lebenserfahrung von vielen Jahrzehnten handeln.

Wann kann man eine Grundüberzeugung und die Erfahrungen, die auf ihr beruhen, als *religiös* qualifizieren? Wenn dabei das Unbedingte, das absolut Gültige und Mächtige, das Ganze des Daseins ins Spiel kommt; »das, was uns unbedingt angeht« und »was über unser Sein oder Nichtsein entscheidet«;[6] die »Transzendenz«,[7] die alle Immanenz (Innerweltlichkeit) überschreitet; die Dimension der Tiefe, im Unterschied zur Oberfläche; das, was bleibt, im Unterschied zum Vergänglichen, zum Vorübergehenden.

Bei der *religiösen* Erfahrung handelt es sich also um eine religiöse Deutung meines alltäglichen, »weltlichen« Erlebens. Die religiöse Deutung ist ganzheitlich ausgerichtet, mit der Perspektive auf das Woher, Wieso und Wohin des Daseins und damit auf den Sinn des Lebens. Die Grenze des Irdisch-Vorfindlichen wird überschritten.

Für Christen ist eine fundamentale religiöse Erfahrung, die sich im Alltag auftut, die des uneingeschränkten Angenommenseins, des Bejahtseins. Da wird das Leben als Geschenk Gottes begriffen, und das führt zu Dankbarkeit. Eine weitere fundamentale religiöse Erfahrung ist das unbedingte Gefordertsein zum Guten. Bei Martin Luther sind das die beiden Grundkategorien von »Evangelium« und »Gesetz«.

---

[6] PAUL TILLICH, Systematische Theologie, Bd. 1, Stuttgart ³1956, S. 19 f. 21. 29.

[7] K. JASPERS, Kleine Schule des philosophischen Denkens (s. Anm. 3), S. 41. 57 f. 125. 130. – DERS., Chiffren der Transzendenz (s. Anm. 4), S. 28 f. 36. 42 f. 52–54. 99.

Religiöse Erfahrungen können sich inmitten der alltäglichen Normalität ergeben. Oder aber in zwar nicht supranaturalen, aber doch außergewöhnlichen Begebenheiten wie etwa »Nahtoderfahrungen«. Zur alltäglichen Normalität gehören auch Erfahrungen im kirchlichen Zusammenhang, im Gottesdienst vor allem, im Kultus, aufgrund von Kirchenmusik. Religiös werden sie, indem man hier vom Wunder und Geheimnis des Daseins berührt wird, von Transzendenz, vom Absoluten.

Religiöse Erfahrungen sind nicht immer beglückend. Sie können auch hart, niederschmetternd sein. Die Grausamkeiten des Daseins können aufscheinen, wie im Buch Hiob oder am Kreuz Jesu. Rätsel können sich aufdrängen, die sich gar nicht lösen lassen. Was ist in diesem Fall daran »religiös«? Die Sinnfrage, die hier aufbricht, auch wenn sie einmal ohne Antwort bleiben mag. Die Transzendenz, das »Über sich hinaus«.

Man wird die – in sich sehr vielfältige – biblische Botschaft großenteils als Niederschlag elementarer, fundamentaler religiöser Erfahrungen zu verstehen haben, also von geglaubten Begegnungen mit dem Göttlichen, mit Gott.[8]

Um nur ein paar wenige, herausragende Beispiele zu nennen: Jakobs Ringen mit dem Engel Gottes am Jabbok (Gen 32,23-33). Moses Berufung am brennenden Dornbusch (Ex 3). Mose schaut Gott hinterher (Ex 33,12-23). Jesajas Berufung zum Propheten (Jes 6). Simeon bei der Darstellung Jesu im Tempel (Lk 2,22-32). Jesu Taufe (Mk 1,9-11). Jesu Verklärung (Mk 9,2-13). Gewissheit, die in der Nachfolge Jesu gewonnen wird (Joh 7,15-18). Die Oster-Visionen (1Kor 15,1-11). Die Emmaus-Jünger (Lk 24,13-35). Das Damaskus-Erlebnis des Paulus (Apg 9,1-18).

Aber welchen *Wahrheitsgehalt* hat die durch elementare Transzendenz-Erfahrungen gewonnene biblische Botschaft? Und meine durch eigene Erfahrung und besonders durch das Getroffensein von biblischen Transzendenz-Erfahrungen gewonnene religiöse Grundüberzeugung? Ist das alles vielleicht doch bloß eingebildet, trügerisch, illusorisch? Handelt es sich vielleicht doch bloß um Wunschgedanken? Oder aber: Was ist daran verlässlich und gültig?

Meine eigenen, persönlichen religiösen Erfahrungen kann ich – christlich gesehen – vorläufig auf ihre Wahrheit überprüfen, indem ich mit ihnen Maß nehme an den ursprünglichen, fundamentalen, elementaren Transzen-

---

[8] Vgl. dazu RAPHAEL ZAGER, Glaubenserfahrung in Worte fassen. Wie finden wir eine neue religiöse Sprache?, in: ders. / Werner Zager (Hg.), Christsein im Alltag. Impulse des liberalen Christentums (Veröffentlichungen des Bundes für Freies Christentum, Bd. 6), Leipzig 2023, S. 72–86.

denz-Erfahrungen, die sich in der Bibel niedergeschlagen und versprachlicht haben. Indem ich also Maß nehme an Jesus und an der biblischen Botschaft.

4. Religion im weiteren und im engeren Sinn

Was unterscheidet religiöse von sonstiger Erfahrung? Wie schon gesagt: Jede *alltägliche* Erfahrung – verstanden als Begegnung, als Widerfahrnis – kann *zu religiöser* Erfahrung werden, sofern da die Frage nach dem Unbedingten, dem Bleibenden, dem Sinn des Ganzen aufbricht und etwas Absolutes aufleuchtet. Indem sich in, mit und unter der Oberfläche eine Tiefe ansagt.

Die Grundfragen der Religion lauten etwa: Wozu das alles? Woher, wieso und wohin mein und aller geistigen Wesen Dasein? Was bleibt da? Was ist der Sinn von allem? Philosophisch wird auch gefragt: »Warum ist überhaupt etwas und nicht nichts«?

So verstanden, handelt es sich um Religion im weiteren, nicht bloß in einem engeren Sinn. In diesem weiteren Sinn ist jeder Mensch grundsätzlich »religiös«. Religiosität im weiteren Sinn gehört zum Menschsein, ist universal-menschlich, auch wenn man versuchen kann, etwas, das zum Menschsein gehört, auszublenden, zu verdrängen. Im weiteren Sinn sind wir Menschen »unheilbar religiös«.[9] Wenn sich Leute als »religiös unmusikalisch« bezeichnen,[10] dann gilt das zunächst für Religion im engeren Sinn, aber manchmal meint es auch den Versuch einer Abkehr von der religiösen Frage überhaupt sowie eine praktizierte Gleichgültigkeit allem Unbedingten, Absoluten gegenüber.

Bei Martin Luther heißt es: »Woran du dein Herz hängst und dich darauf verlässt, das ist eigentlich dein Gott«.[11] Danach kann man Religion letztlich gar nicht ausblenden, weil man doch an irgendetwas sein Herz hängt, weil da immer etwas ist, was einem absolut wichtig ist und das man absolut setzt. Die Wahrheitsfrage heißt dann »Gott oder Götze«.

Etwas anderes als die Religion im weiteren ist die Religion im engeren Sinn. Kirchlichkeit, Kirchenbindung, etwa Ausrichtung an Bibel und Bekenntnis, christliche Lebenspraxis mit der Beachtung biblischer Mahnungen und kirchlicher Vorschriften, Einhaltung kirchlicher Gebräuche, Gottes-

---

[9] So Nikolai Berdjajew.

[10] Etwa Max Weber oder Jürgen Habermas.

[11] MARTIN LUTHER, Der große Katechismus 1529, Auslegung des Ersten Gebots.

dienstbesuch, Teilnahme am Leben einer Kirchengemeinde: All das ist Religion im engeren Sinn. Und eben diese scheint derzeit in Mitteleuropa erheblich im Abnehmen zu sein. Natürlich ist in der Religion im weiteren auch die Religion im engeren Sinn inbegriffen. Aber auch etwa Ersatzreligionen und Quasi-Religionen (Paul Tillich).

Religion im weiteren (und darin inbegriffen auch im engeren) Sinn kann in intellektueller Hinsicht beschrieben werden als die Tiefen-*Deutung* dessen, was wir erleben, erfahren, geistig aufnehmen. Das Tatsachenwissen oder Weltwissen wird eingebettet in einen ganzheitlichen Bedeutungszusammenhang. Etwa in den biblischen Religionen: Ich deute die Natur, die ich wissenschaftlich oder allgemeinverständlich weniger oder etwas mehr begreifen kann, und das Leben, auch mein eigenes begrenztes Dasein, als »Schöpfung«. Und Schöpfung setzt eine Schöpfermacht voraus.

Auch eine naturalistisch-materialistische Deutung des Daseins, wonach alles menschliche Dasein schließlich lediglich in den Kreislauf oder den Müllhaufen der Natur eingeht, ist eine Art Religion im weiteren Sinn. Auch diese atheistische Deutung transzendiert die Immanenz als solche, sofern sie eine Grundüberzeugung über das Ganze und den Sinn des Daseins ist, die der christlichen und sonstiger monotheistischer Deutung allerdings kontradiktorisch gegenübersteht.

Dabei stellt sich die Wahrheitsfrage nicht im Sinn einer messbaren Überprüfung. Das »*Etwas*«, das da auf mich einwirkt und zu meiner Überzeugung führt, wird plausibel sein, sofern es erstens mit dem Tatsachenwissen kompatibel ist und dieses durchsichtig macht, und dabei zweitens einen einsichtigen Sinn des Ganzen nahelegt; und sofern es drittens lebensdienlich und lebensfördernd ist und auch die Menschenwürde bekräftigt.

5. Das Symbol als die Sprache der Religion

Vom Absoluten, Göttlichen, Unbedingten, alles Bedingenden können wir nicht anders als in Symbolen reden, in Mythen, in Gleichnissen, oder wie Jaspers sagt, in »Chiffern«.[12] Mit anderen Worten: Religiöse Sprache ist gleichnishaft-symbolisch.

Dieser Grundsatz muss sogleich differenziert werden.[13] (a) Das Material der Symbole oder Chiffren sind weltliche, alltägliche Vorgänge oder Sach-

---

[12] K. JASPERS, Kleine Schule des philosophischen Denkens (s. Anm. 3), S. 124–136. – Ders., Chiffern der Transzendenz (s. Anm. 4).

[13] Dazu PAUL TILLICH, Die Frage nach dem Unbedingten. Schriften zur Religionsphilosophie (GW 5), Stuttgart 1964, S. 187–244.

verhalte. Etwa Schöpfer, Vater, Mutter, Herrscher, König, Volk, Liebe, Gastmahl, Ernte, Sonne, Licht – um nur ein wenig von dem reichhaltigen biblischen Symbolmaterial aufzuführen. (b) Im religiösen Symbol weisen *alltägliche* Vorgänge und Sachverhalte, gebraucht als Symbolmaterial, über sich hinaus auf das Unbedingte. Das ist dann der Symbolgehalt. (c) Das Symbolmaterial wird zuweilen über-zeitlich sein. Zunächst ist es aber kulturell bedingt und damit nicht ohne Weiteres für alle Zeiten verständlich. Alte Symbole können absterben. Neue Symbole können sich aufdrängen und einbürgern. (d) Grundsätzlich ist *konkrete* religiöse Sprache symbolisch-gleichnishaft. Etwa wenn wir bekennen: »Gott ist die Liebe«, statt »Gott ist blindes Schicksal« oder »Mein Gott ist die Natur«.

Aber Gott selbst? Was meinen wir überhaupt, wenn wir »Gott« sagen? Wir meinen grundsätzlich, philosophisch-abstrakt geredet: das Woher und Wohin von allem; den immer größeren, allumfassenden Daseinsgrund; die Urkraft; den »Grund der Dinge«;[14] das Sein-Selbst (esse ipsum) – oder wie man diesen Horizont sonst ausdrücken will. In einem weiteren Sinn kann man auch solche Begrifflichkeit als symbolisch bezeichnen, denn Grund, Kraft, Macht, das sind auch alltägliche Vorgänge und Sachverhalte. Aber dann ist in der Sprache schließlich alles und nichts symbolisch.

So ist es sinnvoller, das »Symbol« etwas enger zu fassen. Dann aber wird in der religiösen Sprache das Symbol ausgesprochen oder unausgesprochen *begleitet* von einer abstrakten Begrifflichkeit, die den umfassenden Horizont angibt. Die biblische Grundaussage »Gott ist die Liebe« kann dann etwa so umschrieben werden: »Der immer größere Daseinsgrund ist in seinem wahren Wesen Liebe«. »Die Urkraft ist ihrem wahren Wesen nach Zuwendung zu allen Dingen und Wesen, und alles verdankt sich ihr.«

6. Das universale Transzendenzbewusstsein, die unausweichliche Grundgewissheit

Hinsichtlich der Religion gibt es eine unausweichliche, selbstevidente Grundgewissheit. Diese Grundgewissheit bezieht sich auf das Absolute, den Urgrund von allem, die alles bedingende kosmische Kraft, die Transzendenz, das Sein-Selbst, das Unbedingte. »Gewiss ist nur die Unbedingtheit an sich.«[15] Nach Pred 3,11 hat Gott den Menschen »die Ewigkeit in ihr Herz

---

[14] K. Jaspers, Chiffren der Transzendenz (s. Anm. 4), S. 27.

[15] Paul Tillich, Offenbarung und Glaube. Schriften zur Theologie II (GW 8), Stuttgart 1970, S. 123.

gelegt«. Dabei kann aber der Mensch »nicht ergründen das Werk, das Gott tut, weder Anfang noch Ende«.

Dieses universale Transzendenzbewusstsein, das sich bei jedem Menschen findet, ist insofern selbstevident, als es sich auf den Urgrund bezieht, der uns über alles Verstehen und Vorstellen hinaus immer schon vorgegeben ist – »ohn' den nichts ist, was ist, von dem wir alles haben«.[16] Nach der Existenz oder Nicht-Existenz dieses Urgrundes zu fragen, macht keinen Sinn, genauso wenig wie dass ich danach frage, ob ich jetzt gerade existiere oder nicht.[17] Das ist einfach so. Ich bin jetzt gerade da. Und ohne eine Urkraft, einen Daseinsgrund kann gar nichts sein oder gar bleiben.

In diesem Sinn bezeichnet Friedrich Schleiermacher die Religion und damit das Bewusstsein vom Ganzen des Daseins als das »Gefühl schlechthiniger Abhängigkeit«.[18] Freilich ist das bei Schleiermacher mehr als nur das universal-menschliche Bewusstsein des totalen Bedingtseins. Da schwingt auch schon der personale Bezug zum Göttlichen mit, da er die einzelnen *spezifischen* Stücke der christlichen Glaubenslehre in Beziehung zum »Gefühl schlechthiniger Abhängigkeit« versteht.

Auf der Ebene des universalen Transzendenzbewusstseins ist Gott noch gar nicht »definiert« oder spezifiziert, das heißt auf eine bestimmte Art und Weise festgelegt. Damit aber stellt sich dann die Frage nach dem *wahren* Charakter des Urgrundes. Wie steht der Urgrund von allem zu uns, und wie dann wir zu ihm? Was ist das *wahre* Wesen dieses Urgrundes?

Ist dieses wahre Wesen etwa materialistisch-naturalistisch zu verstehen, als die bloße Materie/Natur/naturale Energie? Dieser würde sich zwar auch das menschliche Bewusstsein und Personsein verdanken, aber diese naturale Urkraft wäre, weil ohne Bewusstsein, ontologisch gesehen weniger als unser Personsein.

Plausibler ist es da, wenn auch nicht zwingend evident und insofern kein »Gottesbeweis«, das wahre Wesen des Urgrundes als die »Macht der Liebe« zu verstehen, als Zuwendung, als Güte und Barmherzigkeit, als »Wil-

---

[16] JOHANN HEERMANN (1630), »O Gott, du frommer Gott« (EG 495, Strophe 1).

[17] Dazu ALBERT SCHWEITZER, Die Weltanschauung der Ehrfurcht vor dem Leben. Kulturphilosophie III, Erster und zweiter Teil (Werke aus dem Nachlaß), hg. v. Claus Günzler u. Johann Zürcher, München 1999, S. 411 f. 414 f.

[18] FRIEDRICH SCHLEIERMACHER, Der christliche Glaube nach den Grundsätzen der evangelischen Kirche im Zusammenhange dargestellt, Halle ²1830, § 32.

le der Liebe«.[19] Es ist nach Albert Schweitzer Gottes Wille, seine Geschöpfe seine Liebe erfahren zu lassen, und auch, dass wir dementsprechend lieben, im Sinn der »Ehrfurcht vor dem Leben«. Karl Jaspers redet vom »persönlichen ethischen Gott in der Bibel«,[20] und er bejaht das Symbol, die »Chiffer der Persönlichkeit Gottes« - natürlich transpersonal gemeint -, weil dadurch der Persönlichkeitscharakter der Menschen gefördert werde: »In dem Maße, als er [sc. der Einzelne] der persönlichen Verantwortung und Freiheit seines Wesens im Unterschied von allem, was sonst in der Welt vorkommt, bewusst wird, ist der Widerhall oder der Ursprung die persönliche Gottheit. Eins nicht ohne das andere.«[21]

7. Glaubensgewissheit

Es kursiert eine Vielzahl religiöser und weltanschaulicher Positionen, Auffassungen und Botschaften. Für was kann ich mich da mit guten Gründen entscheiden und stark machen, bis dahin, dass ich meine diesbezüglich gewonnene oder errungene Überzeugung auch gerne weitergebe?

Ich kann einfach die Botschaft aufgreifen, in der ich aufgewachsen bin; wenn ich nicht mehr aus und ein weiß und einen Halt suche. Das bedeutet aber noch keine »Glaubensgewissheit«.

Ich kann mich aber auch an angebliche, selbsternannte Propheten halten, an autoritäre Persönlichkeiten, die mir sagen: »So ist unser heiliges Buch, unsere heilige Tradition zu verstehen. Da geht's lang. Ich habe hier die Deutungshoheit.« Das ist für unsicher gewordene Geister der »Charme« des Autoritarismus und Fundamentalismus. Nur kann das für Leute, welche die Aufklärung bejahen und die eigene Vernunft nicht an der Garderobe abgeben wollen, kein gangbarer Weg sein. Es sei denn, sie verhalten sich, bei aller möglichen sonstigen Intellektualität, in Fragen der Religion infantil.

Dagegen ist einzuwenden: Die Botschaft, an die ich mich zu halten gedenke, muss mir einleuchten. Sie muss für mich sinnvoll und plausibel sein. Sie muss mir mein individuelles Dasein und den Weltlauf insgesamt durch-

---

[19] ALBERT SCHWEITZER, Aus meinem Leben und Denken, München 1931, S. 204: »In der Welt offenbart sich uns der unendliche Wille zum Leben als Schöpferwille, der voll dunkler und schmerzlicher Rätsel für uns ist, in uns als Wille der Liebe, der durch uns die Selbstentzweiung des Willens zum Leben aufheben will.«

[20] K. JASPERS, Chiffren der Transzendenz (s. Anm. 4), S. 30.

[21] A.a.O., S. 61.

sichtig machen. Ferner muss sie mir hilfreich sein, mich aufrichten, mir innere Freiheit, Erfüllung schenken.

Aber wie kann es zu solcher *Glaubensgewissheit* kommen, im Unterschied zur unausweichlichen, unvermeidlichen *Grundgewissheit*, dem universalen Transzendenzbewusstsein? Sicher nicht durch das Zusammenbasteln verschiedener weltanschaulich-religiöser Bausteine, die mir zufällig zur Hand sind. Und auch nicht durch etwas, das ich mir einfach einrede und wünsche. Wunschgedanken sind ein brüchiges Fundament. So kommt es nicht zur Glaubensgewissheit.

Zur Glaubensgewissheit kommt es vielmehr durch *eigene* Erfahrung, durch gedeutetes Erleben, verstanden als Begegnung, als Widerfahrnis. *Etwas* wirkt auf mich ein. Etwas beeindruckt mich, leuchtet mir ein. Etwa eine Gruppe von Menschen, die einer bestimmten Überzeugung sind und diese auch zu leben versuchen, in einer Art und Weise, die ich mir gerne zu eigen mache, jedenfalls als Vorbild nehme. Oder eine bestimmte Botschaft trifft mich, eine Glaubenslehre, die ich durch eigene nachdenkliche Lektüre, insbesondere durch Bibellesen oder das meditative Bedenken einzelner biblischer Sätze, kennen und schätzen lerne, oder die mir publizistisch oder liturgisch-kultisch nahegebracht wird. Dieses »*Etwas*«, das da auf mich einwirkt, kann also eine bestimmte Botschaft sein.

Das »Etwas«, das mich beeindruckt, kann aber auch in alltäglichen oder aber außerordentlichen Erlebnissen bestehen. Etwa in der Erfahrung einer Geburt.[22] Oder des Sterbens eines mir nahestehenden Menschen. Oder in einem ergreifenden Naturerlebnis. Oder in einem Gedicht, einem Kunstwerk oder einem Musikstück.

Persönlicher Glaube, der so entsteht, führt in emotionaler Hinsicht gesehen zu *Glaubensgewissheit*. So etwa Lk 24,32; Joh 7,16 f., Joh 8,31-36; Röm 8,38 f.; Hebr 11,1. Diese Glaubensgewissheit ist aber nicht nur gefühlsmäßiger, emotionaler Art. Sie hat auch rationale (das Verstehen betreffende) Aspekte. Sie ist auch ethischer Art, indem sie zum Handeln motiviert und das rechte Tun beflügelt. Sie ist also »ganzheitlich«.

Meine Glaubensgewissheit als solche ist anderen nur schwer so zu kommunizieren, dass es sie selbst überzeugt und ihnen eigene Gewissheit vermittelt. Ich kann und muss zwar von den meiner Glaubensgewissheit zugrunde liegenden Erfahrungen *erzählen*, und sie so bezeugen. Aber ob das auch andere überzeugt, die derartige Erfahrungen nicht gemacht haben? Es

---

[22] Vgl. R. ZAGER, Glaubenserfahrung in Worte fassen (s. Anm. 8), S. 80 f.

mag sie immerhin dazu anspornen, nach eigenen entsprechenden Erfahrungen Ausschau zu halten.

8. Erkenntnistheoretischer Agnostizismus

Agnostizismus[23] bedeutet, hinsichtlich des Absoluten, des Unbedingten, der Transzendenz, des Göttlichen im Unklaren darüber sein, was denn nun eigentlich gilt und wahr ist. Solcher Agnostizismus wird häufig in einem Atemzug mit dem Atheismus genannt. Aber Agnostizismus und Atheismus sind nicht in einen Topf zu werfen. Der Atheismus[24] ist eine religiöse (oder auch anti-religiöse, alles Religiöse ablehnende) oder weltanschauliche Grundüberzeugung. Er besagt, dass der Urgrund der Welt Natur ist, oder Materie, oder Energie, dabei ohne Bewusstsein, ohne Geist, ohne Zuwendung zur vorhandenen Welt. In der sechsten Kirchenmitgliedschaftsuntersuchung der EKD ist das so formuliert: »Ich glaube nicht, dass es einen Gott, irgendein höheres Wesen oder eine geistige Macht gibt«, und das ist die Auffassung von einem Drittel der Befragten.«[25]

Der Atheismus ist also im Unterschied zum Agnostizismus eine eigene Grundüberzeugung. Der Agnostizismus steht nahe beim Zweifel. Während sich aber der Zweifel auf eine bestimmte Überzeugung bezieht, an die er seine Anfragen, seine Bedenken, seine Unsicherheit richtet, sagt der Agnostizismus: »Ich weiß es nicht, was stimmt, was gilt, was wahr ist. Irgendetwas wird schon gelten und wahr sein, aber ich weiß nicht, was es ist.« Dieser Agnostizismus kann mit Gleichgültigkeit gegenüber allen religiösen, weltanschaulichen Fragen verbunden sein, muss es aber nicht. Agnostizismus kann auch mit Offenheit oder sogar höchstem lebenslangen Engagement gegenüber dem, »was die Welt im Innersten zusammenhält«,[26] verknüpft sein.

Ein grundsätzlicher Agnostizismus im Sinn des »Wir wissen es nicht und wir werden es nicht wissen« (ignoramus ignorabimus)[27] geht davon aus, dass der Sinn, die letzten Hintergründe des Daseins und der Welt immer

---

[23] Dazu K. JASPERS, Chiffren der Transzendenz (s. Anm. 4), S. 9 f.

[24] Dazu a.a.O., S. 19 f. 40–42.

[25] EVANGELISCHE KIRCHE IN DEUTSCHLAND (Hg.), Wie hältst du's mit der Kirche? (s. Anm. 1), S. 34.

[26] JOHANN WOLFGANG VON GOETHE, Faust. Der Tragödie erster Teil. Nacht.

[27] Nach EMIL DU BOIS-REYMOND (1818–1896), in: Georg Büchmann, Geflügelte Worte. Der Zitatenschatz des deutschen Volkes, bearb. v. Winfried Hoffmann, Berlin [38]1991, S. 176.

ganz und gar unerkennbar bleiben werden. Das wird überwiegend zu weltanschaulich-religiöser Gleichgültigkeit führen, manchmal aber auch zu Wehmut oder zu trotzigem Weiterfragen und Weitersuchen, trotz allem.

Ein faktischer, »schwacher« Agnostizismus dagegen schließt nicht aus, dass es doch möglich sein könnte, in beschränktem Maß gewisse Einsichten in den Sinn und die Hintergründe des Lebens zu gewinnen. Auch wenn Gott alle menschliche Erkenntnis übersteigt, kann es doch Erkenntnisse geben, die wir zum verantwortungsvollen und glücklichen Leben und zum getrosten Sterben brauchen. Ein solcher schwacher Agnostizismus ist etwa bei Albert Schweitzer gegeben. Bei Schweitzer öffnet sich hier eine Tür für eine Offenbarung des Göttlichen in uns.[28]

Beim erkenntnistheoretischen Agnostizismus, der im Unterschied zum rigorosen, grundsätzlichen eher ein schwacher Agnostizismus ist, wird festgehalten, dass die Transzendenz, das Absolute, Unbedingte, Göttliche in seinem wahren Charakter nicht stichhaltig und zwingend bewiesen werden kann. Aber das schließt Fingerzeige, Hinweise, Plausibilitäten nicht aus. So verträgt sich erkenntnistheoretischer Agnostizismus mit persönlicher Glaubensgewissheit. In dieser Kombination wird der Agnostizismus nicht zur religiösen Gleichgültigkeit führen. Vielmehr handelt es sich dann um einen »existenziellen«, einen existenziell betroffenen Agnostizismus, der unentwegt auf Wahrheitssuche unterwegs ist.

Das Miteinander von Glaubensgewissheit und erkenntnistheoretischem Agnostizismus ist mit anderen Worten ein Miteinander von Glaube und Zweifel.[29] Der Zweifel, so wird es häufig ausgedrückt, ist der Schatten oder die ständige Begleiterin des Glaubens. Ein biblisches Beispiel dafür ist der Apostel Thomas. Da aber in der kirchlichen Tradition der noch so redliche, ernsthafte Zweifel meistens als Sünde disqualifiziert worden ist, haben manche strenggläubige Christen den Zweifel in sich unterdrückt und sind dann noch intoleranter, fanatischer und ultra-konservativer geworden, als sie es ohnehin schon gewesen waren.

Nein, man darf und soll den aufrichtigen Zweifel in sich zulassen, einmal weil die Wahrhaftigkeit ein Kennzeichen genuinen christlichen Glau-

---

[28] S.o. Anm. 19.

[29] Dazu SEBASTIAN CASTELLIO, Die Kunst des Zweifelns und Glaubens, des Nichtwissens und Wissens (De arte dubitandi et confidendi, ignorandi et sciendi, 1563). Aus dem Lat. übers. v. Werner Stingl. Eingeführt u. kommentiert v. Hans-Joachim Pagel, hg. v. Wolfgang F. Stammler, Essen 2015.

bens ist, und zum anderen weil theologisch gesehen Gott immer größer ist als unser Vorstellen, Begreifen und Verstehen und somit auch der »offenbare Gott«, der sich zentral, wenn auch nicht ausschließlich, in Jesus Christus erschlossen hat, immer auch der »verborgene« und rätselhafte Gott bleibt. Die Grenzen unserer Erkenntnis sind vorgegeben (1Kor 13,9-12). Hiob muss, so Jaspers, begreifen, »den Grund der Dinge nicht wissen zu können, nicht erkennen zu können, in all seinem endlichen Willen zur Wahrheit«.[30]

9. Die Glaubensgewissheit gerät ins Wanken

Meine persönliche Glaubensgewissheit, mein Vertrauen in die Zuwendung, die Liebe Gottes zu mir, zu den Menschen überhaupt und zur Welt mag einigermaßen »felsenfest« sein und sich in allen möglichen Situationen und Grenzsituationen bewähren und durchhalten, wie das Paulus in Röm 8,38 f. beschreibt. Oder diese Glaubensgewissheit mag eher mit 1Petr 3,15 als Gewissheit im Modus der Hoffnung zu qualifizieren sein, vor allem angesichts der Schwelle des Todes, von dem noch niemand wieder ins irdische Dasein zurückgekommen ist – nicht einmal Jesus von Nazareth, von dem Christen aber glauben, er ist zu Gott heimgekehrt, was dann in den Ostererscheinungen seinen Jüngern aufgegangen ist.

So oder so: Die Glaubensgewissheit kann und wird von Zeit zu Zeit oder sogar ständig ins Wanken kommen. Dann sind wir wieder im Zweifel. Der erkenntnistheoretische Agnostizismus meldet sich zu Wort. Das ist besonders der Fall in der Frage der Theodizee: Wieso lässt Gott, wenn er doch die Macht und der Wille der Liebe ist, all die Übel in der Welt zu, all das Schmerzliche und Schreckliche, die oft unerträglichen Leiden? Menschen tun einander Schlimmes an. Aber da sind auch die nicht von Menschen gemachten Übel wie nicht zu erwartender vorzeitiger Tod und unheilbare, oft noch mit unsäglichen Schmerzen verbundene Krankheiten oder mancherlei Naturkatastrophen. Und nicht zuletzt großes Leiden, das den Tieren widerfährt und was man meistens mit »Kampf ums Dasein« abtut. Nachdenklichen gläubigen Menschen wird also durch widrige, schlimme Ereignisse, die sie selbst erleben oder von denen sie erfahren, der Wahrheitsgehalt ihres Glaubens an die tätige und wirksame Güte Gottes in Frage gestellt. Was soll denn das für ein zugleich mächtiger und gütiger Gott sein, der all das Böse, Schlimme, Grausame, Sinnwidrige zulässt, auch wenn er es nicht aktiv bewirkt und auch nicht will?

---

[30] K. JASPERS, Chiffren der Transzendenz (s. Anm. 4), S. 31.

Wie finde ich durch den »Feuer-Bach« widriger Ereignisse hindurch, zu erneuter gefestigter Glaubensgewissheit? Erstens bleibt Gott verborgen, rätselhaft, unergründlich. So bleiben diese quälenden Fragen der Theodizee stehen, ohne dass wir hier stichhaltige Antworten finden. Wir dürfen Gott nicht auf die Ebene unserer Logik herabziehen. Wir mögen zunächst so argumentieren, dass Gott angesichts der Übel und des Bösen in der Welt entweder mächtig sei, dann aber ohne Liebe, oder aber liebevoll, dann aber ohnmächtig. Das ist aber menschlich gedacht und wird dem immer größeren Gott (dem Deus semper maior) nicht gerecht.

Zweitens ist zu fragen, ob ich durch den »Feuer-Bach« all des Schrecklichen hindurch mit meiner bisherigen religiösen Erfahrung und der christlichen Botschaft nicht doch Neues, Weiterführendes erfahren kann. Vielleicht ordnet sich jetzt alles bisher Erlebte und Bedachte neu zusammen. Vielleicht wird durch Leid, Not, Schmerz, Angst, Erschrecken und Versagen hindurch ein »Dennoch« (Ps 73,23) des Glaubens errungen. Mit der Hilfe eines letzten, guten Vorzeichens empfinde ich Dankbarkeit und Zuversicht, Glück, Freiheit. Die Geschehnisse führen dann doch zu einem endgültigen Sinn. So wie Jesus am Kreuz in seinem verzweifelten Schrei »Mein Gott, mein Gott, warum hast du mich verlassen?« (Mk 15,34) eben doch an Gott festgehalten hat.

So kann und wird es immer wieder hin und her gehen: von Glaubensgewissheit zu Glaubenszweifeln und dann zu neuer, geläuterter Glaubensgewissheit.

10. Mühe um Konsens

Gerade beim Nachdruck auf eigene religiöse Erfahrung als einer Grundlage der Glaubensgewissheit müssen wir uns vor Subjektivismus und einseitigem Individualismus hüten. Mitchristen haben vieles erfahren und erkannt, was mir selbst entgangen ist. Die ganz eigene Perspektive ist immer höchst begrenzt. Was den Wahrheitsgehalt der eigenen religiösen Erfahrung und Überzeugung betrifft, so bedürfen meine eigenen eventuellen Wahrheitspartikel (particulae veri) der Ergänzung durch andere.

Von daher ist bei der Frage nach dem Wahrheitsgehalt der eigenen religiösen Erfahrung die Mühe um einen – zunächst einmal christlichen – Konsens erforderlich. Beim ökumenischen christlichen Konsens werden sich die äußersten Ränder mit ihren Absonderlichkeiten, ihrem Extremismus und Sektierertum und ihrer prinzipiellen Intoleranz am rechten Rand und ihrem schleichenden Atheismus am linken Rand nicht integrieren lassen. Das muss man eben in Kauf nehmen.

Den ökumenischen Konsens wird man, damit er nicht bloße Stimmung bleibt, in Konsensformulierungen zu fassen suchen. Diese sind schon in der Bibel vielfältig und brauchen dann Auslegungen. So heißt es etwa in Pred 12,13: »Lasst uns am Ende die Summe von allem hören: Fürchte Gott und halte seine Gebote; denn das gilt für alle Menschen«. Oder in 1Tim 1,5: »Das Ziel der Unterweisung ist Liebe aus reinem Herzen und aus gutem Gewissen und aus ungeheucheltem Glauben.« In den Kirchen gelten die ökumenischen Bekenntnisse des Nicaeno-Constantinopolitanum von 381 und des Apostolikum als verbindlich. Sie sind freilich interpretationsbedürftig. Den einzelnen Christen bleibt es unbenommen, das, was ihnen als »die Summe von allem« vorkommt, in eigene Formulierungsversuche zu fassen. Weit bekannt sind die Bekenntnisformulierungen von Dietrich Bonhoeffer[31] und von Jörg Zink.[32]

Hier ein kleiner eigener Versuch aus der Position eines freien Christentums: »(1) Gott, Ursprung und Ziel aller Dinge und Wesen, ist immer größer. (2) Alles ist Gnade, und dies ist in Jesus Christus personifiziert. (3) Gottes Geist schenkt Weisheit, innere Freiheit, Mut und Kraft zu befreiendem Handeln. (4) Menschenliebe, Ehrfurcht vor dem Leben und Wahrheitsliebe sind Grundbedingungen eines sinnerfüllten Lebens, das dem Willen Gottes entspricht. (5) Im vollendeten Reich Gottes, und nicht im Nichts, liegt unsere und aller Zukunft.«[33]

11. Vom Individuellen ins Universale

Setzt man in der Glaubensüberzeugung und der Glaubensgewissheit bei der eigenen religiösen Erfahrung an und geht weiter zu Grunderfahrungen in der Glaubensgeschichte und ihren heiligen Texten und überschreitet die eigene Erfahrung hin zu den religiösen Erfahrungen der Glaubensgeschwister bzw. Glaubensverwandten, dann ist es angesichts der Zusammengehörigkeit aller Menschen sinnvoll, von der christlichen zur interreligiösen Ökumene weiterzuschreiten. Und dies nicht in der Absicht einer Religionsvermischung (Synkretismus), sondern um an den religiösen Erfahrungen An-

---

[31] In: Der Taschenkatechismus. Basistexte evangelischen Glaubens, Leipzig ²2004, S. 82 f.

[32] In: Glaubensbekenntnisse für unsere Zeit (GTB 1287), hg. v. GERHARD RUHBACH, Gütersloh ²1985, S. 49 f.

[33] ANDREAS RÖSSLER, Denkwege eines freien Christentums, hg. v. Raphael Zager u. Werner Zager, Nordhausen 2020, S. 82 f. [Zeichensetzung leicht verändert].

dersgläubiger teilzunehmen und von ihnen zu lernen. Das setzt natürlich eine klare eigene Glaubensüberzeugung voraus, denn sonst verschwimmt alles. So stehen etwa hinter der buddhistischen Auffassung »Alles hängt mit allem zusammen« Lebenserfahrungen, die auch von Christen geteilt werden können, und das passt zu der christlichen Überzeugung, dass alles in Gott gegründet ist und in ihm Vollendung finden mag.

Religiöse Erfahrungen Andersgläubiger oder auch »Ungläubiger« mögen religiöse Erfahrungen von Christen bereichern oder auch in Frage stellen und gerade damit neu stimulieren. Jedenfalls ist ein Bewusstsein einer höheren Macht (oder höherer Mächte), das unbedingte Gefordertsein zum Guten oder die Hoffnung auf eine wie auch immer geartete Erfüllung auch über den Tod hinaus etwas, was die Religionen verbindet. Das alles erinnert an den klassischen »Gottesbeweis aus der Übereinstimmung der Völker« (argumentum e consensu gentium), auch wenn es sich um keinen Beweis, sondern nur um einen Hinweis, einen Fingerzeig handelt.

Die Horizontüberschreitung vom ganz Persönlichen, Eigenen und Überkommenen hin ins Offene, Weite, hin zu anderen Menschen, ihren Erfahrungen und Überzeugungen kann zu einem intensiveren Wahrheitserweis christlicher Glaubenserfahrung führen, aber nicht in einer Einbahnstraße, sondern im Hin und Her mit außerchristlichen Glaubenserfahrungen. Christen werden dann auch in den religiösen Erfahrungen und Überzeugungen Andersgläubiger Wahrheit finden können. Die biblischen und die heutigen christlichen Glaubenserfahrungen samt der aus ihnen resultierenden Glaubenslehre oder Botschaft sind dann nicht willkürlich oder beliebig, sondern für immer mehr Menschen plausibel und nachvollziehbar. Und das mag umgekehrt auch für außerbiblische und außerchristliche religiöse Erfahrungen gelten.

Dabei bleibt für Christen Jesus von Nazareth der Maßstab zur Unterscheidung der Geister und für das, was gilt und bleibt – und damit der »Geist Jesu« (Albert Schweitzer), der »universale Logos« (Joh 1,1–18), der »kosmische Christus« (Kol 1,15–20). Er ist auch außerhalb des Bereichs und der Reichweite des Christentums am Werk.

Auch Karl Jaspers hat in seiner universalistischen Perspektive Jesus als eine Norm für Gottvertrauen und ethisches Handeln verstanden.[34] Dabei war

---

[34] K. JASPERS, Chiffren der Transzendenz (s. Anm. 4), S. 104–107. – Freilich scheut sich Jaspers vor spezifischen religiösen Festlegungen. So bleibt hier bei ihm manches »in der Schwebe«. Vgl. DERS., Kleine Schule des philosophischen Denkens (s. Anm. 3), S. 136. – DERS., Chiffren der Transzendenz (s. Anm. 4), S. 58. 97. 100.

ihm das uneingeschränkte Menschsein Jesu wichtig. Die Lehrmeinungen »Gott ist Mensch geworden« und »Gott ist gekreuzigt worden« hat er entschieden abgelehnt,[35] ebenso wie einen christlichen Ausschließlichkeitsanspruch.[36] Gerade so ist er ein wesentlicher Philosoph eines freisinnigen, freien Christentums.

12. Zusammenfassende Thesen

1. Religion im weiteren und im engeren Sinn, als das Bezogensein auf das Absolute, auf Transzendenz, ist im menschlichen Leben verankert, in aufs Ganze hin gedeuteten Erlebnissen, in religiösen Erfahrungen. Das können ursprüngliche, überwältigende Erfahrungen sein, die zu religiösen Grundtexten und zu religiösen Überlieferungen führen. Es können aber auch religiöse Erfahrungen im ganz individuellen Leben sein, die meistens oder häufig von Urerfahrungen und den daraus hervorgegangenen Texten und Überlieferungen angestoßen und inspiriert sind.

2. Die religiösen Erfahrungen, die ursprünglichen wie die ganz persönlichen eigenen, wollen keine Wunschgedanken sein, keine Einbildungen, keine Erdichtungen. Sie wollen nicht Gott erfinden, sondern ihn finden. Sie wollen Wahrheitsgehalt in sich haben, der Wahrheit dienen, auch wenn sie hinter der umfassenden Wahrheit zurückbleiben.

3. Die Glaubensgewissheit ist sich eines Anteils an der Wahrheit gewiss, sofern die geglaubte Botschaft dankbar, glücklich und stark macht, zum Tun des Guten beflügelt und befreit und mit dem Weltwissen, und somit auch der Vernunft, zusammenpasst.

4. Die Glaubensgewissheit ist immer von Neuem dadurch bedroht, dass die Geschehnisse in der Welt, im menschlichen Leben und auch im eigenen Dasein nicht mit der Macht und der Güte Gottes zusammenpassen. Das Böse, die Brutalitäten, die Katastrophen, die Leiden und Schmerzen, ein vorzeitiger Tod scheinen zu signalisieren: Entweder ist Gott allmächtig, aber nicht gütig, oder aber er ist gütig, aber ohnmächtig. Es gibt aber trotzdem vertiefte Erfahrungen eines »Dennoch bleibe ich stets an dir« (Ps 73,23–36). Dabei bleiben Rätsel. Gott ist immer größer und deshalb verborgen.

5. Die biblisch-christlichen Erfahrungen, Überlieferungen und Glaubenslehren werden durch interreligiöse Kommunikation, durch Begegnung

---

[35] A.a.O., S. 67–70. – Diese beiden von Jaspers abgelehnten Lehrmeinungen gehören nicht notwendig zum ökumenischen christlichen Konsens, was Jaspers anscheinend nicht klar gewesen ist.

[36] A.a.O., S. 42. 57 f.

und Austausch mit andersgläubigen Erfahrungen, Überlieferungen und Glaubenslehren auf eine breitere Erfahrungs- und Denkbasis gestellt. Das führt zu neuen und vertieften Einsichten. Die eigene christliche Glaubensgewissheit kann dadurch geläutert und gestärkt werden, aber auch andersgläubige Glaubensgewissheit mag vertieft werden.

6. Der Wahrheits-Maßstab sowohl für eigene religiöse Erfahrung wie auch für die Begegnung mit anderen Glaubensweisen ist aus christlicher Sicht Jesus von Nazareth und sein weit über den Raum des Christentums hinaus wirksamer Geist, der universale Logos, der weltweite, kosmische Christus. Bei allem Vertrauen zur Güte Gottes, seiner Menschenfreundlichkeit und seiner Zuwendung zur ganzen Schöpfung bleibt Gott doch verborgen und teilweise unerkennbar. Gott und seine Wahrheit sind immer größer. So bleibt es für uns bei Bruchstücken der Wahrheit. Wir haben uns damit zu begnügen, uns der Wahrheit anzunähern. Aber das reicht zu sinnvollem, geglücktem, glücklichem Leben und zu getrostem, hoffnungsvollem Sterben.

Personenregister

Die kursiv gedruckten Seitenzahlen beziehen sich auf die Anmerkungen.

Abbt, Imelda **151**
Adorno, Theodor W. **28**
Anaximander **39**
Anselm von Canterbury **94**
Arendt, Hannah **59, 76, 157 f.**
Assmann, Jan *24*

Bader, Claudia **181 f.**
Balsiger, Max Ulrich **116, 129,** *138*
Barbour, Ian G. **45**
Barth, Karl **37, 55, 87, 90, 101, 126, 137, 149, 151**
Barthes, Roland *21*
Baruch **79, 170 f., 175 f.**
Berdjajew, Nikolai **190**
Bethge, Eberhard *171*
Blume, Michael **39,** *41,* **58**
Bollnow, Otto Friedrich *56*
Bonhoeffer, Dietrich *130,* **171 f., 200**
Bormuth, Matthias **10,** *77 f.*
Bruno, Giordano **32**
Büchner, Georg **9**
Buddha **88, 98, 109–111, 113, 138**
Bultmann, Rudolf **69, 73, 87 f., 90, 96 f., 99–101,** *103, 107,* **129, 132, 134, 155-183**
Buri, Fritz *86,* **115, 134, 143–154,** *156*

Carnap, Rudolf **38**
Castellio, Sebastian *197*
Celan, Paul *21*
Cesana, Andreas **80, 84 f.**
Crüsemann, Frank **54**

Dawkins, Richard **41**
Dibelius, Martin **99 f., 104 f.**
Diehl, Ulrich *38 f.*
Diels, Hermann **39**
Du Bois-Reymond, Emil **196**
Dugend, Erna *170, 175*
Duhm, Bernhard *169 f.,* **175**

Festinger, Leon **108**
Feuerbach, Ludwig **41**
Fichte, Johann Gottlieb **11**

Goethe, Johann Wolfgang von *128,* **159, 196**
Graupner, Axel *175*
Grieder, Alfons **47**
Großmann, Andreas **88**
Grunert, Erich *131*
Guggisberg, Kurt *117*

Habermas, Jürgen **29 f., 52 f.,** *190*
Haenssler, Ernst **124 f.**
Hammann, Konrad **179 f.**
Hammelsbeck, Oskar *160*
Hauff, Günther **151, 153**
Hauschildt, Eberhard *161*
Heermann, Johann **193**
Heidegger, Martin **121, 123, 149**
Hertel, Wolf **37**
Höffe, Otfried **29**
Hölderlin, Friedrich **10, 22–24**
Horn, Hermann *87*
Hösle, Vittorio *30*

206 PERSONENREGISTER

Hügli, Anton 19 f., *22*, *31*, *63 f.*, *67 f.*, 70, 73, *78 f.*
Hühn, Helmut 69
Hume, David 45

Immel, Oliver *66*

Jaspers, Gertrud 18, 35, *59*, 76–78, 135, 159, 165
Jaspers, Karl 9–183, 186–188, 191 f., 194, *196*, 198, 201 f.
Jeremia 79, 130, 168–172, 174–176
Jesus von Nazareth 14, 53, 55, 73 f., 87–113, 116, 137–139, 144, 149, 152, 161, 167 f., 170, 173–178, 185, 198 f., 201–203

Kafka, Franz 29
Kant, Immanuel 19, 26 f., 29–33, 40, 43, 55, 61, 131
Käsemann, Ernst 92 f.
Kierkegaard, Sören 10, 13, 55, 133 f., 149
Knauss, Gerhard 72 f.
Konfuzius 24, 88, 98, 109–111, 113, 138
Krafft, Eva-Maria 181
Kremers, Heinz *172*
Küng, Hans 51

Laudse 24 f.
Lenk, Hans 58
Löwith, Karl 158
Luther, Henning 122
Luther, Martin *69*, 188, 190

Marcel, Gabriel 42
Maria Magdalena 108
Marti, Paul 116, *118*, 137, *139*
Mayer, Ernst *59*, 76
Möllenbeck, Thomas *40*
Mose *169*

Neuenschwander, Ulrich 67, *106*, 115, 117 f., 120, 122–125, 127, 130 f., 133–135, 139–142

Nietzsche, Friedrich 10, 29, 32, 149
Nikolaus von Kues 94

Ockham, Wilhelm von 132
Örnek, Yusuf Mehmet *44*
Ott, Heinrich 151, *171*
Otto, Rudolf 40

Paulus, Apostel 55, 96
Peerlinck, Franz *161*
Peters, Albrecht *40*
Pfüller, Wolfgang *91*, 122 f.
Picht, Georg 38–40
Platon 167
Popper, Karl Raimund 46, *141*
Pröpper, Thomas *87*
Putin, Wladimir 140

Rabanus, Christian *81*
Rad, Gerhard von *175–177*
Reding, Marcel *56*
Reich-Ranicki, Marcel 9
Ricœur, Paul 50
Rilke, Rainer Maria 17 f.
Ritschl, Albrecht 40
Rodriguez de la Fuente, Santiago *57*

Salamun, Kurt 20, *31*, *37*, 41–43, *50*, 56, *60*, *62*, *78*, 82 f., *124*, *135*
Salditt, Maria *169*
Saner, Hans 35, 152 f., *183*
Sartre, Jean-Paul 11, *123*, 149
Sauter, Hermann *182*
Scherle, Gabriele *140*
Scherle, Peter *140*
Schildknecht, Christiane *58*
Schleiermacher, Friedrich Daniel Ernst 40, 193
Schmidt-Leukel, Perry *86*
Schnabel, Ulrich *41*
Schneiders, Werner *57*
Schott, Magdalene 181
Schuller, Florian 150 f.
Schüßler, Werner *38*, *50*, *56*, 74 f.

Schweitzer, Albert 99 f., 111 f., 116, 136 f., 143–152, 154, 193 f., 197
Schweitzer, Charles 11
Smith, Wilfred Cantwell 85
Sokrates 13, 24, 88, 98, 109–111, 113, 138, 167
Sommer, Andreas Urs 151 f.
Stegmüller, Wolfgang 47 f.
Streiter, Jochen *116*

Teoharova, Genoveva *61*, *81*
Theißen, Gerd 97
Tillich, Paul 37, 67, 134, 188, 191 f.
Trump, Donald 140

Vaas, Rüdiger *39*, *41*, *58*
Volz, Paul *169 f.*
Vorländer, Karl *39*

Weber, Max 45 f., 190

Weidmann, Bernd *11 f.*, *15*, *59 f.*, *64*, *79*, *117*, *138 f.*
Weinrich, Michael *40*
Weippert, Helga *176*
Weiser, Artur *176*
Werner, Martin *86*, 100, 115–144, 150
Wittgenstein, Ludwig *40*
Wokart, Norbert *39*
Wrede, William 96

Xi, Jinping 140

Zager, Raphael *189*, *195*
Zager, Werner *129*, *142*, *161*
Zahrnt, Heinz *13*, 37, *94*
Zarathustra 24
Zink, Jörg 200
Zöhrer, Josef *87*
Zwick, Reinhold 21

Autorenverzeichnis

Grossmann, Michael, Dr. paed., Theologe und Lehrer an der Grimmelshausenschule in Renchen.

Pfüller, Wolfgang, Dr. theol. habil., Pfarrer der Evangelischen Kirche in Mitteldeutschland.

Rössler, Andreas, Dr. theol., Pfarrer der Evangelischen Landeskirche in Württemberg.

Salomon, Reinhard, Dr. theol., Lehrer für Deutsch, Evangelische Religion und Ethik/Philosophie am Mons-Tabor-Gymnasium in Montabaur.

Suter, Esther R., Dr. des. theol., Pfarrerin der Evangelisch-reformierten Kirche Basel-Stadt, Fachjournalistin sowie UNO NGO-Menschenrechtsdelegierte.

Weidmann, Bernd, Dr. phil., wissenschaftlicher Mitarbeiter der Karl-Jaspers-Forschungsstelle der Heidelberger Akademie der Wissenschaften.

Zager, Raphael, Dr. theol., Assistent für Homiletik und Liturgik am Theologischen Seminar Herborn.

Zager, Werner, Dr. theol., apl. Professor für Neues Testament am Fachbereich Evangelische Theologie der Johann Wolfgang Goethe-Universität Frankfurt am Main und Leiter der Evangelischen Erwachsenenbildung Worms-Wonnegau.